第二版

职业教育教材

尤君　鲁先牧　主编

李晓东　主审

业质养成

化学工业出版社
·北京·

内 容 简 介

本书的编写宗旨是使高等职业院校的学生构建职业素质理念，培养职业素质意识，在进行职业素质教育的同时，努力进行职业素质的自我培养与锻造。

本书立足于从职场角度加强职业素质的培养与训练，从职业生涯规划、职业心理、职业礼仪、职业忠诚、职业能力、人际交往能力、团队合作能力、创新能力、创业能力等方面进行了阐述。考虑到市场经济条件下，自主创业正成为就业的一种新选择，大众创业万众创新的新局面已经全面展开，因此本书把创新能力、创业能力也纳入职业素质体系之中。

本书可作为高等职业院校、成人院校等各级各类职业院校教学用书，也可作为企业职工培训教材。

图书在版编目（CIP）数据

职业素质养成/尤君，鲁先牧主编. —2 版. —北京：化学工业出版社，2024.7
ISBN 978-7-122-45386-0

Ⅰ.①职… Ⅱ.①尤… ②鲁… Ⅲ.①大学生-职业选择-高等职业教育-教材 Ⅳ.①G717.38

中国国家版本馆 CIP 数据核字（2024）第 069588 号

责任编辑：高　钰
责任校对：李雨晴　　　　　　　装帧设计：刘丽华

出版发行：化学工业出版社
　　　　　（北京市东城区青年湖南街 13 号　邮政编码 100011）
印　　装：三河市双峰印刷装订有限公司
787mm×1092mm　1/16　印张 13　字数 294 千字
2024 年 8 月北京第 2 版第 1 次印刷

购书咨询：010-64518888　　　　　售后服务：010-64518899
网　　址：http://www.cip.com.cn

凡购买本书，如有缺损质量问题，本社销售中心负责调换。

定　　价：39.00 元　　　　　　　版权所有　违者必究

职业教育肩负着培养多样化人才、传承技术技能、促进就业创业的重要职责。伴随高等职业教育的迅速崛起，对高等职业教育人才培养的方向也提出更新更高的要求。有专家指出：高等职业教育在人才培养过程中，不能只见"才"，不见"人"；只有"职业"，没有"素养"。高等职业教育的培养目标是造就服务于社会主义现代化建设的高素质技术技能人才，要求高职教育要坚持立德树人、德技并修，推动思想政治教育与技术技能培养融合统一，培养更多高素质技术技能人才。这里的高素质是与职业工作和职业发展相关的素质，也就是我们所说的职业素质。

职业素质的构成是多方面的，本书立足于从职场角度强调加强职业素质养成的重要性，从职业生涯规划、职业心理、职业礼仪、职业忠诚、职业能力、人际交往能力、团队合作能力、创新能力、创业能力等九个方面对职业素质的养成进行专题介绍，力图提高学生对职业素养的认知与重视，构建职业素质理念，提高职业素质修养，帮助学生有意识地进行自我培养与训练，使其逐步具备良好的职业素养，快速融入职场，实现人生价值。考虑到创新创业教育作为一种新的教育形态已融入高校思政实践课，因此本书把创新能力、创业能力也纳入职业素质体系之中。

职业素质需要在实践中不断地自我修炼、自我提高，因而本书在编写过程中引用了大量案例，旨在使学生从中悟得具备良好职业素质的真谛。考虑到高等职业教育培养的人才既不应是仅会动嘴不会动手的"君子"，也不应是仅会动手、知其然而不知其所以然的经验型"老师傅"，而应是具有一定理论知识水平和较强岗位工作能力的"专才"，因而在论及各方面素质时，并未一味地以案例说话，而是辅以系统的理论知识，阐述其前因后果、来龙去脉，深入浅出地实现理论与实际的结合，能使学生在广博的知识的武装之下愉快学习、愉快成长。

本书内容已制作成多媒体教学 PPT 课件，如有需要，请发电子邮件至 cipedu@163.com 获取，或登录 www.cipedu.com.cn 免费下载。

本书由尤君、鲁先牧主编，李晓东主审。第一章～第三章、第六章由尤君编写，第七章第二节～第九章由鲁先牧编写，第四章由李明辉编写，第五章由张雪娟编写，第七章第一节由郭静丹编写。

本书可作为高等职业院校、成人院校等各级各类职业院校教学用书，也可作为企业职工培训用书。

本书的论述仅是基于实践的个人体会，可谓管中窥豹，疏漏和不足之处敬请同行和读者批评指正。

编　者

2024 年 2 月

目录

第一章

职业生涯规划

第一节　求职你准备好了吗

　　面临严峻的就业形势，每到毕业季，大学毕业生们往往都会陷入求职带来的各方压力及诸多考验之中，或困惑于选择什么样的职业、岗位，或奔波忙碌于各种求职笔试面试现场等。在求职的过程中怎样选择适合自己的职业与岗位？怎样才能让自己的求职过程更为顺利？首先需要了解一些职业选择理论。

一、职业选择理论

　　职业选择理论主要产生和发展于美国，其影响则已经扩展到很多国家，在职业咨询、帮助人们选择合理的职业方向等方面起着重要作用。这里主要介绍具有代表性的三种：帕森斯的职业-人匹配理论、施恩的职业锚理论和霍兰德的职业兴趣理论。

（一）帕森斯的职业-人匹配理论

　　职业-人匹配理论是用于职业选择的最经典理论之一，最早由美国波士顿大学的弗兰克·帕森斯（Frank Parsons）教授提出。1909 年，帕森斯在他所著的《选择职业》一书中，明确阐明了职业选择的三大要素和条件。

　　① 应该清楚地了解自己的态度、能力、兴趣、智谋、局限和其他特征。

　　② 应该清楚地了解职业选择成功的条件及所需知识，及在不同的职业岗位上所占有的优势、劣势、补偿、机会和前途。

　　③ 上述两个条件的平衡。

帕森斯的理论内涵是在清楚认识、了解个人的主观条件和社会职业岗位需求条件的基础上，将主客观条件与社会职业岗位（对自己有一定可能性的）相对照、相匹配，最后选择一种职业需求与个人特长匹配相当的职业。

职业-人匹配分为两种类型：一是条件匹配。即所需的专业技术和专业知识与掌握该种特殊技能和专业知识的择业者相匹配。二是特长匹配。即某些职业需要一定的特长，如具有敏感、易动感情、不守常规、独创性、个性强、理想主义等人格特性的人，宜于从事审美性、自我情感表达的艺术创作类型的职业。

帕森斯的职业-人匹配理论作为职业选择的经典理论，对职业生涯管理、职业心理学的发展具有重要的指导意义。

（二）施恩的职业锚理论

职业锚理论产生于美国麻省理工大学斯隆商学院、美国著名的职业指导专家埃德加·H·施恩（Edgar. H. Schein）教授领导的专门研究小组。

所谓职业锚又称职业系留点。锚是用来使船只停泊定位的铁制器具。职业锚实际上就是人们在选择和发展自己的职业时所围绕的中心，指当一个人不得不做出选择的时候，他无论如何都不会放弃的职业中那种至关重要的东西或价值观。职业锚是个人同工作环境互动作用的产物，在实际工作中是可以不断调整的。职业锚强调个人能力、动机和价值观三方面的相互作用与整合。

关于职业锚基本上有五种描述：技术能力型职业锚、管理能力型职业锚、创造型职业锚、安全型职业锚和自主型职业锚。

① 技术能力型职业锚。具有相当明确的职业工作追求、需要和价值观。其特征表现为强调实际技术或某项职能业务工作。技术能力型职业锚的人比较热爱自己的专业技术或岗位工作，注重个人专业技能的发展，一般多从事工程技术、营销、财务分析、系统分析、企业计划等工作。

② 管理能力型职业锚。愿意担负管理责任，且责任越大越好，这是管理能力型职业锚员工的追逐目标。他们与不喜欢甚至惧怕全面管理的技术能力型职业锚的人不同，倾心于全面管理，掌握更大权力，肩负起更大责任。具体的技术工作或职能工作仅仅被他们看作是通向更高、更全面管理层的必经之路。换言之，他们从事一个或几个技术职能区工作，只是为了更好地展现自己的能力，瞄准更高职位的管理权力。

③ 创造型职业锚。这是定位很独特的一种职业锚。在某种程度上，创造型职业锚同其他类型职业锚有重叠。追求创造型的人要求有自主权、管理权，能施展自己的才干。但是，这些都不是他们的主要动机和价值观，创造性才是他们的主要动机和价值观。

④ 安全型职业锚。又称作稳定型职业锚，其特征表现为职业的稳定和安全，这是安全型职业锚员工的追求、驱动力和价值观。他们的安全取向主要为两种：一种是追求职业安全，稳定源和安全源主要是一个给定组织中稳定的成员资格，例如大公司组织安全性高，做其成员稳定系数高；另一种是注重情感的安全稳定，包括定居，一种使家庭稳定和使自己融入团队的感情。

⑤ 自主型职业锚。又称作独立型职业锚，这种职业锚具有非理性的成分，其特点是

最大限度地摆脱组织约束，追求能施展个人职业能力的工作环境。以自主、独立为锚位的人认为，组织活动是限制人的，因而他们追求的是自由自在、不受约束或少受约束的工作和生活环境。

职业锚理论因强调在人与职业的互动过程中，确认个人的职业选择，因此对于已经工作的人来说具有更大价值。只要一个人有机会去体验或比较不同的职业和工作，几年后他就可以非常自信地进行正确的职业选择。而之所以说他自信，是因为他的职业选择具有现实基础。

（三）霍兰德的职业兴趣理论

美国著名职业生涯指导专家约翰·霍兰德（John Holland）将职业选择看作一个人性格的延伸，他认为在现代社会中，不同的行业和职业的数量有成百上千种，往往也就很难来确定哪种职业最适合自己。因此一个比较可行的方法，就是首先将众多庞杂的职业归为数量有限、划分合理的职业群，然后从中去发现自己最感兴趣的，并寻找比较适合自己的职业领域。

霍兰德的职业兴趣理论，其核心是人格可以分为六大类，即社会型（S）、企业型（E）、常规型（C）、实际型（R）、调研型（I）、艺术型（A）。而且，职业环境也可以分成相应的同样名称的六大类。当我们就业择业的时候，我们的人格与职业环境的匹配就是形成职业满意度、成就感的基础。

各种人格类型的共同特征及对应的典型职业如下。

（1）社会型（S）

共同特点：喜欢与人交往、不断结交新的朋友、善言谈、愿意教导别人。关心社会问题、渴望发挥自己的社会作用。爱寻求广泛的人际关系，比较看重社会义务和社会道德。

典型职业：喜欢要求与人打交道的工作，从事提供信息、启迪、帮助、培训、开发或治疗等事务，并具备相应的能力。如教育工作者（教师、教育行政人员），社会工作者（咨询人员、公关人员）。

（2）企业型（E）

共同特点：追求权力、权威和物质财富，具有领导才能。喜欢竞争、敢冒险、有野心、有抱负。为人务实，习惯以利益得失、权力、地位、金钱等来衡量做事的价值，有较强的目的性。

典型职业：喜欢要求具备经营、管理、劝服、监督和领导才能，以实现机构、政治、社会及经济目标的工作，并具备相应的能力。如项目经理、销售人员、营销管理人员、政府工作人员、企业负责人、法官、律师。

（3）常规型（C）

共同特点：尊重权威和规章制度，喜欢按计划办事，细心、有条理，习惯接受他人的指挥和领导，自己不谋求领导职务。喜欢关注实际和细节情况，通常较为谨慎和保守，缺乏创造性，不喜欢冒险和竞争，富有自我牺牲精神。

典型职业：喜欢要求注意细节、精确度、有系统、有条理，具有记录、归档、据特定要求或程序组织数据和文字信息的职业，并具备相应的能力。如秘书、办公室人员、记录员、会计、行政助理、图书馆管理员、出纳员、打字员、投资分析员。

（4）实际型（R）

共同特点：愿意使用工具从事可操作性工作，动手能力强，做事手脚灵活，动作协调。偏好于具体任务，不善言辞，做事保守，较为谦虚。缺乏社交能力，通常喜欢独立做事。

典型职业：喜欢使用工具、机器，需要基本操作技能的工作。对要求具备机械方面才能、体力或从事与物件、机器、工具、运动器材、植物、动物相关的职业感兴趣，并具备相应的能力。如技术性职业（计算机硬件人员、摄影师、制图员、机械装配工），技能性职业（木匠、厨师、技工、修理工、农民、一般劳动者）。

（5）调研型（I）

共同特点：思想家而非实干家，抽象思维能力强，求知欲强，肯动脑，善思考，不愿动手。喜欢独立的和富有创造性的工作。知识渊博，有学识才能，不善于领导他人。考虑问题理性，做事喜欢精确，擅长逻辑分析和推理，不断探讨未知的领域。

典型职业：喜欢智力的、抽象的、分析的、独立的，要求具备智力或分析才能，以用于观察、估测、衡量、形成理论、最终解决问题的定向工作，并具备相应的能力。如科学研究人员、教师、工程师、电脑编程人员、医生、系统分析员。

（6）艺术型（A）

共同特点：有创造力，乐于创造新颖、与众不同的成果，渴望表现自己的个性，实现自身的价值。做事理想化，追求完美，不重实际。具有一定的艺术才能和个性。善于表达、怀旧，心态较为复杂。

典型职业：喜欢要求具备艺术修养、创造力、表达能力和直觉，以用于语言、行为、声音、颜色和形式的审美、思索和感受的工作，并具备相应的能力。不善于事务性工作。如艺术方面（演员、导演、设计师、雕刻家、建筑师、摄影家、广告制作人），音乐方面（歌唱家、作曲家、乐队指挥），文学方面（小说家、诗人、剧作家）。

然而，大多数人都并非只有一种性向，而是同时包含几种。霍兰德认为，这些性向越相似、相容性越强，则一个人在选择职业时所面临的内在冲突和犹豫就会越少。

二、关于职业理想与职业兴趣

毕业后拥有一份稳定、舒适的工作是很多在校大学生所期盼的。然而，那些稳定、舒适的工作一定就是适合自己的吗？在职业选择过程中，有人选择跟个人兴趣、爱好相关的职业；有人信奉"专家"的预测，选择热门职业；有人认为薪水很重要，选择那些高薪工作；有人选择亲戚朋友们做得很快乐的工作。不同的人、不同的心理就会有不同的选择。那么，在进行职业选择时应注意哪些问题，怎样在择业压力下选择一份适合自己的工作呢？这就需要学生在全面认识自己，能确切地知道自己需要什么的基础上，对职业进行初步了解，然后做出决定。

（一）职业理想不一定是理想的职业

1. 职业理想

俄国大文豪托尔斯泰曾说过，理想是指路明灯，没有理想就没有坚定的方向，而没有方向就没有生活。理想是人们生活中不可缺少的内容，职业理想则是理想的重要组成部分，指导着人们的职业价值观和择业行为。

职业理想是指个体在一定世界观、人生观、价值观的指导下，对未来从事的职业和发展目标做出的想象和设计，也是一定社会理想在人格上的反映。不同的职业有不同的职业期望，医生以救死扶伤为天职，军人宣誓为国效忠，警察立志匡扶正义、维持法纪，教师追求为人师表、传道授业解惑等。职业理想会随着社会的发展而变化，并通过一定具体事业的成就来实现。

职业理想是人们特有的对自己职业生涯的规划。职业生涯占人生的绝大部分，而且人们对未来的追求和向往都要通过职业活动来实现。人有其主观能动性，并不是被动地通过职业活动来满足生存的需要，而是理性地、自觉地规划自己的物质生活和精神生活，把职业选择和职业活动作为实践对象，并设定追求和奋斗的目标。

职业理想是以客观发展的可能性来展示明天的现实。科学的职业理想必须建立在客观、现实、发展的可能性的基础上，以一种历史的必然趋势来展示明天的现实。理想与空想、幻想不同：空想尽管也是人们对未来的一种想象，但属于脱离实际的主观臆想，是不可能变为现实的。幻想虽然反映了人们一定的需要和愿望，但一般离现实较远，不表现为人们确定的努力追求的目标。职业理想则是建立在现实可能的基础之上，反映人们对职业愿望和需求的有形化的构想。

职业理想同奋斗目标相联系，是人们对未来美好现实的向往和追求。职业理想作为一种可能实现的奋斗目标，是人们实现职业愿望的精神支柱和力量源泉。翻开人类历史的画卷，大凡有作为、有成就的人，都有着坚定的志向和明确的目标。人们的职业理想一旦确立，就会孜孜以求，力争在奋斗中使之变为现实。

2. 树立正确的职业理想

当代大学生在择业方面拥有新的机遇，但同时也面临着严峻的挑战。树立正确的职业理想，对大学生顺利就业以及在职业实践中把职业理想化为现实和人格的完善有着重要的意义。

（1）正确的职业理想标准

正确的职业理想必须建立在符合现实、符合社会发展和社会需要、符合人的发展的基础上，具体体现为两个层次。

首先，造福人类是职业理想的最高追求。把造福人类作为职业理想的最高追求，是由人的社会属性所决定的。职业的形成与发展是人类社会发展的缩影，职业本身就是为协调社会生活、为发展社会而存在的。它的本质是从属于社会的，而不是从属于个人的。虽然在目前和相当长的一段时间内，职业还是人们谋生的手段，但一个有着崇高职业理想的人，总是把造福人类作为自己奋斗的根本目的。

美国大发明家爱迪生说："我的人生哲学是工作，我要揭示大自然的奥秘，并以此为人类造福。我们在世的短暂人生中，我不知道还有什么比这种服务更好的了。"

物理大师爱因斯坦也认为，科学活动的根本目的，在于使科学成果为人类造福。他说："在我们这些把惊人力量释放出来的科学家身上，有一个重大的责任，有为使原子能用于为人类的福利而不用于破坏的责任。"

　　瑞典著名化学家诺贝尔曾豪迈地宣称："我是世界的公民，应为人类而生。"他终身实践着自己的诺言，为试制炸药舍生忘死。在炸药试验过程中，工厂曾被炸毁，诺贝尔也多次被炸得满身血污。但他从不灰心、从不退缩，而是勇敢地同死神周旋。他说："炸药一旦用于生产，将给人类创造极大财富，危险是难免的，我尽量小心就是了。"他一生有很多发明，成了巨富，然而生活极为俭朴，从不吸烟、喝酒，死后还把自己的遗体献给了医学事业。按照他的遗嘱，把他的财产做成基金，设立"诺贝尔奖奖金"，奖给那些在科学、文学以及和平事业上为人类做出重要贡献的人。诺贝尔的一生，就是那些千千万万以造福人类为自己崇高职业理想的科学家的生动写照。

　　当然，并不只是那些对人类有突出成就和贡献的人才能造福人类。人的能力有大小，职业性质有差别，无论平凡还是显赫，只要是对人类、对社会、对他人做出应有贡献的人，都会受到人们的尊重。

　　其次，实现人与职业的合理匹配是树立正确职业理想的客观基础。人的生理、心理特点不同，适应的职业范围也不同；职业本身的特点对人的要求也存在着客观差别。从人与职业两个方面来说，人选择了能够发挥自己特长的职业，其潜能就会得到最大限度的发挥，在同样的劳动时间内就会比他不适应的职业效率高、贡献大；职业与适应其特殊需要的人相匹配，就能发挥出应有的社会功能。因此，人与职业的合理匹配也就成为大学生树立其正确职业理想的客观基础。

　　但由于受到各种因素的影响，一个人期望的职业往往是本人不能适应或不能胜任的职业。这就需要大学生充分认识自我，把握自己的身心特点，把职业理想建立在能够胜任的、能够发挥自己优势的职业基础之上，这样才是科学的。

　　（2）在实践中树立正确的职业理想

　　职业实践是职业理想实现的必然途径，人们对职业的认识同职业实践密不可分。只有在实践—认识—再实践—再认识的反复循环中，人们才能加深对职业的了解和认识，不断修正职业理想的偏差，从而完善和升华职业理想。

　　在实践中检验、调适职业理想。职业理想的正确与否，不是以主观上感觉如何而判定，而是经过实践的反复检验以人与职业的适宜性而判定。从科学性上来说，理想的职业应当是人能适应职业需要，能发挥自己优势和充分展示个人才能的职业。由于从事职业活动之前缺乏职业实践体验，难免会有情绪化的冲动，以致自己的职业理想发生偏差。而经过实践的检验，就会重新审视自己的选择是否正确。正确的应当巩固，否则就要做出合理的调适，从而使自己追求的目标建立在既符合现实需要又在长远的发展中有实现可能的基础上。

　　职业理想是否正确应坚持客观标准。如果从事的职业实现了人与职业的合理匹配，这就是理想的职业。即使不符合个人已形成的职业理想，也要从现实与未来发展相结合的角度做出合理的调适。如果从事的职业符合自己的职业理想，但人与职业不能合理匹配，即自己不适应职业的要求或仍不能充分发挥个人特长，不能很好地展现积极性和创造性，就需要及时且符合实际地调适自己的职业价值观，通过实践（包括正常的职业流动）来实现人职匹配，从而树立正确的职业理想，为实现科学的目标而奋斗。

在实践中完善、升华职业理想。职业理想是社会和时代的产物，这就决定了它不是永恒不变的，而是会随着人们认识的深化和主体因素的变化不断发展变化。大学生在职业实践中应通过自身体验，不断加深对社会的认识与理解，不断过滤职业理想中的幻想成分，正确处理理想与现实的关系、个人与社会的关系、人与人的关系，通过自己的职业实践为社会做贡献、为人民服务、为人类造福。

职业理想的实现总要受到时代和社会条件的制约。任何一个想要奋斗成功的人，都必须把理想植根于自己生长的社会时代，置身于特定的历史环境和社会关系之中。可以说，一个人在社会所需要的岗位上，充分发挥自己的创造才能造福人民，这样做非但不会限制、妨碍其才能的施展，相反还会为他充分发挥聪明才智，实现自身发展提供实际的可能性。

【资料】　李开复谈大学生就业

"职业理想"不等于高薪

很多求职者被问到"职业理想"的时候，给出的答案是：月薪过万或者进入全球500强企业。

我们常认为，理想就是实现某些物质利益，比如钱、名誉或者地位。我的一位同事，在认为自己赚够了钱之后，说了声"拜拜"就去享受他的环球旅行了。当时，他才三十多岁。然而几个月后，他发现自己当初的决定是错的，他不用担心温饱，但并不快乐。因为真正的快乐来自于工作的过程，而不是由它获得的报酬。

在确立职业理想时要考虑到这个前提：高薪并不等于职业理想。我们生命的价值不在于拥有多少钱，而在于做了多少有意义的工作。还有一些研究告诉我们，那些追求理想的人，在多年以后比那些只追求金钱的人会赚到更多钱。

我希望所有的求职者都记住一句话：事业比金钱重要，机会比安稳重要，未来比今天重要。

用大学四年做职业规划

很多求职者说，刚开始找工作时还有目标，现在是越找越没有标准，感到很迷茫。我想说的是，如果大学四年（甚至更长的求学时间）里没有培养起自己的理想，那么，迷茫是正常的。

求学十几年目标就是考上大学，这是家长为你们树立的"理想"，而现在大学毕业了，面对求职，没人告诉你该做什么了，于是迷茫产生了。那么，如何摆脱这种迷茫呢？当然是做人生规划，让自己有个目标。但是，这不是一步登天的过程，理想不是一天就能树立的。

我一直建议大学四年的时间应该用来做人生规划，当然也包括树立职业理想。大一大二是理解自己的过程：你喜欢什么、适合做什么，这些问题应该得到解决。我大学时选了很多不务正业、奇奇怪怪的课，都跟自己的专业没什么关系。但是这些课让我知道了自己的兴趣在哪里，这是我最大的收获，也是我确立职业理想的基础。

到了大三大四，你们的疑惑就不该指向自己了，而应该更多地去理解外界。比如，我想做的这个行业现在发展到了什么程度？有哪些公司能提供相关工作机会？如果要得到这些工作机会，我需要做哪些准备？其实在这个过程中，你就逐渐树立了自己的职业理想，而且初步探索了一条通向理想的路。

先就业再择业不是妥协

鉴于紧张的就业形势，我建议求职者"先就业再择业"。第一份工作很重要，但尚未重要到决定终生。一个人一生换上四五份工作是正常的，很多时候职业理想需要一个曲折实现的过程。

很多人说："不管怎么样我一定要实现目标，做不到我也要拼命去试。"其实，这不见得是件好事。我建议大家采用"两步计划"来实现职业理想。假如你设定了一个目标，不要一毕业就想马上实现，好像做不到这辈子就算完了。你应该问自己：这个理想很好，我实现它的可能性有多大。如果目前可能性不大，那么我应该做些什么让自己能够离它更近一步？

在此，我举一个例子。有一个在美国读大学的学生，他所在的学校不算很好，但他的成绩还算可以。他立志进入某著名互联网公司工作，问我有没有这个可能。在问了他一些基础知识后，我发现他很聪明，但专业知识不够扎实，我不认为目前的他有机会进入该公司。因此我对他说："现在还很难，但如果再努力一下就有可能。"他继续问："我能做些什么事让这个可能性最大化呢？"于是，我建议他去读硕士，并向他推荐了该公司很喜欢的一所大学——加拿大的滑铁卢大学。因为它的计算机学院教学务实，而且入学还算容易，学费也不贵。两年后他拿到了硕士学位，现在已经进入该公司工作。

（二）职业兴趣助力你的职业生涯

职业兴趣在职业活动中具有积极作用。职业兴趣是一种带有情绪色彩的认识倾向，在职业活动中可影响人们的职业定向和职业选择，开发人的能力，激发人的探索和创造力，并增强人的职业适应性。

人的兴趣是多方面的，可以是精神的、物质的、社会的等。如果一个人对某种工作产生兴趣，就会具有高度的自觉性和积极性，从而获得成就；反之，则会影响积极性的发展，有可能一事无成。正如爱因斯坦所说：兴趣是最好的老师。

一般来说，兴趣是在后天生活实践中形成的。兴趣有相对的稳定性，与一个人的个性有内在的联系。因此，毕业生在择业过程中应适当考虑自己的兴趣和爱好，不能为了眼前的利益而盲目选择职业。这样不仅不能充分施展自己的才能，而且会贻误终生。

当然，兴趣在职业选择中也并不总是起着正向的驱动作用。有时它会是一种耗散力，给毕业生带来职业选择的困惑，如有的同学对什么都感兴趣，但没有形成自我特色，在择业时就没有竞争优势；有的同学兴趣面太窄，以至于不能满足社会需要；还有的同学因种种客观因素，个人兴趣与所学专业不一致，从而不可避免地造成职业选择的困难。

即将毕业的大学生，不仅要对自己的兴趣有一个客观的分析，同时还要树立正确的人生志向、调整自己的兴趣爱好，以适应社会的需要，争取找到适合自己兴趣的职业，使自己的才智和心性得到最大程度的发挥。

在培养兴趣时，要注意以下几方面。

① 要注意兴趣的广度，即广泛性。兴趣狭窄的人，生活单调，容易把自己陷于狭小

的圈子之内。兴趣广泛的人，则会经常注意多方面的新问题，获得广博的新知识，从而促使自己个性的全面发展。

② 要有中心兴趣，不能浮泛。在广泛兴趣的背景下，围绕中心兴趣进行培养，才能形成优秀的兴趣品质。

③ 要有稳定的职业兴趣，不能"这山望着那山高"，朝更暮改。拥有稳定而持久的兴趣，才能深入地钻研问题，获得系统而深刻的知识。朝三暮四、见异思迁的人，必定是缺乏稳定而持久兴趣的人，也必定是没有恒心的人。这种人在任何实践领域中，都不可能取得最有成效的成果。

④ 要注意兴趣的效能。兴趣的效能是指兴趣对活动的推动所产生的效果。依据兴趣有无效能，可将兴趣分为积极兴趣和消极兴趣。消极兴趣是被动的兴趣，使人处于静观状态，不能称为实际活动的动力，因而也不能产生实际效果，是一种不良的兴趣品质。积极兴趣是有效能的兴趣，它不停留在静观阶段，而是为获得兴趣的对象积极活动，是一种掌握知识、发展个性的优良兴趣品质。

三、认识自己是职业选择的基本前提

职业世界纷繁复杂，对从业人员的要求也各有迥异。人与人是千差万别的，不同的人适应不同的职业要求。从这个角度看，大学生充分认识自己，对于今天的职业选择和今后的职业适应至关重要。

（一）认识自己的个性倾向性

个性倾向性指人的心理意识的倾向性，即个体对客观事物认识的不同倾向，是个体行为中积极性的特征，主要包括需要、动机、兴趣、理想、信念、世界观等。它较少受生理、遗传等先天因素的影响，主要是在后天的培养和社会化过程中形成的。个性倾向性中的各个成分并非孤立地存在，而是互相联系、互相影响、相互制约，构成一个统一的、推进人进行活动的动力系统，是个性中最活跃的因素。需要又是个性倾向性乃至整个个性积极性的源泉，只有在需要的推动下，个性才能形成和发展。动机、兴趣和信念等都是需要的表现形式。而世界观属于最高指导地位，指引和制约着人的思想倾向和整个心理面貌，是人的言行的总动力和总动机。由此可见，个性倾向性是以人的需要为基础、以世界观为指导的动力系统。其作用在于组织和引导心理活动，使心理活动有目的、有选择地对客观现实进行反映。

1. 需要与职业选择

需要是个体在生活中感到某种欠缺或不平衡时的心理状态。它通常在主观上以一种缺乏感被体验着，是个性积极性的源泉。

人既是生物实体，又是社会实体。人为了个体的生存和社会的发展，必定需要一定的对象物加以满足。例如，食物、配偶、劳动、在劳动中结成社会关系、人际交流活动等，这些对象物反映在人脑中就成为人的需要。

人的需要是复杂多样的，一般分为本能的需要和获得的需要。本能的需要是有机体维持生命和种族延续所必需的，如饥渴、呼吸、排泄、休息、睡眠、好奇、寻求刺激等。获

得的需要是在本能需要的基础上派生的。人在成长的过程中，会通过各种经验获得各种特有的需要，如成就的需要、社会赞许的需要、劳动的需要等。

人本主义心理学派的代表人物马斯洛提出了需要层次说。马斯洛把人类的需要按其重要性分为 5 类（见图 1-1），其中安全需要、生理需要都是物质性需要，高层的 3 个需要都是社会性需要。所谓"自我实现"指的是个人天赋、自我潜能的最大发挥，而满足自我实现是很多人努力追求的目标。但是，只有极少数人能真正达到这种目标。

图 1-1

马斯洛按照如下几条原则来安排人类需要的层次：首先，人类基本的需要必先得到满足，然后才会进一步追求较高层次需要的满足。其次，人类的需要与个体的生长发展密切相关。一个人出生时，最先要满足的是生理需要，然后才逐渐考虑到安全、爱情、自尊，最后才追求自我的实现。最后，人类需要的高低与个体的生存有关。基本需要为生存所必需，较高层次的需要在维持个体生存上并没有基本需要那样重要。马斯洛认为，一个理想的社会，除了应该满足人们基本的生理需要外，还应满足人们较高层次的需要，并且鼓励个人去追求自我实现。在这里，必须指出：一个人只有把个人的需要和社会发展的需要联系起来，才能有永不衰竭的动力，才能充分地发挥个人的潜能，才能达到最大限度的自我实现，才能促进社会的进一步完善和发展。

仔细了解并审视自己的需要，可以帮助大学生确定职业选择的方向，指导自己进行职业设计，掌握必要的职业技能，从而更强化自己的职业需要，并在未来的职业生涯中获得满足感；同时，也可以使大学生根据社会实际状况和未来发展趋势，调整自己的职业需求与现实职业世界的矛盾，从而实现个体与社会的统一。

2. 动机与职业选择

动机指激发和维持个体进行活动，并导致该活动朝向某一目标的心理倾向或动力，是需要的具体表现。复杂的活动通常不只是由一种动机所引起的，而是由几种动机同时相互作用、相互影响所引起的。

动机和人的意识是密不可分的：第一，需要只有在被主体意识并激起、促发相应的活动时才能转化为动机。因此，动机总是被意识到的，只不过有着不同的意识水平。第二，动机是和目的联系在一起的，动机是引起活动的原因，目的则是活动所要达到的结果。第三，由于人的需要具有社会历史性，因而基于需要的动机同样也是受社会历史所制约的。

人的动机会随年龄的增长而不断发展。动机的发展不仅表现为动机的丰富化、多样化，而且也表现为动机的结构化、层次化。

人的动机是复杂多样的。按照动机在某种活动中所起的作用，可以把动机分为主导动机与从属动机。主导动机具有两个特点：第一，它具有推动与指导活动的主要功能；第二，它给活动、活动的客体与条件添加了某种主观意义。从属动机又称次要动机，在人的复杂活动中，主导动机一般只有一个，然而从属动机却可能有若干个。从属动机与主导动机以及各种从属动机之间有着十分复杂的关系，当它们之间的关系一致时，活动就会加强；当它们彼此处于冲突、矛盾的斗争之中时，活动就会减弱。

按照动机内容是否符合社会发展规律与人民的根本利益，可以把动机分为正确的、高尚的动机与错误的、卑鄙的动机。

按照需要对象的驱使，可以把动机分为生活动机与成就动机。生活动机主要是在自然需要的基础上产生的，这是为维持正常的生活所必需的。另一些生活动机则起源于社会，如交往动机。但不论是哪种形式的动机，都具有社会历史制约性。成就动机是一个人在完成活动任务时，竭力追求获得优异成绩的心理动力。

3. 兴趣与职业选择

兴趣是一个人努力趋向某种客体所表现出的积极的个性倾向。对某一事物有浓厚兴趣的人，常会以苦为乐，感知敏锐，记忆牢固，思维活跃，情感深厚，意志坚强。

人的兴趣是在需要的基础上，在社会活动中发生和发展起来的。尽管需要的对象常常会成为兴趣的对象，但并不是所有的需要都会成为兴趣的对象。正是由于人们对某些事物产生了需要，才有可能对这些事物发生兴趣。可以说，在较低级的需要基础上所产生的兴趣是比较短暂的。一个人在饥饿的情况下需要食物，并且对食物感兴趣，而一旦这个需要得到了满足，对食物也就不那么感兴趣了，而建立在精神文化需要基础上的兴趣，则具有相对稳定性和长期性。许多心理学家研究了需要和兴趣的密切关系，例如瑞士心理学家皮亚杰指出，兴趣实际上就是需要的延伸，它表现出对象与需要之间的关系。我们之所以对一个对象发生兴趣，是由于它能满足我们的需要。

人的兴趣和爱好往往具有一种强大的推动作用，兴趣可以通过工作动机促进能力的发挥，兴趣和能力的有效结合则会大大提高工作效率。曾有人进行过研究：如果你从事自己感兴趣的职业，就能发挥你全部才能的 $80\%\sim90\%$，且长时间保持高效率而不感到疲劳；如果你对所从事的工作没有兴趣，则只能发挥你全部才能的 $20\%\sim30\%$。在职业选择的过程中，个人的兴趣和爱好只能作为重要依据而不是全部依据。只有建立在一定能力的基础上，并与社会需要相结合，兴趣和爱好才会获得现实的基础，也才会有实现的可能。因此，求职者应该培养自己多方面的兴趣和爱好，努力发展自己的专长，从而使自己的兴趣和爱好有明确的针对性，以便在求职时拥有一个更为广泛的选择余地。

4. 理想和信念与职业选择

理想是人生奋斗的目标，是人们对未来的向往和追求。理想有正确的和错误的之分：正确的理想是符合社会发展规律的理想，错误的理想是违背社会发展规律的理想。一个人一旦树立了符合社会发展规律的理想，就会为实现这一理想而奋斗；反之，则会浑浑噩噩，虚度一生。

信念是坚信某种观点的正确性，并用来支配自己行动的个性倾向性。它是认识和情感的"合金"。消极的情感体验会阻碍一个人对社会义务的认识，以及影响一个人的认识向信念的转化；积极的情感体验则会促进和加深一个人对社会义务的认识。因此，一个对现实抱冷淡态度，只凭死啃书本来掌握知识的人，是不能形成为之而奋斗的真正信念的。

信念一旦确立，就会对主体的心理活动产生深远的影响，它决定着一个人的行动和原则性、坚韧性。因此，具有坚定信念的人，能够为了捍卫自己的观点和自己的事业而不惜牺牲一切。

5. 世界观、价值观与职业选择

世界观是一个人对整个世界总的看法和态度，其中包括对人生的看法——人生观。它是个性倾向性的集中表现，是个性心理的核心，也是个人行为举止的最高调节器。它指导着人的行动，影响着人的整个精神面貌。因此，要想确定一个人的世界观，不仅要看他的认识和态度，而且要看他的行动。

价值观是指个体在社会化过程中形成的对客观事物意义的判断和评价。

价值观是一种高层次的意识，在整个动机活动中，起着自我意识、自我评价、自我体验、自我调控的作用。当一个人由某种需要产生活动动机时，最初是以愿望、兴趣、爱好、情绪、情感、意志等心态存在着。作为主体的人，又通过头脑中已形成的价值认识来评价该项活动是否有价值、是否应该追求、是趋向还是躲避。这样，人的价值观就具体化为生活行为的意识。当它与一定的客观生活条件相结合时，就成为推动、制约、支配、调控生活方式的动力。可见，价值观和生活方式是紧密相连的，既支配人的生活方式，又在生活方式中得以表现。

在进行职业设计的时候，人的价值观也支配着人们去认识世界，去明确客观世界对自己的意义，去进行自我了解、定向与设计，并且给自己认为是正确或不正确的职业选择行为提供充分的理由。当一个人做出的职业选择违背自己的价值观时，他就不会有为了事业而努力奋斗的激情，甚至会放弃这个职业选择。唯有符合自己价值观的职业选择，才有可能珍视它、重视它，也才有可能产生对事业的忠诚感。

（二）认识自己的个性心理特征

个性心理特征是指个体在其心理活动中经常地、稳定地表现出来的特征，主要包括人的气质、性格和能力。在求职择业的过程中，求职者的个性心理特征具有重要作用。心理学研究表明，不同职业对不同从业人员有不同个性心理要求，而不同心理特征的人对不同职业也有不同的适应或不适应的问题。因此，每一名求职者在考虑未来职业选择的时候，都应该对自己的个性心理特征有明确的认识和了解，这样才有可能找到适合自己发展的理想职业。

1. 气质与职业选择

心理学中所说的气质与日常人们所说的气质不太一样，而是近似于人们常说的脾气。气质指一个人在情绪体验和行为反应的强度和速度等方面的特点，是一个人典型的、稳定的心理特点。人们常说的一句话是：江山易改，禀性难移。这实际上指的就是气质，气质在人的个性中是最稳定也是最突出的。气质是不会单独存在的，而是体现在人的心理活动过程中。

现代心理学把气质理解为人的典型的、稳定的心理特点。它是人生来就有的，表现在心理活动的动力的强度、速度、灵活性与指向性等方面的一种稳定的心理特征。

所谓心理活动的动力是指心理过程的速度和稳定性（例如，知觉的速度、思维的灵活程度、注意力集中时间的长短）、心理过程的强度（例如，情绪的强弱、意志努力的程度）以及心理活动的指向性特点（有的人倾向于外部事物，从外界获得新印象；有的人倾向于内部，经常体验自己的情绪，分析自己的思想和印象）等。总之，气质仿佛为一个人的整个心理活动表现都涂上个人独特的色彩。

古希腊著名医生希波克拉底最早提出气质的概念。他通过长期医学实践，根据人体内各种不同性质的体液所占比例，把气质分为多血质、胆汁质、黏液质和抑郁质四种类型。这四种类型的名称沿用至今。俄国生理学家巴甫洛夫根据神经过程的基本特性（强度、平衡性和灵活性）的不同结合，把人的高级神经活动分为四种典型的类型，即活泼型、兴奋型、安静型、抑制型，分别与希波克拉底的四种气质类型相对应。

各种气质类型的主要特征和典型表现如下。

① 多血质（活泼型）——属于敏捷好动的类型。神经过程强而均衡，灵活，感受性较弱，耐受性较强。表现为活泼好动、敏感、反应迅速；不甘寂寞，善于交际；接受新事物快，但印象不是很深刻，注意力容易转移；情绪和情感易于产生，也易于改变。其显著的特点是有很强的灵活性，容易适应变化的生活条件。在正确的教育下，多血质的人可以培养出高度的集体主义情感，对学习、劳动、社会生活积极主动的态度。在不良的教育下，则可能表现出轻率、疏忽大意、散漫以及对自己的能力评价过高等不良行为和态度。

多血质的人职业选择较广泛，适合从事需要做出灵活反应的工作，如新闻工作、外事工作、服务人员、咨询员等。多血质的人不适合做细致单调、环境过于安静的工作。

② 胆汁质（兴奋型）——又称不可遏制型，属于战斗类型（急性子）。神经过程强而不均衡，不灵活，感受性弱。表现为直率热情，精力旺盛，脾气急躁，易于冲动；反应迅速，但准确性差；情绪明显表露于外，但持续时间不长等。其显著特点是带有明显的周期性。在正确的教育下，他们将具备坚强的毅力、主动性、热情和独创精神。在不良环境的影响下，他们则可能出现缺乏自制、急躁、易激动等不良品质。

胆汁质的人适合从事刺激性大而富于挑战的工作，如导游、节目主持人、推销员、模特、演员等。胆汁质的人不适合做整天坐在办公室或不经常走动的工作。

③ 黏液质（安静型）——属于缄默而沉静的类型（慢性子）。神经过程强而均衡，不灵活，感受性弱，耐受性强。表现为安静稳重、交际适度；反应缓慢，沉默寡言；善于克制自己，情绪不易外露，注意力稳定但又难于转移；善于忍耐、沉着坚定，不尚空谈，埋头苦干等。其显著特点是安静均衡。在正确的教育下，黏液质的人容易形成勤勉、实事求是、坚毅等特性。在不良环境的影响下，则可能发展成为萎靡、消极、怠惰以致对人甚至对己都漠不关心、冷淡、顽固等不良品质。

黏液质的人适合从事需要耐心、持久、细致的工作，如做管理人员、办公室文员、会计、出纳、播音员等。黏液质的人不适合做富于变化和挑战性较大的工作。

④ 抑郁质（抑制型）——属于呆板而羞涩的类型。神经过程弱，不均衡，不灵活，感受性强，耐受性弱。表现为心思细腻，情感体验深刻，情绪不易外露，具有很高的感受性，观察能力强，善于觉察到别人不易发觉的小事物；行动缓慢，内向，多愁善感。这种

类型的人在顺利的环境下，在友爱的集体里，可以表现出温顺、委婉、细致、坚定、能克服困难、富有同情心等优良品质。在不利的条件下，则可能表现出伤感、沮丧、深沉、优柔寡断。

抑郁质的人适合做保管员、化验员、排版员、保育员、研究人员等。抑郁质的人不适合做需与各种人物打交道、变化多端、大量消耗体力和脑力的工作。

典型的气质类型有以上四种，但纯粹属于某一典型气质类型的人很少，大多数人都是几种气质类型兼具的混合体。

气质类型本身并无好坏之分，任何一种气质都具有容易形成某些优良性格和某些不良性格的可能性。如胆汁质的人外向、热情、开朗，但也容易鲁莽、任性、暴躁；多血质的人善交往，反应灵活，工作效率高，但兴趣容易转移、稳定性差等。

气质不能决定一个人智力发展水平和成就的高低，只能影响一个人效率的高低。在任何一个领域内的杰出人物中，都可以找出不同气质类型的人。如俄国著名文学家普希金属于胆汁质，赫尔岑属于多血质，克雷洛夫属于黏液质，果戈理属于抑郁质。他们虽属不同的气质类型，但都在文艺领域内取得了杰出的成就。所以，当自己的气质类型与某项工作不符时，千万不要妄自菲薄、悲观失望，而要积极进行自我的分析与观察，选择切实可行的方法，直到取得成功。

气质虽然在人的实践活动中不能起决定作用，即不能决定一个人的成就大小，但是对人在不同性质活动中的适应性，甚至活动的效率都有一定的影响。例如，要求做出灵活、迅速反应的工作，多血质和胆汁质的人较为合适，而黏液质与抑郁质的人则较难适应；反之，要求持久、细致的工作，黏液质和抑郁质的人较为合适，而胆汁质和多血质的人则较难适应。因此，根据每个人不同的气质类型选择合适的工作，可以更好地发挥其才能，提高工作效率。

气质虽然具有相对的稳定性，但后天也可以进行锻炼改造。因此，了解自己的气质特点，有利于在实践中有目的地为适应职业的要求加以改变或调整，抑制和克服自身气质的消极面，发扬自身气质的积极面，使自己成为一个具有优异心理素质的人。

2. 性格与职业选择

心理学所说的性格与我们日常所说的性格不完全相同。我们日常所说的性格带有先天的成分，而心理学中的性格实际上指一个人的品德。性格不是天生的，而是现实社会在人头脑中的反映，是贯穿在一个人的态度和整个行为中具有稳定倾向的心理特征。也就是说，性格是人对现实稳定的态度和与之相适应的行为方式的心理特征。例如谦虚或骄傲，勇敢或怯懦，勤劳或懒惰，公而忘私或自私自利都是人的性格特征。每个人都具有多种性格特征，从而构成完整的性格统一体。

性格不像气质那样具有先天的成分，没有好坏之分，性格是在后天的社会环境中逐步形成的，具有好坏之分，是人的个性中的核心成分。性格在个性中具有核心意义，是说人的性格受社会、历史及道德规范的制约，与人的理想、信念、人生观等联系密切，代表着人的本质属性。恩格斯说："人物的性格不仅表现在他做什么，而且表现在他怎样做。""做什么"即说明一个人对现实、对他人的态度；"怎样做"则说明一个人的行为方式。

性格的构成即人的性格特征，可以根据其对现实的态度、根据其自觉调节行动以及克服困难的能力划分为以下几种。

① 性格的态度特征是指人在现实生活中，面对不同事物、处理各种社会关系所表现出来的性格特征。我们在实际生活或工作中，以及在待人接物、处理各种事物和关系中，都会表现出不同的态度，这就是性格的态度特征。如爱祖国、爱集体、关心他人，都是优秀的性格特征。态度特征是性格结构中的重要方面。

② 性格的意志特征是指人在意志行动中表现出的性格特征。意志是一种设定行为目标，自觉调节自己，努力克服困难，达到设定目标的心理品质。意志特征是一个人在控制和调节自己行为时所表现出来的，如勇敢、坚强、果断或与之相对的怯懦、脆弱、犹豫等。意志特征在性格结构中十分重要，因为一个人的意志缺陷将会对整个性格产生不良的影响。

③ 性格的情绪特征是指人在其情绪反应的快慢、体现的深浅、表现的强弱、保持时间的长短等方面表现出来的性格特征。我们知道，情绪是人们对客观现实的一种主观体验。当人们对待不同的事物时，在情绪上会有不同的反应，比如心情激动或心平气和、积极乐观或消极悲观等。

④ 性格的理智特征是指人在认识活动中，即感知、记忆、思维、想象等活动中表现出的性格特征。如表现在感知方面的有主动与被动、详细与概括；表现在记忆方面的有主动记忆与被动记忆、形象记忆与逻辑记忆等。

性格与气质是既相区别又相联系的。

首先，气质中先天的成分要多一些，即气质受先天因素影响较大，变化缓慢。性格主要在后天因素影响下形成，受环境、教育、家庭影响很大，易发生变化。气质是中性的，无好坏之分；而性格则不然，有好坏之别。

其次，气质不会独立存在，总是和性格结合在一起，互相渗透、彼此制约。不同的气质可以形成同样的性格特征，相同的气质也可形成不同的性格特征。由于个体的气质不同，同样一种性格的形成和表现也会不同。如自制力这一性格特征，在黏液质人的身上就比在胆汁质人的身上形成要容易和迅速。同一种性格的形成在不同气质人的身上表现会不同，同是爱岗敬业的性格，多血质的人表现为热情开朗、朝气蓬勃；而黏液质的人则表现为埋头苦干、勤奋踏实。

最后，性格在个性中处于核心地位，在一定程度上可以控制和改造气质。例如胆汁质的人经过意志上的努力，就可以将火爆急躁的脾气控制住，从而做到耐心细致。

性格的类型是指在一类人身上所共有的性格特征的独特结合。许多心理学家曾试图对性格进行分类，现列举以下几种。

（1）机能类型

机能类型是由英国心理学家 A. 培因和法国心理学家 T. 李波提出的。这是一种按理智、意志、情绪三种心理机能中哪一种占优势来确定性格类型的分类方法。理智型者通常靠理智来衡量和支配自己的行动，与人交往时明事理、讲道理；情绪型者情绪体验深，言行举止易受情绪左右；意志型者具有较明确的活动目标，行为活动具有目的性、主动性、持久性和坚定性。除这三种类型外，还可划分出一些中间型，属混合型或非优势型。

（2）内外倾向型

内外倾向型以瑞士心理学家荣格的"类型说"最为著名。他认为来自人本能的一种力量决定人格的类型，并称这种力量为力比多。他依据力比多倾向于内部或外部，把人的性格分为内向型和外向型。内向型的人心理活动倾向于内部：感情深沉，待人接物较谨慎小心；处理事物缺乏决断力，而一旦下定决心办某件事总能锲而不舍。外向型的人心理活动倾向于外部：活泼、开朗、感情外露；待人接物果断，独立性强，但比较轻率。

（3）顺从型与独立型

美国心理学家威特金按个体场依存性的不同，把人的性格分为场依存性占优势也就是顺从型和场独立性占优势也就是独立型两种类型。所谓场就是环境，心理学家把外界环境描述为一个场。简单来说，场依存性是指一个人独立性的程度。顺从型的人独立性差，处理问题时倾向于外在参照，易受外界、社会和他人的影响。独立型的人独立性强，处理问题时倾向于内在参照，有坚定的个人信念、自尊、自强，不易受外界、社会和他人的影响，能独立发挥自己的力量。一般来说，多数人处于这两个极端类型的中间。

（4）优越型与自卑型

奥地利心理学家 A. 阿德勒创立了"个人心理学"，他认为"个人的生命，个人的精神活动都具有一定的目标性。""所有一切精神的动力都是处于一种指导性观念的控制之下的"，"人人都有一种根本的求权意志，一种求统治和优越的冲动力"。他根据个人竞争性的不同把性格划分为优越型与自卑型：前者争强好胜，不甘落后，总想超过别人；后者甘愿退让，不与人争，缺乏进取心。

性格反映了一个人的生活，同时又影响着其行为方式。所以，一个在求职择业时了解自己的性格并把握其变化特征，不仅有助于其择业的成功，还有利于将来在事业上的发展。因此，在择业前分析掌握自己的性格特征，有意识地克服自己性格上的弱点和消极面，就会充分发挥自己积极的性格品质。

3. 能力与职业选择

能力是人们成功地完成某种活动所必需的个性心理特征，实际上就是指个人从事相应活动的能力。

能力有两种含义：其一指已表现出来的实际能力和已达到的某种熟练程度。其二指潜在的能力，即需要学习和训练才可能发展起来的能力和达到的熟练程度。人的性格虽然也可以表现在活动中，并对活动产生一定的影响，但不是必备的心理特征。如活泼、稳重、谦虚、自大是性格，而不是能力，不会决定一个人能做或不能做什么。一个音乐家所必备的节奏感和曲调感，一个画家所必备的色调感、比例感和视觉感，都属于能力；离开了这些，他们就无法从事自己的音乐和绘画活动。

能力是人最重要的个性特征，也是最能体现人实际价值的因素。人的能力存在着很大的差异：同类能力的发展水平和有无各种特殊能力，都表现了人们个体上的差异。每个人在能力方面都有其强项和弱项，这使得他在从事某项工作或活动中，既有其有利的一面，又有其不利的一面。

在进行职业选择的时候，职业能力即人们因职业需要而必须具备的相关智力、体力、知识、技能等基本要素发挥着重要作用。不同的职业对职业能力有不同的要求。在进行职业选择时要从实际出发，考虑自己的职业能力水平能否胜任工作要求，这是一个双向选择的过程。因此，大学生应把培养和锻炼自己的职业能力放在重要位置。

（三）客观评价自己

除了社会环境、学校教育、家庭影响等客观因素会对毕业生择业有所影响外，毕业生主观因素的影响也不容忽视。因此，大学生要正确认识自我、正确认识社会，积极进行自我调适，以便顺利择业。

① 正确认识自己，客观评价自己。正确认识自己对职业选择具有非常重要的意义。大多数人都认为对自己有足够的了解，但许多错误生涯的抉择往往是因为对自己认识不清。自我评价的目的就是要通过对以往成长经验的反省，检视自己的价值。在求职之前，大学毕业生一定要从自己的专业、性格、兴趣、特长等诸方面进行通盘思考，并进行深层次的自我剖析。即了解自己的能力大小，明确自己的优势和劣势，根据过去的经验选择、推断未来可能的工作方向，给自己一个科学、正确的社会定位，从而为自己设计出合理且可行的生涯发展规划，以解决"我能干什么"的问题。

自我评价应当客观而全面。首先，评价应是客观的，是在正视自己、面对现实的基础上做出的，过高或过低的评价都会给自己的求职心态带来不利影响。其次，评价应是全面的，既包括自己的特殊素质，又包括综合素质；既包括自己的优点和长处，也包括缺点和不足。自我评价的具体内容见表1-1。

表 1-1 自我评价表

年 月 日

基本信息					
姓名		性别		出生年月	
政治面貌		家庭住址			
家庭成员	与本人关系	年龄		工作单位	职务
自我评价					
你的健康情况					
你的心理状态					
你的情感特点					
你的兴趣倾向					
你的知识水准					
你的专业特长					
你的性格类型					
你的能力特点					
你的智力情况					
你的气质类型					
你取得的能真实体现你水平的奖励、证书					
家庭成员对你的影响					
你的自我综合评价					
你认为适合的职业或岗位					
其他想说的					

优势分析：个人优势是我们求职就业制胜的法宝。我们要找出自己与众不同的地方，形成鲜明的自我定位，在招聘者面前亮出一个独特的招牌，让自己的价值更好地为招聘单位所认识。对于自己的优势，可以从知识、经验、成绩三个角度进行分析。

劣势分析：很多人都不喜欢直面自己的缺点和不足。讳疾忌医是许多人的通病，其实劣势并不总是一无是处。知道自己的劣势，就不至于盲目自信，趾高气扬；分析自己的劣势，就不至于无端自卑，垂头丧气。与优势分析相似，劣势可从知识不足、性格弱点、经验缺乏三个角度进行分析。

了解自己的劣势，在求职的时候就可以避免发生突发事件时由于自身缺点处理不当，使用人单位产生误会，所以对于自己的缺点在平时就要对症下药，努力改正。第一，要加强学习。针对自身劣势，制定出自我学习的具体内容、方式、时间安排，尽量落于实处以便操作。第二，要投身社会实践。主动参与各类活动，接触各色人群，"不耻下问"，对应地锻炼自己能力欠缺的方面，不断总结、不断提高。如果可能的话，不妨多看、多听、多写，把自己的收获体会用文字表达出来，这对自我提高更为有用。第三，要虚心请教。家人、同学、朋友、师长和专业咨询机构都可以成为个人提高的有力支援，因此要学会寻求他人帮助。对自己了解最深的莫过于周围最亲密的人，可以多听听他们的经验与教训以及对自己的评价，尤其是注意他们对你的职业选择和人生发展方向的建议与评价。各类专业咨询机构在指导个人认识和选择职业方面都有一套比较完整的测评手段，也可以借助他们加深自我认识，进行全面了解。

② 客观认识竞争，保持良好心态。良好的心态在竞争激烈的社会中是不可缺少的，而做好充分的心理准备是拥有良好心态的前提条件。每个人都有自己的长处，同时作为社会的一分子，也都有自己相应的位置和不同的分工，因此在求职择业中遇到挫折是正常的，切不可自卑。面对求职择业，大学生的心理复杂而多变。一方面，经过十几年的寒窗苦读，"十年磨一剑，霜刃未曾试"，如今即将走向社会一展身手，实现自己的人生价值，很多毕业生都迫不及待地跃跃欲试。另一方面，也正是由于十几年的埋头苦读，已经习惯了封闭的学校环境，社会经验相对缺乏，如今需要自己主动走向社会，许多毕业生都会存在紧张甚至胆怯的心理。因此，调整好心态，做好充分的心理准备，积极参与竞争，勇敢迎接挑战，在求职择业的过程中就能达到事半功倍的效果。

如果面对求职失败，应该认真反思，吸取经验教训，努力争取新的机会。在对部分成功就业毕业生的调查中，绝大多数都谈到自己在择业过程中，注重展现自身的优点或长处，并设法在应聘中突出自己的"卖点"，最终达到目的。

③ 树立艰苦创业、立志成才意识。成功的事业有时会由于良好的机遇而变得一帆风顺，但是绝大多数都必须付出艰苦努力。艰苦创业、自强不息、立志成才是大学生实现自我价值的良方，只有不断努力、不断进取、不断付出才能获得丰厚的回报；只有从小事做起、从具体事做起、从基层做起才能最终取得辉煌的成就和业绩。

④ 做好就业技能准备，增强就业竞争实力。大学生一进校门就要自觉地把自己的专业与以后的就业联系起来，认真学习，刻苦钻研，建立合理的知识结构，掌握扎实的专业理论知识，培养自己的实践操作能力、科学思维能力、组织协调能力等。只有如此，才能在激烈的竞争中占据有利位置。

（四）不断完善自己

法国著名思想家笛卡尔说，机会总是垂青有准备的人。对于大学生来说，如果到毕业的时候才开始考虑求职问题，才着手做求职的准备，那已经太晚。也就是说，你需要从现在开始的每一天都为三年、四年后的求职做准备，让自己的简历越来越丰富，让自己越来越优秀，这样面对自己心仪的工作、岗位的时候才能胸有成竹。

设想一次招聘活动：你需要提交一份自我推荐材料，那时的你具备了哪些条件？具有哪些优势？拥有哪些非你莫属的理由？目前的你存在哪些方面的不足？设计一个"我的求职信"（见表 1-2），对照资料中自己存在的差距，不断进行自我完善，确定努力方向。可随时更新资料以增加自信，也可根据个人的实际情况添加其他信息，使之更符合自己的实际。

表 1-2　我的求职信
年　月　日

教育经历

院校名称				学习时间	年 月— 年 月
学历		学位		专业内排名	
专业		类别		专业内人数	
院校名称				学习时间	年 月— 年 月
学历		学位		专业内排名	
专业		类别		专业内人数	
其他教育经历					

英语水平

GMAT			GRE		TOEFL	IELTS	大学英语　级
Test date：			Test date：		Test date：	Test date：	考试时间
	score	％		score	％ Total：	Overall brand	是否通过：
Total			Verbal		Listening：	Score：	总分
Verbal			Quantitative		Reading：	Listening：	听力
Quantitative			Analytical		Structure/Writing：	Reading：	阅读
AWA			Writing		Speaking(if applicable)：	Writing：	综合
					TWE(if available)：	Speaking	写作
其他外语水平							

兼职工作经历

单位全称			
单位地址		单位性质	
行业类别		主营业务内容	
部门、职位		岗位职能	
工作时间	年 月 — 年 月		
本单位内岗位变动情况、职责和业绩			
其他工作经历			

创业经历

单位全称				创办时间	
单位地址			最近一年营业额		
行业类别		主营业务内容			
公司注册资金		本人出资		所占股份	%
核心创业团队	人	员工总数		直接下属	人
核心创业团队成员间关系					
本人在公司中的具体职务和职责					
创业原因和公司主要发展历程					

其他信息

■ 职业资格(请从最重要的开始;面试时需带相关证明材料原件及复印件)

所获资格名称		有效期至	
所获资格名称		有效期至	
所获资格名称		有效期至	

■ 奖励和荣誉(面试时需带相关证明材料原件及复印件)

奖励和荣誉名称		颁发机构		获奖时间	
获奖原因					
奖励和荣誉名称		颁发机构		获奖时间	
获奖原因					

■ 社会活动(学习之余以组织者或团队骨干成员身份参加的社会活动)

活动名称		活动时间	—
简述活动内容和本人起的作用			
活动名称		活动时间	—
简述活动内容和本人起的作用			

■ 国际经历(各种出国经历)

经历名称		国家		时间	—
经历简述					
经历名称		国家		时间	—
经历简述					

自述短文(须用英文填写,每篇短文单词数要求为中文字数的一半)

1. 请描述你的短期和长期职业目标。你打算怎样去实现目标?（800字以内）

2. 请描述你最成功的三次经历。给出选择的理由。（800字以内）

3. 请讲述你的一次失败经历。从中你学到了什么?（600字以内）

4. 以下两个题目任选一个回答。（600字以内）

4a:讲述你一次面临两难选择的经历。请介绍你当时的情况和你做出选择的过程及理由。

4b:举例描述你在一个团队或组织中的作用。

5. 你认为自己什么地方与众不同?写出招聘单位应该录取你的理由。（600字以内）

四、面试知识知多少

（一）招聘面试的含义和特点

面试是测查和评价人员能力素质的一种考试活动。具体来说，面试是一种经过组织者精心设计，在特定场景下，以考官对考生的面对面交谈与观察为主要手段，由表及里地测评考生的知识、能力、经验等有关素质的一种考试活动。

"在特定场景下"的面试与日常的观察、考察等测评方式不同。面谈与交谈强调的只是面对面的直接接触形式与情感沟通的效果，而面试突出的是"问""听""察""析""判"的综合性特色，这样就使面试与一般的口试、笔试、操作演示、背景调查等人员素质测评的形式区别开来了。口试强调的只是口头语言的测评方式及特点，而面试还包括对非口头语言行为的综合分析、推理与判断。

面试具有以下主要特点。

1. 面试主要通过观察考生的外部行为来评价其素质

一个人的能力、气质、性格往往是通过外部行为特征表现出来的，我们可以通过个体的外部行为表现去推断其内在的心理特征。在面试中，考官正是通过观察应试者的语言行为（应试者所说的话）和非语言行为（应试者的表情、行为举止等）来推测和判断应试者的能力和个性品质的。另外，用应试者当时的行为来预测其未来的行为也是面试的一个重要特点。

2. 面试的直观性

面试是用人单位与应试者直接接触的一项活动。通过面试，用人单位会对应试者形成一个直观的印象。所以，即使一位应试者的条件再好、笔试成绩再高，一旦在面试中表现不好则很可能会被淘汰出局。

3. 面试的灵活性

① 面试内容因应试者的个人经历、背景等情况的不同而无法固定。

② 面试内容因工作岗位的不同而无法固定。不同的工作岗位，其工作内容、职责范围、任职资格条件等都有所不同。因此，其面试的考查内容和考查形式都不能做统一规定，面试题目及考查角度都应各有侧重，灵活而不固定。

③ 面试内容因应试者在面试过程中的表现不同而无法固定。面试的题目一般为事先拟定，以供提问时参考，但这并不意味着一定要按事先拟定好的题目逐一提问、毫无变化，主考官会根据应试者的某些回答，因人因"事"（岗位）而异，灵活掌握面试内容，既要让应试者充分展现自己的才华，又不能完全让应试者信马由缰、海阔天空地自由发挥。

4. 面试着重测评整体素质

面试是依据考生现场的全部表现，对其素质状况作出评定。它不仅要分析考生的回答是否正确，更重要的是看考生回答问题的灵活性、逻辑性、应变性。对考生面试结果的评定，不是把观点正确与否作为第一位指标，而是看考生的整体素质。其中，主要包括以下内容。

① 考生的口语表达能力，主要考察应试者表达是否清晰、明确、简洁，是否富有逻辑性；

② 考生的应变能力，主要考察应试者在有压力的情景中反应是否灵活、敏捷、快速；

③ 考生的分析综合能力，主要考察应试者的逻辑思维是否有条理，是否善于分析、判断和概括问题；

④ 考生的仪表、风度、举止，主要考察应试者的言行举止是否端庄、稳重、得体，是否有充沛的精力；

⑤ 考生的有关实际工作能力，主要考察应试者是否具备与工作相关的能力；

⑥ 考生的个性特征，主要考察应试者是否具备与工作相关的个性特征。

5. 面试的互动性

面试是主考官和应试者之间一种双向沟通的过程。在面试过程中，应试者并不是完全处于被动状态。主考官可以通过观察和谈话来评价应试者，应试者也可以通过主考官的行为来判断主考官的价值标准、态度偏好、对自己面试表现的满意度等以调节自己在面试中的行为表现。另外，应试者也可借此机会了解自己应聘的单位、职位情况等，以便决定自己是否可以接受这一工作等。所以说，面试不仅是主考官对应试者的一种考察，也是主客体之间一种沟通、情感交流和能力的较量。主考官应通过面试，从应试者身上获取尽可能多的有价值的信息。应试者则应抓住面试机会，获取关于应聘单位及职位等自己关心的信息。

（二）招聘中面试的形式

（1）口试

口试是面试的常见形式，因此也是面试过程中的一个重要环节，具体是由主考官提出若干问题，让应试者逐一回答。在相互交流的过程中，用人单位会对应试者口才和应变能力有一个大体的了解。大多数高校毕业生在笔试中往往能应付自如，而面对几位考官的提问时便惊慌失措、答非所问，缺乏临场发挥经验。然而，偏偏口试又是高校毕业生就业过程中常见的面试形式。因此关于这一基本功，毕业生可以通过在校期间的校园文化活动以及社会实践加以训练。

（2）笔试

面试时，用人单位为了测试应聘者的综合素质以及真实的内心世界，会设计各种问题供应试者进行笔试，包括英语水平、心理承受能力、艰苦岗位工作的思想准备、遇到挫折后怎么办等若干问题。有些问题带有一定的隐含性，往往是从某一方面考察另一方面的内容，而高校毕业生答题时常常毫无准备。

（3）互联网接触

在面试过程中，应试者对用人单位有关问题的了解，可通过互联网获取信息，或发E-mail向对方咨询。必要时，针对某些不清楚的地方还可以进行多次联络，这样就能给用人单位留下初步印象。用人单位与应试者通过互联网的接触交流，对其为人、做事的能力、信誉等方面将有一个初步的了解。

（4）电话接触

接到面试通知后，在准备面试的过程中，还可以通过电话对一些不清楚的问题进行了解。但电话接触会牵涉到问话方式、讲话态度、礼仪礼貌等一系列问题，这些都是应试者的基本能力，会给用人单位留下初步印象。

（5）到应聘单位实习

高校毕业生在就业过程中，到应聘单位实习是用人单位和应试者双向交流、双向产生各自满足需要感觉的良好机会，能真正体现"双选"自愿原则。这种面试形式属于系统的、真实的、全面的了解，克服了凭一时一事选择对方的弊端，使彼此的选择更趋于合理与理智。

（三）招聘面试的种类

常见的面试种类大体分为以下几种。

（1）个人面试

个人面试又称单独面试，指主考官与应聘者单独面谈，是面试中较常见的一种形式。

单独面试又有两种情况：一是只有一个主考官负责整个面试的过程；二是由多位主考官参加整个面试的过程，但每次均只与一位应试者交谈。个人面试的优点是能够提供一个面对面的机会，让面试双方较深入地交流。一旦通过，一般就可以参加小组面试。

（2）集体面试

集体面试主要用于考查应试者的人际沟通能力、洞察与把握环境的能力、组织领导能力等。在集体面试中，通常要求应试者做小组讨论，相互协作解决某一问题，或者让应试者轮流担任领导主持会议、发表演说等，从而考察其组织能力和领导能力。

其中，无领导小组讨论是最常见的一种集体面试法。众考官坐于和应试者有一定距离的地方，不参加提问或讨论，仅通过观察、倾听对应试者进行评分；应试者自由讨论主考官给定的讨论题目，题目一般取自于拟任岗位的职务需要，或是现实生活中的热点问题，具有很强的岗位特殊性、情景逼真性和典型性及可操作性。

（3）一次性面试与分阶段面试

① 一次性面试，即用人单位对应试者的面试集中于一次进行。在一次性面试中，面试考官的阵容一般都比较"强大"，通常由用人单位人事部门负责人、业务部门负责人及人事测评专家组成。在这种情况下，应试者是否能面试过关，甚至是否能被最终录用，都取决于这一次面试的表现。面对这类面试，应试者必须集中所长，认真准备，全力以赴。

② 分阶段面试，又可分为"按序面试"和"分步面试"两种。

按序面试：一般分为初试、复试与综合评定三步。初试一般由用人单位的人事部门主持，会将明显不合格者予以淘汰，合格者则进入复试。复试一般由用人部门主管主持，以考查应试者的专业知识和业务技能为主，衡量应试者是否适合拟任岗位。复试结束后，再由人事部门会同用人部门综合评定每位应试者的成绩，以确定最终合格人选。

分步面试：一般由用人单位的主管领导以及一般工作人员组成面试小组，按照小组成员的层次、由低到高的顺序，依次对应试者进行面试。面试内容依层次各有侧重，低层一般以考查专业及业务知识为主，中层以考查能力为主，高层则实施全面考查与最终把关。实行逐层淘汰筛选制，且要求越来越严。应试者要对各层面试的要求做到心中有数，力争在每个层次均留下好印象。面对低层面试，不可轻视、麻痹大意；面对高层面试，也不必过度紧张。

（4）常规面试与情景面试

① 常规面试。常规面试就是我们日常见到的主考官和应试者面对面，以问答形式为主的面试。具体是主考官提出问题，应试者作出回答，以展示自己的综合素质。在这种面试形式下，主考官处于主动提问的状态，根据应试者对问题的回答以及应试者的仪表仪态、身体语言、在面试过程中的情绪反应等对应试者的综合素质状况作出评价；应试者一般是处于被动应答的状态，不断地被主考官观察、询问、剖析、评价。

② 情景面试。情景面试是面试形式发展的新趋势。在情景面试中，突破了常规面试即主考官和应试者一问一答的模式，而引入了无领导小组讨论、公文处理、角色扮演、演讲、答辩、案例分析等人员甄选中的情景模拟方法。在这种面试形式下，面试的方法灵活多样，面试的模拟性、逼真性强，应试者的才华能得到更充分、更全面的展现；主考官对应试者的素质也能作出更全面、更深入、更准确的评价。

在情景面试中，应试者应落落大方，自然和谐地进入情景，消除不安和焦灼的心理，以便发挥出最佳效果。

（5）其他面试种类

① 能力式面试。能力式面试由主考官通过多种方式综合考查应试者除本专业之外的多方面才能，通常采取以下几种方式。

任意写一段话。主考官不加任何限制，任意让应试者写一段话。这样做的目的是观察应试者的字迹是否工整、文笔是否流畅，同时也考查了临场发挥能力。

分析一段文章。为了考查应试者的口头表达能力、分析判断能力，主考官让其现场分析文章，以观察应试者的分析、归纳、综合演讲能力。

操作计算机。为了了解应试者的计算机操作水平，主考官往往会请应试者当场用计算机进行一些演示或文档处理，甚至进行软件设计，以考查应试者的计算机操作能力。

② 压力式面试。由主考官有意识地对应试者施加压力，针对某一问题展开一连串的提问，不仅详细琐碎，而且追根溯源，直至应试者无法回答，甚至有意识刺激应试者。其目的就是看应试者在突如其来的压力下能否做出恰当的反应，以观察其机智程度和应变能力。

③ 问卷式面试。用人单位为了掌握应试者的全面素质，包括个人兴趣爱好、处世能力、合作精神、个人利益、吃苦精神、战胜困难的勇气等，往往采用书面的素质测试卷，让每个应试者在规定时间内，以毫无戒备的状态完成问卷答题任务。通常素质测试卷分以下几类。

心理测试卷：用人单位在选拔过程中使用智力和个性测试，主要了解应试者的性格种类、道德水准，与同学的相处情况，敬业精神，耐挫力，做事是属于指挥型还是属于踏实型等有关内容，并一一进行测试摸底。所有这些内容在心理测试卷上都是隐含的，应试者在规定时间内必须全部完成。

英语水平测试：英语水平测试分为笔试和口试两种，笔试是当场完成一定数量的翻译或写作练习，看看应试者英语功底究竟有多深；口试即当面用英语对话，看看应试者的口语表达能力。因此，应试者去用人单位面试之前，要先做如下准备：写一篇英文文章，包括自己的兴趣爱好、学业背景、社会活动等，然后背下来，因为面试中大都会有此类问题；有针对性地准备几个问题，如为什么选择贵公司等；参加英语口语面试时，要多做笔记，记些时兴的单词和表达法；且一定要大胆讲，只要能表达完整的意思，出现一点小错误也无关紧要。

④ 会议面试。会议面试就是让应聘者参加会议，通常就某一具体案例展开讨论，在讨论过程中，通过应聘者分析问题、确定方案以及给出结论的过程，考查应聘者的知识水平和分析问题、解决问题的能力。这种面试可以比较直观、具体、真实地体现应聘者的知识水平、思维视野、分析判断、应用决策等素质。

⑤ 餐桌面试。餐桌面试就是应聘者会同该单位各部门的主管一起用餐，大家与应聘者一边吃一边谈。餐桌面试一般适用于测评高级或重要职员。这种面试易于创造一种亲和的气氛，让应聘者减轻心理压力，以便能真实地反映其素质；同时也可以在特定情境中，全面考查应聘者在社会文化、风土人情、餐桌礼仪、公关策略、临场应变等方面的真实情况。注意，在餐桌面试中点菜时，切勿点最便宜的菜或最昂贵的菜。点最便宜的菜，易于使人低估你的价值；点最贵的菜，易于使人产生反感，觉得你不为公司精打细算。切不可只认为是在点菜而已，似在点菜，实是考查。

（四）面试的五大步骤

面试总体有五大步骤，熟悉这些步骤可帮助你提高求职面试的成功率。

（1）确定面试标准

有经验的管理者都知道，拥有一批优秀员工的最佳方法之一是为适当的人安排与其技能、专业背景相匹配的工作，而基于表现的面试可以帮助用人企业实现这一目标。一般而言，人力资源经理在筛选申请人之前，首先会确定面试标准以帮助其他主考官清楚哪些申请人合格、哪些申请人不合格；其次会描述招聘职位的具体职责，并确定胜任该职位所必需的专业背景和技能。

（2）评估和筛选候选人

制定出该职位必须具备的条件与要求后，主考官会快速浏览所有的简历，淘汰那些明显不符合要求的，而留下满足部分及看似符合所有必需要件的。然后对第二、三类简历进行细致的分析与比照，如工作经验、教育与培训经历、职业稳定性、职位提升、领导力、取得的成绩等。

（3）电话筛选

通常主考官在对满足全部或部分必备条件的候选人进行面试之前，会采用小型的电话测试。可视电话屏幕面试正日益普遍，因而很多公司会通过屏幕进行面试，以避免舟车之旅，从而降低招聘开支。运用可视电话进行面试，招聘者可以很快淘汰大部分人选，而决定对最好的人选进行面谈。

大多数企业会采用电话通知的方式对候选人进行初步筛选，因此应聘者千万不要掉以轻心。有些人习惯邮寄或网上发送个人简历，却忽视了相应的记录工作，以至于接到面试电话通知还不知道对方是哪家公司、干什么的、自己应聘的什么职位。为了能在面试前有个很好的心理准备，建议应聘者为自己准备一个记录本，具体记下什么时候将自己哪一类的简历投递给了哪家公司，具体职位、工作职责与要求是什么。

（4）对候选人进行面试

面试是证明你的确符合该职位必须具备的要求，而且你就是最佳人选。面试就像解答一道求证题，主考官的目的是通过各种提问与测试来反复求证你和该职位的一致性。

主考官对每位候选人按相同的顺序问相同的问题，以便记录与权衡、比较。主考官会采用一些封闭型的问题来验证简历或电话试探中的信息，也会采用一些开放型或基于表现的问题来检验你面对将来工作中一些情况的可能反应。主考官经常会问："如果……你会怎么办？告诉我你曾经面临的工作挑战以及你是如何解决它的。说说你曾经历的最困难的谈判及最后的结果……"

建议你用描述性的语言来解答主考官关于匹配度的疑团，因为这些回答将帮助主考官了解你的思考和行为模式。

在面试过程中，经验老到的主考官会以老朋友聊天的方式让你放松，但他（她）仍以猎人般犀利的眼光审视、分析你的一举一动、一言一笑。注意，千万不要被主考官"慈祥"的外表所迷惑，而要自始至终保持警觉，从踏入公司大门的那一刻起，你已处在"监视之中"，直到离开公司。大多数主考官信奉"见微知著"，因而不会放过任何一个细节。

（5）提出工作邀请

基于面试的表现，主考官通常会将工作机会留给那些品质和技能都能满足特定工作要求的候选人。

当主考官向你发出工作邀请时，会了解你前一份工作的薪水或你期望公司提供的薪水水平。这样的问题无法避免，如果你想获得理想的薪水，首先要对自己的实力有个清醒认识，其次是了解、评估市场行情。最好是在面试前咨询职业顾问，像你这类专业、技能和工作经验的人在当前人才市场上的稀缺程度，同行业同类职位的薪酬水平，以及你具备的优势是否具有独特性等。

建议你在谈薪水问题时，最好采用"以攻为守"的方法，主动了解用人企业的薪酬制度及构成，如底薪、补贴、福利、年底分红等，并高姿态地表示："大多数企业都有一套完整的薪酬体系，不会为某个人而制定特例，我乐意遵循公司既有的原则。"最后，你可逐一分解前一份工作的薪水构成（或期望的薪水），并用税后工资的总额作收尾陈述。

在实际面试过程中，主考官可能只采取以上类型中的一种进行面试，也可能同时采用几种进行面试。

五、经典求职案例

套用一句名言：成功的求职都是相似，失败的求职各有各的不幸。招聘的方式有千万种，求职的经历也各不相同。但无论是成功的经验还是失败的教训，都有可借鉴之处。下面的案例会给你以启发。

【案例1】　求职要有勇气，成功始于尝试

因为家境贫寒，李泉18岁时就踏入了社会。一家知名医药企业刚刚贴出招聘科员的启事，就引来了数十名应聘者，李泉也在其中。

面试时，数十名应聘者被一一编了号，李泉因来得较晚而被编在了后面。面试刚开始不久，几位先参加面试的应聘者就从招聘办公室走了出来，并沮丧地说："招聘条件很苛刻，没有大学文凭和两年以上的从业经验者，一概不收！"

在门外等待面试的应聘者听后，呼啦一下散去了很大一部分。李泉虽然也不符合条件，却没有跟着其他人一起走掉。不久，又有几名年龄与李泉相仿的应聘者阴沉着脸从招聘办公室里走了出来，且更为沮丧地说："他们的条件很苛刻，不仅要求有大学文凭和两年以上的从业经验，而且还要求年龄在25周岁以上！"

剩下的应聘者听后，呼啦一下又散去了一部分，但李泉仍然没有走，而是继续耐心地排队等待。

这时，李泉身后的一名应聘者小声地问他："小伙子，你符合他们的应聘条件吗？"李泉回答："一条也不符合。"

那人说："既然如此，你肯定会被淘汰的。不如走掉算了！"

李泉听后，笑了笑说："机会难得啊！即便是不符合条件，也应该有试一试的勇气，说不定就被录用了呢！"

随后的结果，让那些认为李泉自不量力的应聘者大吃一惊，不符合应聘条件的李泉，虽然未被招聘为科员，却因超于常人的勇气和伶俐的口齿，而被破格录用为药品推销员。

一些求职者在应聘时，常常会犯这样的错误：因为招聘单位苛刻条件的限制和自身的

不足，就轻易地放弃了眼前的机会、打起了退堂鼓，以至于连试一试的勇气都没有，而李泉却以自己的经历告诉了我们这样一个求职道理：求职要有勇气，成功始于尝试！

【案例2】　技巧——你也可以辉煌

1992年7月，孙殿勇从辽宁石化职业技术学院石油化工系毕业，被分配到某染料厂工作。这是一个拥有7000多人的大型企业，宽松的工作环境和优厚的待遇，令他为很多同学所羡慕。捧着家里唯一的"铁饭碗"，这个22岁的青年充满喜悦。然而，慢慢地，一种深深的失落感开始袭击孙殿勇。"在这里，我越来越感到自己的渺小和微不足道"。

"那一年，分配来140多名大学毕业生，我是为数不多的专科生中的一个，也是年龄最小的一个，或许也是机遇最少的一个。"

"工作中常常遇到这样的情况，我对某些事情提出一些独特的想法和建议，不仅会被领导和同事们置之不理，甚至会遭到他们的嘲笑。"

上学时的孙殿勇担任校学习部长，连年获一等奖学金，是个品学兼优的学生。工作后，本以为可以大展宏图了，结果却发现没有了自己的天空。少年不得志的失落感像一片阴云，在他晴朗的心空再也挥之不去。

夜色中独步街头，看着那些窗口射出的温暖的灯光，他告诉自己：总有一天，那里面会有一盏灯是我的！

今天事业成功的孙殿勇住在市中心一座带露天花园的高层建筑内，在幽静的海滨还有一幢别墅。孙总说，"这是我十年前的一个梦"。也许，是梦想成就了伟大。

"参加工作不足3个月，我就感觉那种没有创造性的工作压抑了我的激情。"

1992年10月，这个看起来朴实诚恳而又睿智的22岁的青年，在最不缺乏自信的年龄，以一纸辞呈打破了刚刚端起不足3个月的铁饭碗。并不满足于坐在屋里得到窗口射进来的一缕阳光的他，想要探出头去享受更充足的阳光，看窗外真正美丽多彩的世界。

随着刚刚兴起的下海潮，孙殿勇也融入了这片海洋，然而本以为自己是一个搏浪高手，走进去才知道，一切都需要从头开始。

首先要面对的就是生存问题。没了工作，没了固定的收入，没有住所，没有朋友，在这个繁华的都市中，孙殿勇感到莫名的孤独和无助。也许，这就是冲动的惩罚。

找工作成了当务之急。还是在上班的时候，孙殿勇翻阅了办公室几乎所有的报纸甚至报缝，尤其在这些别人不注意的地方，总有一些招聘广告吸引着他。

"每次看到那些大公司的招聘广告时，我总幻想自己就是招聘的那位负责人"。

经过缜密分析，再三斟酌，孙殿勇选择了房地产开发、电脑、电信等几个行业去应聘推销员。还是在上学的时候，学校对人才有个形象的表达："站起来能讲，坐下来能写，放开两手能干。"这个简单的道理令聪慧的孙殿勇意识到，一个人的才能，用语言表达是最迅速最直接的。从那时起，他开始注重演讲和口才的训练。

"在校四年，我一直坚持每天至少半个小时模仿伟人学者的演讲。"付出总有回报。对口才的强化训练，为他日后从事推销员工作奠定了扎实的基础。

谈到应聘，他说：其实很多时候，观念决定命运。

孙殿勇去应聘的第一家公司是一家房地产公司。看着外面不下五十个拿着简历的应聘者去争夺仅有的两个位置，而且那些人又都是科班出身，孙殿勇第一次感觉到竞争的压力。按正常思维，他自己就为自己判了死刑。孙殿勇喜欢和人攀谈，但不是无目的的闲聊，在等待的过程中，他得到了那些应聘者诸如待遇、工作条件等方面要求的信息。只有清楚了解别人，才能从容面对别人。

当站在负责人面前的时候，他已经充满必胜的信心。

"我只要他们所要工资的1/3。不是我能力不行，只是我想给自己一个机会，也给你们一个认识我的机会。希望我们都别失去这样的机会。"他成功了。

用同样的方法，他又获得了电脑、电信等三家公司的推销员工作。用他自己的话说："虽然每份工作的工资都偏低，但这四份工作的工资收入总和却高于一份工作的工资收入。我并没有吃亏。"有时候我们不成功，是因为我们的思维不够发散。

之所以以低廉的工资要求去应聘推销岗位，孙殿勇还有自己的想法：因为工资比较低，公司的监管也就相对松些。这样，他就可以做多家公司的推销工作，既获得了广泛的自由空间，又增加了了解其他行业的机会，也有了更多的时间去做市场调查。毕竟，那时候他还不知道自己到底该向什么方向努力，到底哪条路能张开双臂迎接他走向成功。以一种勤能补拙的方式，他四面出击，寻找着属于自己的路。

同时做四家公司的推销员，绝不是一件像我们现在说起来那么简单的事。"最开始的时候我简直是焦头烂额，看来仅有热情是不够的。"

毕竟是远离自己专业的工作，虽然当初应聘的时候，自己感觉已经做了充足的准备，了解了一些行业相关知识，而真正做起来才知道，要学的东西太多了，于是白天他除了联系业务，所有的空闲时间都钻进书店看书充电。那时候，去了房租和生活费，工资也就所剩无几了，他还没有能力把那些所涉及的各门类的专业书买回家去如饥似渴地读；晚上他就更是泡在书店，总是每天和书店的员工一起"下班"。开始的时候，书店的员工见他天天来看书不买书，就委婉地撵他，而他则换个类别接着看，久而久之便吸纳了从房地产、装修、电脑、电信到经营管理、市场营销等多方面的知识。一段生活贫穷的日子，成全了他知识的富有。

打工的日子里，孙殿勇凭借敏锐的思维和独特的手法，获得了几个大手笔的单子，使他不仅为公司赢得了可观的经济收入，自己也广交了业界的朋友，更赢得了负责人的信任。一年之后，打工的那家房地产公司的负责人就要升迁他进入公司的核心阶层。一直生活在社会底层的这个小小的打工仔即将改变窘境，翻身进入白领阶层。当所有人都钦羡他似乎唾手可得的幸运时，他却再一次做出出人意料之举——辞职。

"贫穷不是一种耻辱。在贫穷的状态中甘于平庸、甘于堕落才是最可耻的事情。"不甘心平庸的孙殿勇，再次以常人无法捕捉的独特视角，开始了他人生的又一次转折。

【案例3】 能力——她很优秀但求职失败

杨宇欣毕业于一所国内著名的外语大学，在获得了本科学位之后，又在英国拿到了硕士学位。回国后的她，很快在一家跨国公司谋得了一份总经理助理的职位。几年下来，杨宇欣获得了丰富的职业经验，开阔了全球化视野，从当初一个清纯的学生变成了一个国际化的人才。杨宇欣无疑是成功的，她骄傲，她自豪，她不断地得到周围人的赞美与艳羡。

几年后，杨宇欣恋爱了。她确实也有些累了，不想再东奔西走了。她很想进一家国内的大企业，有一份踏实安定的工作就满足了。杨宇欣相信凭借着她的实力，进一家本土大公司一点问题都没有。

面试那天，杨宇欣充满自信。因为在和她一起来面试的人中，无论从资历、学历、外语能力还是口头表达能力来看，正如她事前判断的那样——都不及她优秀。再加上对这家公司招聘岗位的了解，她也认为自己非常适合这个工作，并且完全可以胜任。

然而，在接下来等待复试的几天里，杨宇欣始终没有等到公司的电话。一个星期过去了，电话还是没来。杨宇欣按捺不住了，便主动打电话到那家公司，可是对方给她的回应是：他们已经招到了合适的人才！

合适的人才？难道我就不合适吗？这是杨宇欣当时的第一反应，然而事实便是如此。竞聘落选对于杨宇欣来说有点像晴天霹雳，倒不是因为她觉得缺少了一份薪水和一份工作，而是她觉得这是对她以往所有成功及价值感的一种严重否定。杨宇欣有点懵，一下子找不到方向，她感到痛苦和困惑。

无疑，这次求职的失败对杨宇欣来说是个打击，她实在想不通优秀的自己为什么会遭遇失败。然而，杨宇欣的失败在偶然中却又有必然性，因为她忽略了求职中一个非常重要的定律——门当户对。

一般来讲，企业在招聘人才时，都有一个能力期待的范围，只有在这个范围内的人才才是他们真正想要的人选。达不到他们的期待，固然不行；但如果超越了他们的期待，企业也会无法适应，从而弃用这样的人才。

【案例4】　主见——"和爸爸妈妈商量……"

王秀云，女，2003届东华大学毕业。

我是学会计专业的，成绩优异，还是校健美操队的领操，每年都是校三好生……这些经历，让我的履历表比其他同学显得更有分量，可一旦投身在滚滚的就业大潮中，我立即开始由自信变为忐忑。在矛盾与不安中，我接到了一家知名高新企业的面试通知。我在图书馆里泡了好几个晚上，啃《面试轻松过关》《面试宝典》之类的书。

走进考场后我才发觉，与我一同面试的其他五个人都是男生。服务员端来六杯水，其他几个男生拿起自己面前的水杯就喝。我转念一想，不对啊，几个考官都还没有水喝呢，我们怎么可以抢先呢？于是，很有礼貌地把杯子递给离我最近的一个考官。

"还是女孩子心细啊。"坐在中间的一位考官说，另几个正在喝水的男生立刻窘住了，面面相觑。

接下来，我和考官们谈笑自如。这时，坐在正中央的主考官突然问了一个令我意想不到的问题："你的简历上写着会跳舞，你会跳哪种舞呢？"我立刻懵了，小时候我的确学过一点舞蹈，后来就没再进行过舞蹈训练。要是说实话，多丢面子啊！于是我就扯了个谎说会跳新疆舞，说完之后就觉得脸有些发热。谁知，考官要求我随便摆个姿势看看。我窘迫极了，从头到脚都无所适从。忐忑地低着头想了好一会儿，只好站起来原地转了几个圈。

好不容易面试结束，考官们走出会议室讨论了一下，把我叫了出去。

"根据你的性格特点，我们想把你安排在外事部门，不过户口方面可能还需要再争取。"

听到这句话，我愣住了："你们不是答应可以解决的吗?"话被我吞进了肚子。要是户口解决不了，我也许根本就不会来应聘……我左思右想，轻轻咬着下唇说："要不，我跟爸爸妈妈商量一下。"

主考官也突然愣了一下，我马上意识到，自己似乎说错了什么。

"好吧。"他微笑着说，"不过要记得，以后你参加面试的时候，不要说'和爸爸妈妈商量'的话，因为这样会显得你没有主见。明白吗?"我抬头看了看他的眼睛，他眼里满是真诚。我意识到，我错失这个机会了。

这次面试给了我许多经验。尽管简历中我把自己描述得很优秀，可面试时我没有真正把这些特长发挥出来；我将专业对口看得很重要，其实用人单位在人才的安排上是很灵活的。此外，我不够果断也是失败的原因之一。

毕竟，没有哪个公司需要没有主见的应聘者。

【案例5】 原则——要不要讨回400元

姚海琴，男，2002年毕业于上海交通大学。

有一家久负盛名的外贸公司招业务员，我跃跃欲试。递上简历我才知道，在我之前已经有二百多人报了名，而录取名额只有一个，竞争之激烈可想而知。

我有充足的理由相信，我一定能在众多的求职者中脱颖而出，因为我有工作经验，而且业余时间一直在学习和巩固专业知识。

如我所料，尽管招聘单位的考核严格得近乎苛刻，我依然以第一名的成绩顺利通过考核，与第二名（一位刚毕业的女生）一同进入试用期。我们被告知，一个月后我们两人将只有一个可以留下。但不管去留，我们都将有800元的基本工资。

那个女孩只是大专毕业，无论专业水平与实践能力都比我逊色。在试用期的一个月里，我的表现显然好于她。事情明摆着，谁走谁留似乎已成定局。

试用期最后一天，突然有人通知我，说总经理叫我当天下午就去财务处领工资，领完工资后便离开。我忙问："那女孩子留下了吗?""她和你一样，总经理也是这样通知我的。"我来到财务室，从会计手中接过工资数了数，才400元，离试用前许诺的800元还差一半。这是怎么回事? 会计说他也不知道，是总经理交代这么做的。这不是欺人太甚吗? 找他去! 走到一半我犹豫了：这会不会正是总经理设的一个"陷阱"? 设身处地想一想，有谁会愿意招聘一个与单位斤斤计较的人呢? 他是想考验考验我吧。

想到这里，我毫不犹豫地转身走出了公司大门。一路上，我甚至有些自鸣得意，总经理不就是为了看谁更"大度"吗? 我就潇洒地做给他看。我相信，不出明天，他一定会打电话请我回去，并对我的这一举动大加赞赏。

然而，我等到的消息是：那位女孩被录用了! 我直奔公司，愤然走进总经理办公室，想讨个说法。总经理示意我坐下，说："不错，你在整个试用期内都有出色表现。遗憾的是，你虽然有丰富的学识与经验，但缺少维护自身权益的勇气。相比较，吕小姐一发现我们克扣了她的工资，立刻就找到我，说如果不履行先前的承诺，将要同我打官司。我欣赏她那样的勇气。我们外贸公司经常同国外的企业打交道，这一点非常重要。试想，一个连自身权益都不敢维护的人，还能指望他为公司挺身而出吗？"听完总经理的解释，我心悦诚服地低下了头。

【案例6】 信息——不惮碰壁，终得其门

苏本行，男，2003年南京大学研究生，学的专业也很冷：国际关系史。

去年10月，国家某部委来学校招人。自此，我的求职序幕就拉开了。一直到今年3月初，总算是尘埃落定。其间整整四个月。

国家某部委来得比较早，绝大多数人来不及做简历，空着手就到系里了。我则是有备而来，所以给招聘者的印象也就深刻些。后来，两个招聘的领导还专门让我去他们住的宾馆谈了一下。之后，是江苏省某省属机关、南京市某市属机关来学校招聘。我又陆续参加了南京的几场招聘会，作为历史系这种冷门专业的毕业生，其间滋味一言难尽。

学校毕业生就业指导中心的JOB网页不断有新的招聘信息。我按地址寄了几份简历，还参加了一场广州日报集团的招聘会。通过了初试，但没通过面试，我感觉虽败犹荣，能通过初试对我而言已是意外的收获。

12月14日，我去了上海，这是我第一次去上海，参加上海的公务员考试，顺带参加了12月15日在上海光大会展中心的一个毕业生招聘会。坐公交、乘地铁，花十块钱买了门票和招聘信息材料，进门后挤来挤去，最后只投了一份简历，且唯一投出的这份简历后来也无消息。

12月16日，我参加了上海的公务员考试。上午考完行政职业能力测试后感觉一塌糊涂，题量太大（比国家公务员考试多了30个题），心想肯定没有什么希望了，但还是坚持把下午的申论考完了，感觉申论考得还可以。考完试当天我就赶回了南京，心里失落得很，但还是安慰自己："权当国家公务员考试的一次模拟考试了，12月21日还有一次机会！"

接下来的一周，我忙得脚打后脑勺。从上海回到学校后，星期一我参加了南京农业大学招聘辅导员的笔试，星期四又第二次去了上海参加一个面试并当天回到南京，第二天参加南京农业大学的面试，这是我参加过的最正规的一次面试，虽然前面有过几次面试，但都是简单地面对面随便聊聊。这次面试对我是一个很大的锻炼，我感觉自己发挥得还不错。星期六，我参加了国家公务员考试，考完也没有多少把握，但比上海考试的感觉略好一些。考完试的当晚，就与班里的其他两个同学一起乘火车去了北京。参加了国家某部委的笔试，13道题目任选一个，三个小时。我选的是布什主义评价，很俗的题目，写完也没太大感觉。事后才知道自己只得了一个"良"，这也就决定了我这次面试的失败。因为隔天的面试其实是在赶时间，三十几个人一上午，每人也就面试三分钟左右。北京就这么轻描淡写地把我拒绝了。

从北京回到南京后，打电话问南京农业大学，对方告知录取名单里没有我；又打电话给其他几个前几日说等消息的单位，比如青岛海洋大学、浙江工商大学等，竟连连碰壁，那几天心情简直郁闷透了。

郁闷归郁闷，工作还是要继续找的。于是继续和几个室友一起上网查信息——各高校就业网、各省市人事人才信息网……继续复印、邮寄简历。

也许是上天可怜，开学后我的工作终于有了眉目。在跑了第四次、第五次上海之后，总算签了上海一所规模不大的学校做学生工作。后来陆续也有其他消息：南京农业大学又愿意接受我；山东省一家省属单位要到学校考查我；杭州那家不接受我的单位把我推荐到同一级别的另一单位去了……

我想说一下求职感悟。

第一，现在有很多人反对扩招，我想说的是，扩招也许会有很多问题，但不扩招更没有出路。其实很多人找到的工作与专业并没有多大关系，因此学生在上大学时除了学知识之外，更要重视提高自己的综合素质。

第二，在求职过程中，信息是很重要的。我可以多次参加不同单位的面试，首先是因为我掌握了信息。如何获取信息当然是关键，非常感谢南大，不仅宿舍里可以上网，而且都是免费的，也非常感谢我的室友们，他们发现了什么好的招聘信息都主动与我分享。

第二节 你的规划你做主

生涯一词的英文是 career，具有人生经历、生活道路和职业、专业、事业的含义。根据著名的生涯发展学者萨帕（Donald E. Super）1976 年下的定义，生涯是生活中各种事件的演进方向和历程，统合了人一生中的各种职业和生活角色，由此表现出个人独特的自我发展组型。人的生涯发展，既是一个自然生命的成长过程，也是一个自我设计与创造的奋斗过程。

一、你了解职业生涯的内涵吗

职业生涯又称职业计划、职业发展。对其研究始于 20 世纪 60 年代，20 世纪 90 年代中期从欧美等国传入我国。

目前，对职业生涯的含义还没有统一的认识，不同国家的学者从不同角度对职业生涯的内涵进行了不同的界定。

法国的权威词典将职业生涯界定为："表现为连续性的分阶段的、分等级的职业经历"。

美国著名职业问题专家给出了"职业生涯指一个人终生经历的所有职位的整体历程"的定义（1957 年），之后他又进一步指出，"职业生涯是生活中各种事件的演进方向和历程，是统合人一生中的各种职业和生活角色，由此表现出个人独特的自我发展组型；它也是人自青春期以迄退休之后，一连串有酬或无酬职位的综合，甚至包括了副业、家庭和公民的角色（1976 年）"。

韦伯斯特（Webster）把"生涯"的外延进一步扩大，他指出职业生涯是个人一生职业、社会与人际关系的总称，即个人终生发展的历程。

林幸台指出：职业生涯包括个人一生中所从事的工作及其担任的职务、角色，同时也涉及其他非工作或非职业的活动，即个人生活中衣食住行娱乐各方面的活动与经验。

吴国存将职业生涯分为狭义的职业生涯和广义的职业生涯。

从个体生命空间意义上考察，狭义的职业生涯是指一个人从职业学习伊始，至职业劳动结束，包括整个人生职业工作历程，即将职业生涯限定于直接从事职业工作的这段生命时光，起始于任职前的职业学习和培训。

广义的职业生涯是指从职业能力的获得、职业兴趣的培养、选择职业、就职，直至最后完全退出职业劳动这样一个完整的职业发展过程，起始于人的出生。

综合不同学者对职业生涯的不同认识可以看出，传统的职业生涯概念的基本含义有以下内容。

① 职业生涯是个体的概念，是指个体的行为经历。

② 职业生涯是职业的概念，实质是指一个人一生中的职业经历或历程。

③ 职业生涯是时间的概念，即个人的年龄或生命的过程。

④ 职业生涯是发展和动态的概念，寓意着个人的具体职业内容和职位的发展及变化。

二、你知道为什么要进行职业生涯规划吗

有一个关于预立目标的故事，被很多人不断提起。我们就从这里开始，探讨个人职业生涯规划的意义所在吧。

某年，一群意气风发的天之骄子从美国哈佛大学毕业了，他们的智力、学历、环境条件都相差无几。临出校门前，哈佛对他们进行了一次关于人生目标的调查。结果有 27% 的人没有目标，60% 的人目标模糊，10% 的人有着清晰但比较短期的目标，其余 3% 的人有着清晰而长远的目标。以后的岁月，他们行进在各自的人生旅途中。

25 年后，哈佛对这群学生进行了跟踪调查。结果是这样的：3% 的人，25 年间他们朝着一个方向不懈努力，几乎都成为社会各界的成功人士，其中不乏行业领袖、社会精英；10% 的人，他们的短期目标不断地实现，成为各个领域中的专业人士，大都生活在社会的中上层；60% 的人，他们安稳地生活与工作，但都没有什么特别成绩，几乎都生活在社会的中下层；剩下 27% 的人，他们的生活没有目标，过得很不如意，并且常常在抱怨他人、抱怨社会、抱怨这个"不肯给他们机会"的世界，当然也抱怨自己。

其实，他们之间的差别仅仅在于：25 年前，他们中的一些人就已经知道自己最想要做的是什么，而另一些人则不清楚或不很清楚。"哈佛故事"生动地说明了明确的目标对于人生成功的重要意义。当然我们还知道，一个有了明确的目标而缺少行动的人，成功也将永远与他形同陌路。

那么，既有确定的目标又有积极的行动，是否就意味着一定能成功呢？答案依然是：未必。无数的事例告诉我们：在追求成功的路途中，行动的规划在某种意义上比决心和毅力重要；而许多时候，选择比行动更重要。法国著名哲学家狄德罗说："知道事物应该是什么样，说明你是聪明的人；知道事物实际是什么样，说明你是有经验的人；知道怎样使事物变得更好，说明你是有才能的人。"这句名言形象地为我们指明了规划对于芸芸众生的重要意义。

古语讲，凡事"预则立，不预则废"。新东方教育科技集团总裁徐小平曾说过："不做人生规划，你离挨饿只有三天！"职业生涯活动将伴随我们的大半生，而拥有成功的职业

生涯才能实现完美人生。因此，职业生涯规划具有特别重要的意义。

① 通过职业生涯规划，可以评估个人目标和现状的差距，以既有的成就为基础，确立人生的方向、提供奋斗的策略。

② 通过职业生涯规划，可以准确定位职业方向，突破生活的格线，塑造清新充实的自我。

③ 通过职业生涯规划，可以进行自我评估，准确评价个人特点和强项，不断完善自己，增强职业竞争力。

④ 职业生涯规划通常建立在个体的人生规划上，因此做好职业生涯规划，可以将个人生活、事业与家庭联系起来，让生活充实而有条理。

三、进行职业生涯规划你需要做哪些准备

面试的时候，主考官常常会问这样一个问题：如果你获得这个职位，你将如何开展工作？这就是应聘者必须回答的一个简单的职业生涯规划问题。面对日益激烈的职场竞争，每个人都不得不思考这样的问题：我未来的路在哪里？什么才是适合我的工作？将来的我会成为一个什么样的人？所以，其实每个人都潜移默化地做过职业生涯规划。那么，怎样才能规划好我们的职业生涯呢？做好以下几项功课并适时予以调整，相信你会有一个美好的未来。

1. 了解自己——你适合从事哪些职业/工作

这是自我评估的过程。都说自己最了解自己，虽然未必尽然，但不妨多问自己几个问题，也许很多模糊的问题就会慢慢清晰起来。通过辩证地看待自我，找准自己的职业定位——愿意从事的职位、能胜任的岗位、适合从事的工作，以及实际工作中能否达到与岗位匹配、与企业匹配。

① What you are? ——你是什么样的人？

这是自我分析的过程。分析的内容包括个人的兴趣爱好、性格倾向、身体状况、教育背景、专类特长、过往经历和思维能力。这样，就能对自己有个全面的了解。

② What you want? ——你想要什么？

这是目标展望的过程。包括职业目标、收入目标、学习目标、名望期望和成就感。特别要注意的是学习目标，只有不断确立学习目标，才能不被激烈的竞争所淘汰，也才能不断超越自我，从而登上更高的职业高峰。

③ What you can do? ——你能做什么？

这是对自己能力和潜力的总结。自己的专业技能何在？在学习过程中积累与自己专业相关的知识技能，最好能学以致用，发挥自己的专长；同时个人工作经历也是经验积累的重要方法，将帮助你判断自己能够做什么。

④ What can support you? ——什么是你的职业支撑点？

你具有哪些职业竞争能力？你的各种资源和社会关系有哪些？个人、家庭、学校、社会的种种关系，都会影响到你的职业选择。

⑤ What fit you most? ——什么是最适合你的？

众多的行业和职位，哪个才是适合你的呢？待遇、名望、成就感和工作压力及劳累程

度都不一样，关键还看个人的选择。选择最好的并不一定是合适的，选择合适的才是最好的。这就要根据前四个问题再回答这个问题。

⑥ What you can choose in the end?　——最终你能够选择什么？

经过前面的过程，你已能够做出一个简单的职业生涯规划了。机会总是偏爱有准备的人，你做好了自己的职业生涯规划，也为未来的职业做了充足的准备，当然要比没有做准备的人机会更多。

2. 了解公司——它能否提供这样的岗位以及职业通道

这是内部环境的评估。在制定个人职业生涯规划时，除了要对自己进行评估，了解自己适合从事哪些职业、岗位外，还要充分了解所在公司，以明确自己在公司中的地位以及公司对自己提出的要求和创造的条件等，从而选择适合个人发展的职业、岗位。

3. 了解社会——在你适合从事的职业中，哪些是社会发展迫切需要的

这是外部环境的评估。社会环境也会对个人的职业生涯造成影响，包括社会未来的发展。职业生涯规划是面向未来的，因此你选择的职业在未来的社会需要中处于什么位置，是否具有竞争优势；在你适合从事的职业中，哪些是社会发展迫切需要的等。对此，都需要进行一番分析。只有目光长远，才会避免近忧。

四、制订职业生涯行动计划

当你制定好职业生涯规划后，接下来就需要思考为实现这个规划需要付出什么。之后，把实现计划过程中的每一项分解开来，直到成为你目前就可以迅速去做的事情，并付诸行动，高效执行，这就是制订职业生涯行动计划。在这里，行动即为实现目标而采取的具体措施，也是职业生涯规划得以实现的关键环节，更是千里之行、始于足下的过程。

【案例】

5年以后你在做什么

19岁那年，我在休斯敦太空总署的太空梭实验室工作，同时也在总署旁边的休斯敦大学主修计算机专业。我整天处在学习、睡眠和工作之中，这些事情几乎占据了我每天的全部时间。但是只要哪怕有一分钟的闲暇时间，我都会把精力放在音乐创作上。

我知道，写歌词不是我的专长，所以在最近的一段日子里，我时时刻刻都在寻找一位擅长写歌词的搭档与我一起创作。我认识了一位朋友，她叫"凡内芮"（Valerie Johnson）。自从我20多年前离开得州后，就再也没有她的消息，但是她在我事业刚刚起步时，的确给了我极大的鼓励。

年仅19岁的凡内芮在得州的诗词比赛中不知获得过多少奖牌，她的作品总是让我爱不释手。当时，我们的确合写了许多不错的作品。直到今天，我仍然认为那些作品充满了特色和创意。

一个周末，凡内芮热情地邀请我到她家的牧场吃烤肉。她的祖辈是得州有名的石油大亨，拥有规模庞大的牧场。虽然她的家庭极为富有，但她的穿着、车子和谦卑诚恳的待人态度，更让我从心底佩服。凡内芮深知我对音乐的执着，然而面对那遥不可及的音乐圈子及陌生的美国唱片市场，我们一点儿渠道都没有。当时，我们两个人安静地待在得州的牧

场里，根本不知道下一步该如何走。

突然，她冒出了一句话：想象一下，你5年后在做什么？听完，我愣了一下。她转过身来，指着我问道："嘿！告诉我，在你心目中，'最希望'5年以后做什么。那时候，你的生活会是什么样子？"我还来不及回答，她又抢着说："别急，你先仔细想想，完全想清楚，确定后再说出来。"我沉思了几分钟，开始告诉她："第一，5年后，我希望能有一张自己的唱片在市场上，而这张唱片很受欢迎，可以得到许多人的肯定。第二，我希望住在一个音乐气氛浓厚的地方，每天都能够与世界上一流的乐师一起工作。"

凡内芮说："你确定了吗？"

我从容地回答，而且拉了一个很长的 Yes!

凡内芮接着说："好，既然你确定了，我们就把这个目标倒算回来。如果第5年，你有一张唱片在市场上，那么你在第四年一定是要跟一家唱片公司签约。"

"你在第三年一定要有一部完整的作品，可以拿给许多唱片公司听，对不对？"

"你在第二年一定要有很棒的作品能够开始录音。"

"你在第一年一定要把准备录音的所有作品全部编曲，并把排练准备好。"

"你在第六个月一定要把那些没有完成的作品修饰好，然后逐一筛选。"

"你在第一个月就要把目前这几首曲子完成。"

"你在第一个星期就要先列出一个完整的清单，排出哪些曲子需要修改、哪些曲子需要完成。"

"好了，我们现在不就已经知道你下个星期一要做什么了吗？"凡内芮笑着说。"

"喔！对了。你还说5年后要生活在一个音乐气氛浓厚的地方，然后与许多一流乐师一起工作，对吗？"她急忙补充道，"如果你在第五年已经与这些人一起工作了，那么你在第四年就应该有一个自己的工作室或录音室。在第三年，你可能会先跟这个圈子里的人一起工作。在第二年，你不应该住在得州，而应该搬到纽约或洛杉矶。"

第二年，我辞掉了令许多人羡慕不已的太空总署的工作，离开了休斯敦，搬到了洛杉矶。说来也奇怪：不敢说是恰好在第五年，但大约是第六年，我的唱片开始在亚洲畅销了，我几乎每天都忙碌着与一些顶尖的音乐高手从日出到日落地一起工作。

别忘了！在生命中，所有"选择"的权利在我们手上了。如果你经常询问自己"为什么会这样？""为什么会那样？"倒不妨试着问自己"我是否曾经很'清楚'地知道自己要的是什么？"

如果连自己要的是什么都不知道，你旁边的人，再怎么热心地为你敲锣打鼓，也顶多只会给你一些慈悲的安慰。因为连你自己都还没有清楚地告诉他自己要的是什么？那么，你又怎能无辜地责怪他没有为你开路呢？

通过以上的故事可以看出，制订职业生涯行动计划是一个对职业目标进行分解的过程，也就是将职业目标分解为短期目标、中期目标和长期目标。短期目标一般为一至三年，可分解为日目标、周目标、月目标、年目标；中期目标一般为三至五年；长期目标一般为五至十年。目标分解，一方面有利于具体落实、自我监督、定时检查，另一方面若环境发生变化，则可对短期行动计划进行及时调整。

五、评估与反馈

俗话说，计划没有变化快。影响职业生涯规划的因素很多，有的变化因素可以预测，而有的变化因素难以预测。因此，制定的职业生涯规划不可能是一成不变的，它会随着个人的兴趣爱好、环境以及社会需求等因素的变化而发生变化。要想使职业生涯规划行之有效，就必须不断地定期对职业生涯规划进行反思和总结。同时对执行情况进行评估、调整、修正，不断优化职业发展规划，使之适应职业环境的更迭。首先，要对年度目标的执行情况进行总结，确定哪些目标已按计划完成、哪些目标未完成。其次，对未完成目标进行分析，找出原因及发展障碍，并制定解决障碍的相应对策及方法。最后，依据评估结果对下年的计划进行修订与完善。

 思考与训练 ••

1. 请你回答
- 经常听到企业需要"训练有素"的员工，那么"训练有素"的含义是什么？
- 你想找一份什么样的工作？你想做的工作对职员素质有什么样的要求？

2. 请你分析
请你分析一下自己现有职业素质中的优势与不足（表1-3）。

表1-3　职业素质中的优势与不足

内　容		优　势	不　足
思想政治素质			
职业道德素质			
科学文化素质			
专业技能素质	专业知识		
	专业技能		
身心素质	身体素质		
	心理素质		
审美素质			
社会交往和适应素质			
学习和创新素质			
创业素质			

第二章

职业心理

人们在生活、学习、工作中，与人与事打交道，总有这样或那样的主观活动和行为表现，这就是人们常说的心理活动，也叫心理。

所谓职业心理是人们在择业、就业、失业及重新选择等职业活动过程中，对周围环境的一种认知、情感、态度。按职业活动的基本过程，职业心理的内容主要包括：择业心理；就业心理；失业、再就业心理；职业活动中的挫折感及成就感；职业活动中的心理健康与心理卫生。

择业心理是指选择职业的心理感受，情绪变化。

就业心理是指从事某一职业后，可以形成较固定的心理定式，情感倾向。

失业心理是指失业后经历了酸、甜、苦、辣各种不同滋味的不同反映及变化。

择业、就业、失业三个不同阶段或方面的心理特点时刻影响着人们的生活态度、生活方式、价值取向等。健康完善的职业心理，对于培养健全的人、构造健全的社会，犹如水之于鱼。

职业活动是人生十分重要的组成部分，而职业心理又与职业活动如影随形，即每个人的职业活动都是在心理的支配和调节下进行的。健康的职业心理，是有效、成功地进行职业活动的基础。良好的职业心理不是一朝一夕形成的，它是生活的积累、意志的锻炼、品质的塑造、文化的熏陶等活动的结果。

高职学生终将走向社会，开始自己的职业生涯，不可避免地面临求职、择业和就业。求职、择业、就业三个不同阶段和不同方面的心理特点，将影响他们的生活态度、生活方式以及价值取向。掌握职业心理的要素可以促进他们深刻而全面地认识自身优势与不足，进行正确定位，实现自我悦纳；可以帮助他们自觉、合理地调节情绪，真正成为自己的主宰；可以激发他们，挖掘自身潜力，为成功打下坚实的心理基础。

第一节　择业心理问题分析及调适

就业是大学生人生发展的一次重大转折。为了适应职业需要，大学生除了应做好知识、能力、职业道德等方面的准备外，还应具有良好的心理素质。良好的心理素质不仅可以使大学生在择业期间保持良好的心态，还可以使大学生适时调整自己的行为，从而促进顺利就业。

大学生择业的过程是一个复杂的心理变化过程。在这个过程中，面对繁杂多变、眼花缭乱的世界，面对强手如林的职场，面对残酷严峻的职场竞争等，心理上难免会产生巨大的落差和压力。要想获得成功，没有充分的心理准备、没有良好的竞技状态是不行的。

一、大学生职业选择面临的压力及职业选择的趋势

1. 大学生在择业中面临的压力

（1）社会需求高标准的压力

随着经济的发展、社会的进步，企业与企业、单位与单位之间的竞争越来越激烈，而这种竞争归根结底是人才的竞争。在日趋激烈的人才争夺战中，用人单位千方百计争取学历层次高、综合素质好的优秀人才；加之近年来毕业生人数迅速增加，导致社会对人才的需求标准越来越高。面对激烈的择业竞争，学历层次低、专业需求少的毕业生所承受的心理压力尤其大。

（2）供求不平衡带来的就业压力

在就业市场越来越开放的情况下，毕业生面临的职业选择机会增多，但同时择业自由又受到他们所学专业的限制。社会对不同专业毕业生的需求呈现出几家欢乐几家愁的局面，热门专业比较受欢迎，冷门专业几乎无人问津。专业需求的不平衡，是造成不同专业毕业生就业情况差异明显的重要原因。

（3）人为因素带来的就业压力

大学生在就业中有许多苦衷，如一些用人单位点名要某某毕业生，没有门路的学生即使很优秀也难以找到合适单位；一些用人单位要重点学校的毕业生，普通高校的优秀毕业生也常常遭到冷遇；受用人单位"人才高消费"的影响，大材小用、学历层次低的毕业生受歧视的现象已司空见惯；由于社会偏见导致的性别歧视，女大学生就业难的状况更是有增无减；等等。凡此种种，都对大学生就业的竞争造成了不公平、不公正，也带给了毕业生很大的心理压力。

2. 大学生在职业选择中的不良职业价值趋向

（1）择业思想更趋实惠

大学生在择业目标方面，更趋向于实惠，缺乏艰苦创业的思想准备，表现在注重经济利益而非个人价值，趋向于高薪水、高地位、高层次的工作，而回避待遇低、地位低、层

次低的工作。在就业地域方面，多数大学生向往大中城市，尤其是沿海的中心城市，因为这些地区的经济发展水平较高、发展前景较好，施展个人才能的机会多；部分学生认为小城镇特别是山区，社会经济发展相对落后，思想观念比较保守，缺乏发挥自己才能的环境和机遇，因而不愿下基层。在职业选择方面，大部分大学生愿意从事与自己所学专业相关的工作，以便发挥自己的专业优势；同时更愿意从事高层的管理工作和高收入的工作，而不愿选择艰苦的行业。

（2）择业动机趋向功利化

素有"中国第一考"美称的国家公务员考试，历来都是"考碗族"狂热追逐的对象。自从1994年国家机关公务员录用考试制度正式实行以来，每年的报考人数都呈直线上升趋势。大部分毕业生选择公务员都带有很强的功利性，即瞄准了公务员这份工作的"好处"，认为公务职业除了工作稳定、压力较小、福利待遇好外，实现个人抱负、提升人生价值的机会更多。尤其是公务员岗位的权力色彩以及对由此带来的灰色收入的期待，成为许多高校毕业生报考者比较隐晦的心理。

（3）大学生择业趋向商品化

随着利益观念影响的日益加深，大学生择业主导思想的商品意识不断加强、功利色彩日益浓厚。一些大学生把物质利益作为衡量个人价值的唯一标准，往往会选择那些能迅速使自己的知识转化为金钱的单位，因而赞同"有理想不如有钱，成才不如发财"的观念。可见，商品化选择趋向正影响着当代大学生的价值观。

（4）职业选择的不稳定性和多向性

大学生在职业选择上具有不稳定性和多向性，一些抢手的热门专业毕业生，面对众多的需求单位则挑挑拣拣、举棋不定；一些主要面向基层就业的农、林或工科毕业生，虽能意识到基层和艰苦行业需要人、锻炼人，但又怕过艰苦的生活，并担心基层人际关系复杂，将来无出头之日；一些毕业生在择业中这山看着那山高，或想去这家又想去那家，或觉得这家不满意那家也不理想，或今天与这家签了约明天又想到毁约等。大学生择业的不稳定性和多向性，一方面对自身的就业不利，择业时左顾右盼、当断不断，必定错失良机；另一方面对用人单位不利，择业时反反复复，随意违约，延误了用人单位对人才的挑选。

二、大学生职业选择中常见的心理误区

大家都这么说，我就这么认为；大家都这么做，我也就这么做。以下案例中的李某在职业选择时缺乏独立见解，左顾右盼，导致最后错失良机。职业选择往往也是对机遇的一种把握，错过机遇将会与成功失之交臂。作为大学生，在决定从事什么职业、去哪家公司时，不能盲目随大流、乱"扎堆"，更不能总是用别人的眼光定位自己要找的工作。因为，自己的工作要靠自己去干，自己的路要靠自己去把握。

（1）从众心理

从众心理，即个体在群体的影响或压力下，放弃自己的意见或违背自己的观点使自己的言论、行为保持与群体一致的现象，即通常所说的"人云亦云""随大流"。

【案例】

某所高职院校的毕业生李某在刚刚结束的学校组织的双选招聘会上，经历了一场激烈的角逐。他凭借出色的表现，成功通过了一家较大规模的私企的面试，获得了对方的录用。然而，在欣喜之余，李某却陷入了纠结的情绪。

原来，李某发现同专业的很多同学都没有参加这家公司的招聘。这时他开始犹豫不决，一度怀疑自己的决定。在经历了两个多小时的犹豫、动摇和权衡利弊后，他终于下定决心，准备与该公司签约。

然而，命运却和他开了一个玩笑。当他带着满心的期待和决心去找招聘单位签约时，却发现该公司已经结束了招聘。原本板上钉钉的工作，就这样与他失之交臂。李某懊悔不已，如果自己能早做决定，就不会错过这个机会。

这个故事告诉我们，面对选择，我们要有主见，不能过分受到从众心理的影响。同时，也要懂得珍惜机会，果断行动，以免错过人生中的重要契机。

（2）攀比心理

攀比心理在大学生求职过程中普遍存在，主要表现为不愿去艰苦地区、艰苦单位、艰苦岗位，这是一种怕苦心理；同时不从自身条件出发，而与同学攀比，缺乏择业定向。

【案例】

张新与李洲是同宿舍好友，即将毕业，两人都开始忙碌地找工作。几个月下来，李洲与一家效益和发展前景都不错的企业签订了就业协议。张欣还在奔波，参加了多家单位的面试，结果是自己看好的用人单位看不上他，用人单位有意向的他却看不上。眼看着临近毕业，就业形势更加严峻，张新感到越来越紧张。可是，当有了选择的机会时，张新又会不断地权衡，有的工作还不如自己以前放弃的呢，或者比自己差的同学都找到了比这个好的工作。张新越来越焦急：真不知道工作要找到什么时候？

通过以上个案可以看到，张新没有认清目前严峻的就业形势以及自己真正的优势所在，也不能客观地看到每个人都有自己的特色和优势，而只是用盲目的攀比来对自己进行定位，因而他的心理压力随着毕业期限的临近越来越大。

（3）自卑心理

自卑是一种缺乏自信心的表现。在择业过程中，自卑感强的人表现为对自己的潜能优势缺乏了解、缺乏自信，这是大学生在求职时很容易产生的消极心理。一些毕业生习惯于只看别人的长处，而紧盯自己的不足，这种不平等的比较必然会得出"我不行"的结论。由于过低地估价自己，总是自惭形秽，看不起自己。这样的人在择业过程中总是拿不定主意，犹豫退缩、信心不足，对自己能胜任的工作不敢说"我能行"，而总是说我"试试看"。当遇到几次求职挫折后，更是萎靡不振、自我封闭。

【案例】

小韩在学校学习成绩优秀，只要发挥正常水平就一定能找到一份很好的工作，但是他总认为自己是来自农村的，家庭条件不够优越，身高和外貌都很一般，于是在面试的时候就表现得十分不自信。甚至认为只要别人能给他机会，报酬如何都无所谓。其实这样自卑的心理并没有让他的价值得到完全发挥，因为他的水平和价值完全超越了那简单的工作和微薄的报酬。

（4）焦虑心理

焦虑是由内心紧张、心理冲突引起的一种复杂的情绪反应。毕业生择业时的焦虑心理表现在：自己的职业理想是否能实现，未来的工作岗位能否发挥自己的专业特长，选择职业失误以后怎么办等。由择业引起的心理负担沉重紧张、烦躁不安、心神不定，有时会让毕业生患上神经衰弱，从而一提择业就忧心忡忡。

在面临择业时，焦虑心理几乎是人人都有的。一定程度的焦虑可以促进人们产生动力，但是过于焦虑就会给自身的心理和生理带来影响。毕业生可以多与同学和师长交流以调解焦虑心理，并且要明白只有在经历了许多现实的碰撞之后才会有更好的前程。所以，暂时的焦虑只能使自己更泄气，还是要摆正心态。

（5）迷茫心理

很多大学生在校期间没有进行职业规划设计，没有接受规范的就业指导，无法给自己一个正确的职业定位和一个明确的"职业锚"，直到临近毕业才意识到找一份工作很难，不知道自己想要从事什么样的工作，从而产生一种迷茫、不知所措的心理。

（6）消极依赖心理

在择业过程中，一些大学生不能主动地参与就业市场的竞争，向用人单位展示自我、推销自我，依赖自身的努力去赢得用人单位的青睐，而是寄希望于学校、地方就业主管部门、家庭，或静候学校和地方的安排。有的学生缺乏独立意识，对于一个单位是否适合自己，往往不是靠自己的思考来决断，而是靠父母、师长为自己出主意。消极依赖心理，使他们在就业中处于劣势。

这种心理实际上是缺乏自立意识和自主能力的表现。要克服依赖心理，就必须从自身深处自强起来。现代社会竞争越发激烈，只有自己才能掌握自己的命运，任何人都只能有限地帮助你，而不能完全替代你。总之，自己的人生还要自己去走。

三、大学生择业心理问题的自我调适

【案例】

李志和张涛是一所医科大学的同学，临近毕业，两人加入了求职大军的行列。参加了数不清的招聘会后，几经周折，李志与一家正处在发展阶段的小医院签订了合同。看到还在苦苦寻找就业单位的张涛，李志建议他也去自己签约的那家小医院看看，可周涛认为自己成绩一贯优秀，又是学生会干部，还是决定把目光放在那些有实力的大医院。那些大医院要求有硕士学位和工作经历，于是都把张涛拒之门外。为了实现自己的愿望，张涛选择了读研。几年后，当张涛拿着硕士研究生学历证书及一些获奖证书再次加入求职行列中时，依然无法如愿。那些大医院几乎都开出了两年以上工作经历的条件，张涛再一次面临同样的择业标准问题，而此时的李志由于表现出色，临床经验丰富，已成为那家医院的业务骨干。李志建议张涛到他们医院求职，张涛进退维谷。

择业心理问题的产生，除了受到社会环境、学校教育、家庭影响等客观因素影响外，毕业生主观因素的影响也不容忽视。因此，大学生要正确认识自我、正确认识社会，积极进行自我调适，促进顺利择业。

（1）正确认识自己，客观评价自己

正确认识自己有助于克服自卑。每个人都有自己的优点和长处，也都有自己的缺点和短处，每个毕业生都应该对自身有客观和正确的认识，从自己的气质、兴趣、能力等方面做出全面的审视和剖析。

在正确认识自己的基础上给自己定位，为自己制定切实可行的目标。千万不要盲目地追求自己难以达到的目标，适合就是最好的。有了正确的自我认识与评价，就能树立信心，客观地对待自己，并在择业中扬长避短，增加竞争成功的概率。

有一则寓言，简单而深刻，引人深思。

早晨，一只山羊在栅栏外徘徊。它想吃栅栏里面的白菜，可是进不去。这时，太阳东升斜照大地。在不经意中，山羊看见自己的影子拖得很长很长。"我如此高大，定会吃到树上的果子，吃不吃这白菜又有什么关系呢？"它对自己说。

远处有一大片果园，园子里的树上结满了五颜六色的果子。于是，它朝着那片园子奔去。到达果园，已是正午，太阳当顶。当时，山羊的影子变成了很小的一团。"唉，原来我这么矮小，是吃不到树上的果子的，还是回去吃白菜的好！"于是，它怏然不悦地折身往回跑。当跑到栅栏外时，太阳已经偏西，它的影子重新又变得很长很长。

"我干吗非要回来呢？"山羊很懊恼，"凭我这么大的个子，吃树上的果子是一点也没有问题的！"

寓言里的山羊，由于对自己认识不清，完全被外界的评价所左右，最终什么也没有得到。这是一种比较普遍的社会心理和社会行为现象。

（2）客观认识竞争，保持良好心态

良好的心态在竞争激烈的社会中是不可缺少的。因为每个人都有自己的优点和缺点，同时作为社会的一分子也都有自己相应的位置和不同的分工，所以在求职择业中遇到挫折是正常的，切不可自卑，面对求职失败，应该认真反思，吸取经验教训，努力争取新的机会。在对部分成功就业毕业生的调查中，绝大多数人都谈到在择业过程中，注重发现自身的优点或长处，并设法在应聘中突出自己的"卖点"，最终达到目的。

（3）树立艰苦创业、立志成才意识

成功的事业有时会由于良好的机遇而变得一帆风顺，但是绝大多数都必须付出艰苦努力。艰苦创业、自强不息、立志成才是大学生实现自我价值的良方。大学生只有不断努力、不断进取、不断付出，才能获得丰厚的回报；只有从小事做起、从具体事做起、从基层做，才能最终取得辉煌的成就和业绩。

（4）做好就业技能准备，增强就业竞争实力

大学生一进校门就要自觉地把自己的专业与以后的就业联系起来，认真学习，刻苦钻研，建立合理的知识结构，掌握扎实的专业理论知识，培养自己的实践操作能力、科学思维能力、组织协调能力等。只有如此，才能在激烈的竞争中占据有利位置。

第二节 健康的职业心理是职业成功的基础

一、事业成功的积极心态

每个人都渴望成功，而成功又非常强调心态。著名的成功学家希尔曾说："人与人之间只有很小的差异，但这种很小的差异往往造成了很大的差异。这种很小的差异是什么？就是心态。这个很大的差异是什么？就是成功与失败。如果我们认真观察一下就会发现，那些做出过突出贡献的政治家、企业家、科学家无一不是具备积极的心态的。然而走向失败或无所事事的人，也大都具有一个消极的心态。所以，一个人的心态好坏，特别是关键时刻可直接关系到一个人事业的成功与失败。"

1. 积极的心态是事业成功的"护身符"

积极的心态简称 PMA，消极的心态简称 NMA，这在美国成了专用名词。人们要想成功，首先就应该认识自己的"护身符"。这个"护身符"有两面：一面刻着 PMA（积极的心态），一面刻着 NMA（消极的心态）。这个"护身符"有惊人的力量，用正面 PMA，这个人就会热情、自信、主动，遇到困难不低头，经受挫折不弯腰，百折不挠，坚忍不拔，走向成功；否则，用背面 NMA，这个人就会颓废、消极、悲观，遇到困难低头，经受挫折趴下，走向失败。

在现实生活中，这种事例比比皆是。

在一个遥远的地方，有两个勇敢的推销员被派去推销皮鞋。他们分别代表了两个不同的公司，肩负着为公司开拓新市场的重任。由于天气炎热，当地的人们向来都习惯于打赤脚，他们认为鞋子是多余的，这让其中一个推销员感到十分失望。

这位推销员一看当地人都不穿鞋，立刻丧失了信心，他悲观地说："这些人从不穿鞋，谁还会买我的鞋？这里根本没有市场！"于是，他放弃了努力，垂头丧气地离开了这个地方。然而，另一位推销员却没有被这一景象所困扰。他看到当地人都不穿鞋，反而兴奋地说："那里的人都打赤脚，这个市场潜力巨大啊！"他坚信只要用心去推广，皮鞋一定会卖出去。于是，他开始研究当地的市场，寻找切入点。

首先，他了解到当地人对鞋子的需求并不低，只是因为长久以来的习惯和观念束缚，他们不愿意尝试穿鞋。于是，这位推销员开始想方设法改变他们的观念。他通过举办各种活动、发放宣传单、进行口头宣传等方式，向当地人普及穿鞋的好处。

他告诉他们，穿鞋不仅能保护脚部，避免受伤，还能提升形象，给人留下好印象。当地人们开始对他所说的产生兴趣，纷纷尝试穿鞋。看到这一幕，这位推销员趁热打铁，引入了各种款式和颜色的皮鞋，满足了不同人的需求。

渐渐地，当地人越来越习惯于穿鞋，皮鞋市场也变得越来越庞大。这位推销员凭借着自己的智慧和努力，成功地开拓了市场，为公司赚取了丰厚的利润。他的成功故事在当地传为佳话，让人们意识到改变观念的重要性。

心态不仅会造成一个人的成功或失败，而且还会造成一个人的幸福或苦恼。人们都在谈论幸福，那么什么是幸福？幸福不仅是物质的，更是精神的。从一定意义上讲，幸福是一种心理感受。比如，一个人睡在高级席梦思床上，但他心事重重，彻夜难眠，难道他幸福吗？另一个人睡在简陋的木板床上，但他心满意足，一躺下就呼呼大睡，难道他不幸福吗？记得有这样一个故事：一个漂亮的小女孩，天天在为买不到一双漂亮的鞋而苦恼。有一天，她发现一个无脚的漂亮女孩在地上爬行，便突然感到自己有一双健全的脚真是太幸福了！有时候，我们不满意这不满意那，实际上是心态不好。人们有时不太善于发现自己身边的幸福，不太珍惜自己身边的幸福，实际上就是我们常说的"身在福中不知福"。

行为心理学告诉我们，当一个人有了一种心态或信念之后，就会把这种心态或信念付诸行动，而这种行动又反过来影响这种心态和信念，从而形成一个循环状态。于是，心态积极的人行动也积极，积极的行动又进一步强化积极的心态；反之亦然。

比如，你在工作中有了一种必胜的信念："我一定能搞好这项工作。"于是你在工作中就会有干劲，不怕苦，不怕累，从而会想方设法克服困难。这种行为又反过来增强了你的信心，并进一步去推动自己的行动。所以，当一个人认为自己有能力的时候，就会把自己所有的能力都发挥出来，也就会有惊人之举。因为这个世界上没有任何一个人能够改变你，只有你自己能改变自己；也没有任何一个人能打败你，只有你自己能打败自己！

现实生活无数次地证明了一个真理：你怎样对待生活，生活就会怎样对待你；你怎样对待别人，别人就会怎样对待你。有一个故事很能说明这个真理：有两个人要迁到同一个镇上去生活。第一个人走到市郊的一个加油站问："这个镇上的人怎么样？"加油站的职员就反问道："你从前住的那个镇的人怎么样？"这个人回答："糟透了，他们对我都不友好。"于是加油站的职员说："我们这个镇的人也一样！"过了些时候，第二个人来了，也问："你们这个镇的人怎么样？"加油站的职员同样反问道："你从前住的那个镇的人怎么样？"第二个人回答："他们好极了！"加油站的职员讲："你肯定会发现，我们镇的人也完全一样。"那个加油站的职员为什么这么说？因为他懂得，你对别人什么态度，别人必定也会对你什么态度！

2. 积极心态的养成

（1）按照心中的榜样行动

如果一个人暂时没有积极的心态，也可以先按照一个心中的榜样去行动，这样有了积极的行动，必然会反过来促使积极心态的形成。要知道，心态是紧跟行动的。

（2）怀着必胜的信心行动

心存疑虑，必然失败；相信胜利，方能成功。相信自己能克服困难的人，在他（她）身上必然会产生强大的必胜力量。当你用积极的心态、必胜的信念去创业的时候，你就已经开始成功了！

（3）要对社会、对他人心存感激

在日常生活中，心态不好的人常常会抱怨：父母抱怨孩子不听话，孩子抱怨父母不关心；丈夫抱怨妻子不温柔，妻子抱怨丈夫不体贴；领导抱怨下级不尊重，下级抱怨领导不理解。这些人对生活、对社会、对他人不是感激，而是抱怨。实际上，换一种心态，你就会发现，身边的人、身边的事都是非常美好的。要知道，一个流泪的人是看不到星光的。

要想改变别人，首先得改变自己。

（4）经常使用自动提示语

提示语对一个人的心态有重要影响。如果一个人整天唠叨自己这也不行那也不行，这也不会干那也不会干，时间一长，自己真的就什么都不行了。如果一个人经常提示自己"我能行""我有能力""我肯定能成功"，时间久了，就必然会产生一种惊人的力量。

二、实现社会角色的转换

从个体与社会的关系来看，社会是由扮演各种不同角色的人们所构成的。人一生要进入不同的社会位置，扮演不同的社会角色，其中最主要和最常见的有四大类，即家庭角色、性别角色、年龄角色和职业角色。社会角色对人有巨大的约束力，且无不打上社会的烙印。

大学生经过探索和选择完成了首次择业，从而开始了迈向社会的人生转折。如何尽快适应这一转折，顺利完成从大学生到从业者的社会角色转换，是摆在每一个大学毕业生面前的现实问题。

长期的学习生活使大学生的思想观念、生活习惯、行为方式形成了一种固定的模式，且惯性地被大学生带到工作岗位。由于新旧角色之间存在差别，必然会出现角色冲突，造成角色的不适应，因而需要进行角色的转换。在角色转换的过程中，难免会出现某些心理上的波动，如因环境陌生而孤独、因条件艰苦而失落、因单位人才济济而畏惧等。这些都是正常的，不必大惊小怪。重要的是一定要有自信心，保持心理平衡，不要让不良的情绪左右自己。

而要实现角色转换，就要做到以下方面。首先，要正确认识新角色。了解新角色的性质、社会意义、工作要求、劳动条件、行业规范、职业道德、纪律等，从思想感情上重视它、接受它、热爱它。

多数职业都具有一定程度的重复性、单调性，常常令人感觉机械、乏味、无趣。而一般新职工都是被安排在基层从事一些简单的事务性工作，只有当你适应并展示了自己的能力后，才有可能被安排从事一些复杂而富有创造性的工作。因此作为新人，需要脚踏实地地认真磨炼，以使自己适应工作。

其次，要迅速扮演新角色。根据岗位工作的需要，通过向老职工请教和自学，补充必要的实践知识和实践技能，尽快熟悉有关业务，提高工作质量和效率，力求早日胜任本职工作。

再次，要改变过去的生活习惯。通过对新角色的定位来规范自己的行为，培养新角色的行为方式。

最后，要对新单位的各项规章制度、政策规定、整体架构有所了解。一方面需要自己遵守和执行，另一方面需要加深对新岗位的认识，以帮助自己为将来的发展做出初步的评估。

三、顺利度过适应期

人的社会角色转换过程实际上就是人的社会适应过程。任何社会生活中的个体，只有经过对复杂的社会环境、社会文化和社会规范的观察、认知、模仿、认同、内化等一系列的学习和实践过程，才能达到对社会的能动适应。适应的实质，就是社会化。

由于就业者的理想、价值观、业务素质、个性特长、生活欲求等情况各不相同，所以对新环境、新职业的适应也会有所差异，各人有各人的侧重点以及各人的特色。例如，有的人主要是改变生活节奏；有的人是要迅速提高实践技能；有的人需尽快熟悉行业规范；有的人是着重融洽人际关系；有的人需要转变观念、调整期望值。那么，怎样才能顺利度过适应期呢？正确的做法是从实际出发，以积极的态度主动去适应新环境。为此，应从下面几点做起。

1. 适应新的岗位工作

新就业者应该自觉遵守单位的工作制度、规章纪律，来约束、规范自己的日常行为；同时，要认真了解岗位工作的业务内容、背景、责任等，勤学好问，虚心请教，不断补充新知识、新技能，确保及时准确、保质保量地完成工作。

2. 努力树立良好的第一印象

心理学研究表明，人与人初次接触的形象往往是非常鲜明的，容易形成一种固定印象，且会直接影响到别人今后对自己的评价，因此非常重要。狭义的第一印象是指新员工上班时，他的相貌、气质、穿戴、姿势等留给人的印象；广义的第一印象还包括开始上班后一段时间的个人表现，包括个人对所承担的第一项工作任务的完成情况等。

任何印象都是由许许多多的小事或生活片段积累形成的，因此就业者要想树立自己的形象，就要从一点一滴的小事做起。例如上班伊始，早点来，晚点走，主动做些打水扫地之类的琐事；保持仪表端庄，穿着打扮合宜；举止文明，落落大方，热情坦诚，言而有信；尽快熟悉周围的人，精诚合作，在交往中加深感情；注意卫生习惯，爱护公物等；随和而积极地参加一些日常文体活动。

对于自己必须独立承担的第一项工作任务，即使简单容易也不可掉以轻心，而应尽心尽力地去完成。这关系到你的工作态度、责任心以及工作能力，因而会给领导和同事留下很深的印象。

3. 努力建立和谐的人际关系

仅有满意的第一印象还远远不够。社会心理学家安东尼·罗宾认为，人生中最大的财富就是人际关系。对于刚走上工作岗位的大学生来说，处理好工作中与领导、同事以及其他有关人员的关系，尽快融入新的人际圈，建立和谐的人际关系非常重要。

（1）正确对待上司

大学生踏入工作岗位之后，与上司之间便是领导与被领导的关系、是下级服从上级的关系。这种关系与学生和老师之间的关系不一样，具有共担责任又各负其责和顾全整体又注重本职的意义；而且，与上司的关系往往会给人的处境、经济利益和晋升带来一定的影响。因此在工作岗位上，一定要学会处理好与上司之间的关系。

如果你是在国家机关事业单位、企业、公司等部门工作，作为下级应该服从上级，首先要做到尊重领导。一般担任领导职务的人，都具有领导的人格和风度，且担负着上一级领导赋予他们的责任。因此，服从领导的工作安排，完成领导布置的任务，是我们的职责。除特殊情况外，都应该无条件地服从上级领导对工作的分配。如果个人有意见，可以正面向领导提出，解决后愉快地接受任务。

特别是要注意防止在领导布置工作时，无理拒绝、鲁莽顶撞或发生口角。因此，我们要学会通过正常渠道和正确方式反映个人意见。

我们应当保持个人的自尊，不能在领导和上司面前奴颜婢膝、阿谀奉承。同时，对那些拿原则做交易、不讲道德、利欲熏心的人应当嗤之以鼻。如果你是个体经营者，那么就可能要与许多部门打交道，这些部门的负责人员掌握批复文件等各种权力，而你经营的各个环节要他们批准才有效，或者是来检查你经营的情况并有权评头品足。如果处理不好与这些上级领导的关系，就会对正常经营造成困难。因此，要正确对待这些上级部门的人员，老实诚恳，不卑不亢，按政策、按要求，合法办事、合法经营。

（2）与同事友好相处

在工作岗位上，相处机会最多的就是同事。与同事相处，最重要的原则就是互相尊重、互相帮助、友好相处。既不能狂妄自大，看不起同事，也不能妄自菲薄，被同事看不起。不能随便轻视和侮辱他人，也不能在背后对他人的缺点和不足妄加议论，甚至不负责任地说三道四。如果对方真的有缺点，也应该十分谨慎地、恰如其分地私下提出，使对方容易接受。

众所周知，人们普遍喜欢态度友好、热情为他人提供帮助的人。当同事在生产、生活中需要帮忙，或遇到其他麻烦时，我们要主动关心并及时热情地给予帮助，尽量多做些力所能及的事。当别人有求于自己，而自己的能力有限时，也要实事求是地讲清楚，以免产生误会。

与同事相处，信誉很重要，即不能自食其言。对做不到的事不要夸口，浮夸的人得不到同事们的信任。对能做到的事可以应承，但要适当留有余地，毕竟任何一件事情都有很多制约因素，能否做成不一定有十分把握。

对同事和朋友作承诺要慎重，如果能按预期计划完成，兑现了自己的承诺是好事。如果做不到还硬着头皮去做，朋友不但不理解其中难处，还会认为你耍滑头、不实在，能做的事不做，从而失去对你的信任和友谊。这样就会给自己带来很多不必要的烦恼，造成人际关系的恶化。

同事之间不可互相猜忌，而要坦诚相待。同事有了进步或提升了职位，应真心表示祝贺，并虚心学习，切不可妒忌。听到他人对自己的议论，不要盲目发火，要先冷静下来进行分析，对方说的有没有道理，如果有道理，就应该看成是对自己的帮助，并尽快改正；如果是一般的小事，可以不去理睬；如果属于诬陷，可以找有关领导评理；严重的甚至可以诉诸法律，不过这种情况极少。

（3）对工作对象耐心热情

在工作中可能会与各种不同的工作对象打交道，也要十分注意搞好人际关系。

比如，政府部门工作人员要服务热情周到，熟悉自己所管的业务，以便解答百姓提出的问题，否则会因个别人的不检点而损害政府形象。医院的医生、护士要医术精湛、医德高尚，与患者搞好关系，否则容易出现医患纠纷；公司业务员要在经营过程中接待客户，洽谈业务，如果人际关系处理不好，得罪了客户，就会影响公司收入，甚至因此而被负责人炒"鱿鱼"，失去自己的工作位置。学校的教师要与教育对象搞好关系，否则，影响教书育人效果，甚至由于学生年龄小，是非分辨能力差，老师的教育不得法，而产生与教师的对立情绪和逆反心理，恶化的师生关系使得学生走下坡路，造成的损失是无可挽回的。

【案例】

孔君竹是位设计师，这个行业竞争非常激烈，好在他和同事们关系融洽，所以压力不是很大。就连一向"冷血无情"的王总，也似乎对孔君竹越看越顺眼。

电梯门将要关上时，王总突然蹿进来。用"蹿"这个词绝对不夸张，因为他那个动作实在很敏捷。当王总见电梯里站着孔君竹时，脸上竟泛出红色，显然他对于让下属看到自己刚才的一幕有点儿不好意思。

孔君竹却若无其事，礼貌地打招呼："王总，上午好啊！"然后主动按下了电梯门旁那个"15"键，显得大气而自信。王总马上"忘"了刚才那个动作，怔了两秒钟后才反应过来，然后竟用少有的随和语气主动调侃："小伙子今天这西服穿得挺精神的，不过还是没我帅气。哈哈！"

孔君竹的心在扑通扑通跳着，却故作轻松："那是，但我相信追求我的人肯定不会比你少哦！"一个负责人和下属，就这样全无沟通障碍了。孔君竹不失时机地说："王总，你说明天的世界杯决赛，法国会夺冠吗？"王总又是一怔，然后哈哈大笑："你也喜欢足球？知己啊知己！"不知不觉中，王总很自然地就把右手搭在了孔君竹的肩膀上。直到电梯门开了，王总也没记得把右手放下来。

一个月后，王总任命孔君竹为部门主管。当同事们正惊诧时，王总却用欣赏、鼓励的眼神看着还没有做好升职思想准备的孔君竹。

电梯里，孔君竹利用一分钟的时间决定了王总对他的印象。他大气、有礼、自信的举动把尴尬化为乌有，而兴趣相投更是拉近了两人的距离。于是，孔君竹的晋升成了顺理成章的事。

四、谋求进一步发展

1. 立足岗位，艰苦奋斗

很多大学毕业生都不屑于从事最基层的工作，总是抱怨工作累、抱怨环境艰苦、抱怨大材小用。其实，岗位才是一个人施展才华取得成就的场所。只有立足岗位，脚踏实地，专心工作，干一行、钻一行，才可能在敬业中体现自己的价值。那些好高骛远、急功近利者，有可能获得暂时的小利，但绝不可能取得长久的成功。

【案例】

李云龙是辽宁石化职业技术学院毕业生，他作为全国唯一一位高校优秀毕业生代表，在全国普通高等学校毕业生就业创业工作电视电话会议上做了《锤炼过硬本领　做新时代大国工匠》的发言，多家媒体报道了其励志事迹，受到辽宁省内外高校和社会各界的高度关注和广泛赞誉。

李云龙来自辽宁省阜新市阜蒙县的一个小山村，2013 年考入辽宁石化职业技术学院油气储运技术专业，在校期间思想要求进步，学习态度端正，认真学习理论知识，扎实训练技能，逐步掌握了油气储运的专业操作技术，获得了职业资格证书，并加入了中国共产党。2016年毕业后成为大连港油品码头公司的一名原油综合计量工，先后获得"全国五一劳动奖章""全国技术能手""全国青年岗位能手""全国高校2020—2021大学生就业创业年度新闻人物"等荣誉称号。

李云龙踏踏实实，一步一个脚印地去接近梦想，为我们当代大学生树立了榜样和楷模。作为承载未来和向往明天的当代大学生，我们要以他为榜样，以顽强的意志、务实的行动书写优秀的青春答卷。

李云龙坚定理想信念。李云龙读书期间，积极要求入党，听党话、跟党走，在党组织的培养下，成为一名光荣的中国共产党党员。大学毕业后他树立了学习新知识、练就真本领、更好奉献祖国和人民的信念和决心。

李云龙练就过硬本领。李云龙读书期间，学习刻苦认真，理论功底扎实，实践能力强。每学期提前1个月自习备考，周六周日在教室里一复习就是一整天，起初只有他一个人这样，在他的影响下，自习备考的同学增加到二三个、十五六个。他的学习成绩连续保持班级第一名。他把"追求极致做好每一件事"当作座右铭。毕业后，2018年公司推荐他参加全国交通运输行业领域职业技能大赛。通过长达100多天的备赛强化训练，反复练习考核技能，防护服磨破了，手套也磨烂了，被磨秃变形的螺丝堆满了一整箱。经过顽强拼搏，荣获全国交通运输行业领域水路危险货物运输员职业技能大赛总冠军。

李云龙努力担当尽责。入职后，他牢记"在岗一分钟，尽职六十秒"的工作原则，有较真的劲、钻研的心，负责任的态度，对每一个油罐、每一个输油管道、每一个阀门接口，都反复检查、精准把控。从检尺取样到工艺流程切换，再到设备监护，每一项工作，都做到精确无误，多次获得五星好评。原油装卸和计量工作没有"差不多"，他无数次爬上大罐练习检尺，不断提高精准度，降低损耗。在装船作业中，他时刻守护在油泵前，确保各项参数处于正常，努力将损耗降到最小。

李云龙勇于砥砺奋斗。李云龙勇于拼搏，永不放弃，自强不息，做富于奋斗精神、斗争精神、奉献精神的追梦者。李云龙夏日夜间巡检，发现压力表与管线焊接处拐点渗漏，作业难度大，熬夜奋战，成功处理险情，确保了油品存储的安全。

时代造就英雄，榜样引领时代。青年学生要不忘初心，砥砺前行，努力在实现中华民族伟大复兴的中国梦的生动实践中放飞青春梦想，以奋斗之青春谱写新时代的人生华章，让青春之花绽放在祖国最需要的地方！

2. 播种积极，收获成功

"心态"是决定人们思维模式和行为方式的一种心理状态或态度，是人的心理对各种信息刺激所做出反应的趋向，是由认知、情感、行为意向等因素构成的富有建设性的主观价值取向。积极心态就是面对工作、问题、困难、挫折、挑战和责任，从正面去想，从积极的一面去想，从可能成功的一面去想，积极采取行动，努力去做。积极心态是一种主动的生活态度，对任何事都有足够的控制能力，反映了一个人的胸襟、魄力。积极的心态会感染人，给人以力量。

【案例】

大学毕业后，小张和小王一同进入了一家知名企业，开始了他们的职业生涯。初始阶段，两人的待遇相当，拿着相差无几的薪水。然而，随着时间的推移，小王在工作中表现出的积极主动性和卓越能力让他逐渐受到了负责人的青睐，而小张却依然在原地踏步，这让小张心中充满了不满和不解。

一天，小张终于按捺不住了心中的疑惑，决定向负责人寻求一个解释。负责人详细了解情况后，耐心地向小张解释道："小王在工作中有很多值得赞赏的地方，他总是能主动承担责任，为团队解决问题。就拿上个月来说，项目进度出现了延误，是小王主动加班，带领团队成员共同追赶进度，最终确保项目顺利完成。此外，小王在与其他部门沟通协调方面也做得非常好，为公司节省了不少时间成本。"

负责人继续说："还有一个例子，前不久，公司面临一场突如其来的危机，是我们的一位重要客户投诉我们的产品存在质量问题。当时，整个团队都陷入了慌乱，而小王却能保持冷静，主动请缨负责解决这个问题。他立即与客户沟通，了解具体情况，并迅速组织团队成员，研究解决方案。经过连续几个昼夜的努力，我们终于成功挽回了客户，使得公司的声誉得到了维护。"

"小张，我希望你能明白，职场中，能力和态度同样重要。小王之所以能够获得更多的机会，是因为他在工作中展现出的责任心和担当，这些都是你值得学习的地方。并不是我对他偏心，而是事实摆在眼前。我相信，只要你也能像他一样积极主动地投入工作，你也能获得更好的发展。"负责人语重心长地说。

经过与负责人的沟通，小张终于认识到了自己的不足。他下定决心要改变自己，努力向小王学习。于是，他从提高自己的主动性入手，开始主动承担更多的工作，积极参与团队讨论，努力提升自己的综合素质。

经过一段时间的努力，小张的工作态度得到了明显改善，也逐渐得到了负责人和同事们的认可。

从此，小张告别了过去的消极态度，成为一名积极主动、勇于担当的职场人。而这一切，都要感谢负责人的指点迷津，以及小王给他树立的榜样。在这个过程中，小张逐渐找到了自己的价值，也在工作中取得了更好的成绩。而这一切，正是他曾经努力追求的公平待遇。

3. 面对困难，充满信心

在人生的道路上，难免会遇到各种意想不到的困难。人类生存和发展的历程，就是一个不断战胜困难取得胜利的历程。存在困难是很正常的事情，太顺利的人生反而显现不出其真正的价值来。很多情况下的困难，实质上都是在一个狭小的范围内以自我为中心被认定的困难，如果抛开自我，在家庭、社会或更大的范围内加以审视，也许它就不能称之为困难了。有些困难此时为困难，但以更长远的眼光来看，反而对自身更有好处，也不能称之为困难。因此，只要保持乐观的心态、理性的分析、缜密的思考、果敢的行动，一切困难都会过去。而战胜困难的过程，也正孕育着成长的快乐和成功的喜悦。

4. 面对挫折，越挫越勇

人生总会遇到这样或那样的挫折，关键是对待挫折的态度。对有些人来说，挫折可能会使其戴上沉重的枷锁，从此一蹶不振；而对另外一些人来说，挫折可能会激发其斗志，使之欣然前行。

【案例】不能奔跑，那就在轮椅上飞翔

拥有双腿却不能再自由奔跑。"00"后黄豪东年幼时因小儿麻痹后遗症，多年与轮椅为伴。轮椅上的生活，虽然剥夺了他奔跑的权利，却给了他飞翔的翅膀，让他越过身体的障碍，追求心灵的飞跃。

在2023年中国国际飞行器设计挑战赛总决赛中有这样一支特殊的参赛队伍——浙江特殊教育职业学院航模队，由5名学生组成，分别来自学校电子商务、康复治疗技术、工艺美术品、数字媒体艺术设计专业。

赛前，在学校指导老师的带领下，黄豪东与张思浩等学校航模队的队员们趁着暑假，一起留校为大赛作准备。克服了漫长制作过程中内心的焦躁，从"炸机"后自责懊悔的情绪中整装待发，在一次次测试失败中重新推倒重来找回自信，炎炎酷暑，风吹日晒，队员们始终不曾放弃，一路走来，互相鼓励搀扶……最终，队员们摸索出模型火箭的发射高度与无动力滑翔机的滑翔性能是比赛成败关键。"在反复试验后，我们确定了航天器翼型尺寸及整体布局，在不影响滑翔机滑翔性能的同时又减小了发射升空过程中的空气阻力。"

赛场上，队友们默契配合，齐心协作，最终获得模型水火箭助推航天器项目二等奖、多级模型火箭发射与载荷回收三等奖。赛后，黄豪东对记者说，他最喜欢的一句话是"岂能尽如人意，但求无愧我心。"

在创新评比项目中，队员们以折叠翼的设计为突破口，共同设计并申报作品《模型水火箭助推航天器折叠翼设计》获得了三等奖，着力解决大翼展带来的优良滑翔性能和起飞上升阶段产生较大阻力之间的矛盾关系，成功设计出折叠翼无动力滑翔机，以及水火箭与滑翔机分离系统。

拥有翅膀，就要飞翔。赛场上，他们是顽强、拼搏、不屈的战士，是乐观、进取、无畏的骄子。未来，他们将凭借着永不服输、坚持不懈的精神，续写着心中的飞翔梦。

即使屡遭挫折，也能够坚强地百折不挠地挺住，这就是成功的秘密。

走向社会的大学生，在面对挫折时，究竟应该选择什么样的态度呢？让我们从下面这则故事里寻找答案吧。

【案例】郭晖：在轮椅上实现人生价值

郭晖，一个高位截瘫的轮椅女孩，小学没有毕业，用三年时间自学完小、初、高全部课程，摇着轮椅考上北京大学，成为北大百年历史上第一位残疾人女博士，并且摇着轮椅前往哈佛大学进修。她用实际行动向世界证明，残疾人也能够把握自己的命运，通过自身努力，尽最大可能实现自我价值。

郭晖曾有一双弹跳如簧的腿。11岁，正读小学五年级的她，在体育课上练习跳远时不小心摔了一下，母亲便带她到医院接受治疗。然而，一系列误诊导致郭晖高位截瘫，两次开胸手术也没能挽回她原本灵活的身躯。

1981年辍学治病，1985年手术完成，卧床不起的郭晖再也没能回到小学校园。

生活还要继续。由于治疗借来的欠款要尽快还上，父母不得不继续工作挣钱，留下翻身困难、大小便失禁的郭晖独自在家。母亲上班前把她需要的水杯、镜子、收音机、课外书等物品放在枕边或手能够着的地方。以臂为半径，郭晖的世界只有两平方米。

中医大夫来家里给郭晖针灸治疗时，看到她的床上都是课外书和杂志，建议她多学学课本，免得有一天重返学校会被同学瞧不起。就这样，郭晖开始了自学。

起初，读到不懂的问题时，郭晖就会放下书本，等父母回家解答之后继续学。后来父母找来一本词典，郭晖便开始试着自己解决问题。学完五年级的知识，母亲又找来哥哥们用过的中学课本让郭晖继续学习。

一次，郭晖遇到一道几何难题，想了许久无解，便问父亲。父亲想了一段时间后，解了出来。郭晖有些不甘心，重新翻书、复习定理，花了两天的时间，试了许多思路，终于也解了出来，并且比父亲的方法更简便。

就这样，郭晖自己制定计划，一科一科地学，用三年时间自学了初中、高中全部课程。

"我只有一个武器，那就是学习。学习是我生活下去的全部依靠和全部力量。" 1989年，郭晖报考了英语自学考试大专班。

教室在五楼，每次上课时，年迈的父母轮换着把她背上去。因为郭晖在椅子上坐不稳，父母就搬过来四张桌子把她紧紧地挤在中间。身体仍是不稳，郭晖就用双手抠住桌沿，保持数个小时。为了少上厕所，郭晖尽量在上课前不喝水，实在渴了，就不停地咽唾沫。毕业考试时，全班30多名同学，只有郭晖一次性全部过关。

1995年，郭晖又开始了自学本科的征程。两年后顺利通过各科考试，并取得本科毕业证和学士学位证。

1996年，山东大学开办英语研究生班，父母咬牙四处借钱，为郭晖交上了费用。功夫不负有心人，2002年7月下旬，山东大学正式授予郭晖英语硕士学位。在硕士论文答辩现场，教授紧紧握住郭晖母亲的手，说："感谢你培养了一个好女儿，这是我们十年来听到的最好的论文答辩……"

这期间，郭晖还自学了日语、法语。随着对语言学习的不断深入，郭晖对文学和诗歌愈发热爱。同时，考虑到高校教学工作或许更适合自己的身体状况，2003年，郭晖试着给北京大学沈弘教授写信，申请读博。这位从剑桥大学留学归来的博导欢迎郭晖报考，并表示会"坚持择优录取"。

之后，郭晖一头扎进书海里，开始了最后的冲刺。分数出来了，她竟然考了第一名，各门分数都超出第二名许多。2003年，郭晖成为北京大学百年历史上首位残疾女博士生。

读博期间，为了更准确地把握英语的韵律，郭晖又自学了拉丁语和古希腊语。至此，她已经自学掌握了五门外语。

"我为这样的姐妹骄傲！"时任中国残疾人联合会副主席、著名作家张海迪这样赞许郭晖。2006年，中央电视台"焦点访谈"栏目以《梦想之翼》为题介绍了郭晖的感人事迹。

2008年博士毕业后，郭晖回到家乡邯郸，应邀到河北工程大学任教。

身体的不适没有耽误郭晖对工作和学术的追求。她全身心投入教学工作，刚参加工作就负责英语散文、英语诗歌、圣经文学、英美小说等多门新课，还参与学校创办的英语学术刊物的语言编辑工作。

2013年1月，在学校的支持和资助下，郭晖有幸成为一名访学哈佛大学研究英国文学的中国学者。这一次，她把轮椅摇出了国门。

近20个月的访学，让轮椅上的郭晖看到了更为广阔的世界，也让她感受到国内高校仍与世界一流高校存在差距。有人说她"学得够多了，可以歇歇了！"但她的感受是"学得很不够，要学的东西更多了！"

从哈佛访学归来后，郭晖接受了学校图书馆为其开设的"郭晖博士沙龙"活动，并积极参与"紫山讲堂"讲座和数据文化调研工作。学校考虑到郭晖的身体状况，将沙龙定为一个小时。可是她经常为了学生而超时工作。"英语沙龙活动使同学们多了一个用英语交流的机会，能够提高同学们的口语水平，工作时间久一点也没关系。"为了激励学生，郭晖除了讲述名著外，还讲述她个人自学自强的经历。

作为英语语言文学方面的副教授，郭晖负责英语本科专业的课程，讲授综合英语，每学期90学时，这是一个专职英语教师的教学任务，她却作为兼职来做。在课余，她还尽量满足个别学生对学习的渴望，为其批改英语日记、作文等。

"我会珍惜生命的每一分钟，把我从哈佛所学的有益的教学模式引入到我今后的教学中去。"郭晖没有因为身体残疾影响工作，她那个实现自身价值、服务社会的梦想，已然在轮椅上实现。

5. 面对机遇，敢于把握
【案例】

在一次颇具规模的培训会上，一位知名专家受邀进行演讲。他深入浅出地阐述了许多有关职业发展、人生规划的精彩观点。演讲过程中，他不断与听众互动，鼓励大家积极提问，以便更好地解答大家在职场中遇到的困惑和难题。

然而，令人出乎意料的是，在提问环节，会场内的气氛突然变得异常沉默。原本满怀期待听众踊跃提问的专家，面对这一状况，感到有些诧异。为了打破僵局，专家转变策略，分享了自己在求学过程中的一段难忘经历。

刚刚开始大学生活的时候，校园里经常会举办各种讲座，而这些讲座的嘉宾无一不是在各自领域具有极高地位和影响力的大咖。每当这样的机会来临，同学们都会充满期待地参加，为自己的学业和人生道路汲取智慧。

去听讲座的同学中，有些人会提前做好准备，他们会拿出一张硬纸，对折一下，将其折成一半做成名牌。接着，在名牌的正面，他们会用颜色鲜艳的笔工工整整地写下自己的名字。在讲座现场，同学们会整齐地坐在座位上，名牌整齐地摆在身前。当演讲者需要挑选观众提问时，他们只需要扫一眼名牌，就能轻松地找到人。这种做法就意味着机会，因为演讲的人都是一流的人物，当你的回答令他满意或者吃惊时，很有可能就意味着他会给你提供很多机遇。而结果也确是如此，这些懂得抓住机遇，推销自己的同学，有好几个因为出色的见解而获得知名企业工作的机会。

听到这里，会场内的气氛逐渐回暖。专家借此机会鼓励在座的同学们，要在今后的学习和工作中，时刻保持敏锐的洞察力，抓住每一个可以展现自己才华的机会。专家的分享让大家明白，成功并非偶然，而是抓住了每一个关键时刻，勇敢地迈出了那一步。在这个过程中，展现自己的才能和价值，才能在激烈的竞争中脱颖而出。

确实，在人才辈出、竞争日趋激烈的今天，机会一般不会自动找到你，只有敢于表达自己、醒目地亮出自己，从而让别人认识你，才有可能得到机会。说到底，这是一种观念，是主动出击还是被动选择？也许这是你人生的分水岭。

敢于抓住机遇，善于抓住机遇，是面对机遇的正确态度。能够抓住机遇的关键是，当机遇降临的时候我们已经做好了准备。爱因斯坦说：机遇只偏爱有准备的头脑。这里的"有准备"，既有心理的准备，也有知识、能力、素质的准备。

【案例】

一位工匠到某人家里做客，看到主人家有很多木材。院子中间有一个很大的灶台，烟囱是直的。工匠便告诉主人，烟囱要改成弯曲的，否则将来可能会有火灾。主人听了，没当回事儿。可不久，主人家里果然失火，邻居刘二第一时间跑过来救火，最后帮主人将火扑灭。主人十分感谢刘二，却没有想到当初提醒他防火的工匠。时间又过去了一年，主人在院里开辟了一大片菜园子，因为园子大，浇水比较费力，于是他请工匠过来给他建一个水塔，平时接雨储水，用时放水浇地。本来建个水塔很容易，可工匠却细心地考察了一整天才选好了位置，不久便建起了一个大的水塔。一天中午，主人家的木材再一次起火。这次火很大，主人便急忙敲锣召集人帮助灭火。工匠听到敲锣声，立即向主人家跑去。火正烧着，工匠冲进院里，没有去拿水桶灭火，而是直接爬上水塔，拔掉了水塔侧面的一个大水阀。水顷刻而下，大火很快被扑灭。主人对工匠千恩万谢，工匠却笑着说："你家的防火一直存在问题，当初给你提了建议你也不听，正好你让我给你建水塔，所以我考虑了一下，也为了防火，便把水塔建在了这里，没想到还真用上了。"主人顿时省悟，烹羊、宰牛犒劳工匠。

故事启示我们：能提出质疑固然好，但当你的质疑没有被重视的时候，能主动把补救的措施做到位更可贵。

第三节　职业心理素质训练的方法

每个人的心理素质都是在大脑生理机能的基础上，经过后天长期的生活实践而逐渐锻炼发展起来的。职业心理素质的培养和训练也是在实践中完成的。

目前，国内外心理训练领域的主要成果有：卡耐基训练、戴尼提技术、里程碑教育、JS训练等。

一、心理暗示法

【案例】

这是一个典型的心理暗示的例子：某人喜欢新鲜空气的程度，无人能及。一年冬天，他到一家高级旅馆住宿。那年冬天奇冷，因而窗子都关得严严实实的，以防寒流袭击。尽管房间里舒服无比，但他一想到新鲜的空气一丝都透不进来，便非常苦恼，辗转难眠。到了最后，他实在无法忍受，便捡起一只皮鞋朝一块玻璃样的东西砸去。听到了玻璃碎裂的声音后，他才安然进入梦乡。

第二天醒来，展现在他眼前的是完好如初的窗子和墙上破碎的镜框。

暗示是用含蓄、间接的手段、方式和方法对人的心理和行为产生影响，从而使人按照一定的方式去行动或接受一定的意见，使其思想、行为、意愿与自己的意愿相符合。

暗示一般可分为以下四种。

（1）直接暗示

暗示者有意识地，一般采取直陈式的说明，把某种信息直接提供给受暗示者，使他迅速而无意识地加以接受。所谓"望梅止渴"即属此类。

（2）间接暗示

由暗示者凭借其他事物或行动为中介，把要传达给受暗示者的关于某一事物或行动的信息间接地提供给受暗示者，使他迅速而无意识地加以接受。这是一种主要的暗示方法。由于它一般不会使受暗示者产生心理抗拒或其他问题，所以效果往往大于直接暗示。由于没有明确地指明含义，需要受暗示者从事物或行动中来理解所暗示的信息，因此有时可能不为其所理解。

（3）自我暗示

暗示信息来自自身内部，自己对自己发出刺激信息，影响自己对某事物的认知、情绪、意志和行为。所谓"杯弓蛇影""草木皆兵"就是自我暗示的结果。这种暗示在日常生活中是常见的，对一个人的健康、工作和生活起着很大作用。这种作用有时是积极的，有时则是消极的。

（4）反暗示

暗示者发出的刺激引起了受暗示者性质相反的反应。

此外，根据暗示者的状况可以分为有意暗示和无意暗示；根据暗示产生的结果可以分为积极暗示和消极暗示。

生活在社会中的每一个人，其实经常在使用着暗示，或暗示别人，或接受别人的暗示，或进行自我暗示。积极的心态，如热情、激励、赞许或对他人有力的支持等，使他人不仅得到积极暗示，而且得到温暖、得到战胜困难的力量；反之，消极的心态，如冷淡、泄气、退缩、萎靡不振等，则会使人受到消极暗示的影响，使他不仅仅要承受暗示带来的痛苦与压力，而且还会波及人的身体健康。

【案例】

有一天，同寝的小方在收拾书本时，将书堆放在了旁边小会的床上，为此小会瞪了小方一眼。其实小方并没有看到，其他同学也没注意。但是小会立刻后悔了，怕其他同学看见。不巧的是，正好有一位同学抬头看小会，小会只能不好意思地笑笑。

事情发生以后，小会心里非常担心，怕同学说自己太小气，以后对自己也不会那么好了。小会一整天都在注意其他同学的反应，也不出去上自习。恰好看她的那位同学又问她："你今天下午怎么不去上自习呢？"小会认为这是让她走开，好和别人议论她刚才瞪眼的事儿。晚上大家一起去吃饭，小会回来晚了点，其他人正说笑着，也就没在意她。她认为她们一定彼此说好了，真的不理她了。第二天到教室，小会又发现别人用异样的目光看着她。心想坏了，她们一定对全班同学说了，这一下全班同学都知道自己是个小心眼的人了。

以后到教室的时候，听到同学们在笑，小会就认为是在笑自己；坐在教室的前面，她担心别人在背后说她的坏话；坐在教室的后面，她又认为前面的人回头就是看她，然后讲她的坏话。为此，小会整天坐立不安，觉也睡不踏实，怕睡着后别人讲她的坏话。不久，小会就患上了失眠性神经衰弱，学习成绩也下降了。她居然还在想：别人这下更会笑我学习成绩下降了。

案例中的小会由于猜疑，产生了消极的心理暗示，以致无中生有地制造出一些现象，把自己一步步推到她所设定的情节中去，最终患上疾病。因此，在学习、生活和工作中，我们都应该摆正心态，发现问题及时沟通，以避免消极心理暗示对我们造成侵蚀。

积极的心理暗示会产生巨大的力量，从而创造奇迹。

【案例】

有一个人到医院就诊，诉说身体如何难受，而且百药失效。医生检查发现此人患的是"疑病症"，即心病。后来医生对他说：你患的是一种综合征。正巧，目前刚试验成功一种特效药，专治你这种病症，注射一支，保证三天康复。打针三天后，求治者果然病愈出院了。其实，所谓"特效药"不过是极普通的葡萄糖，而真正治好病的是积极的心理暗示。

二、游戏训练法

游戏训练法是一种在培训员工过程中经常使用的辅助方法，它的目的是改变培训现场的气氛，并且由于游戏本身的趣味性，可提高参加者的好奇心、兴趣及参与意识，并改良人际关系。现在国外很多企业都已经把游戏训练法引入培训员工的课程中，作为一种辅助教育方式，使员工通过游戏产生体验获得知识，或使参加者的心理、行为、观念发生变化。

【案例】

游戏名称：演好自己的角色。

游戏目的：让学生体会团队中不同岗位应承担的责任、不同角色应拥有的心态。

游戏步骤：将20名学生分成A、B、C、D四组。A组成员扮演成健康人岛上的居民，他们都是健康人。B组成员扮演成盲人岛上的居民，他们都是盲人，能说话但看不到。C组成员扮演成哑巴岛上的居民，他们都是哑巴，能看但不能说话。D组成员扮演人造渡船。

分配好角色之后，接下来全体成员的目标是把"瞎子岛"和"哑巴岛"上的居民转移到"健康人岛"上去。

问题讨论：游戏开始时各组是怎么做的？为什么会发生这样的情形？从管理的角度思考，这个游戏给我们带来什么重要启示？

备注：关于所有的游戏说明书、任务说明书老师不进行公开宣布，至于学生如何开展游戏全由学生自己做决定。老师只告诉学生，完成游戏的标准是：将所有非健康人都转移到健康岛上。

这是一个关于员工角色认知的游戏，通过游戏可以启发管理者：作为管理者，不仅要认识到不同任务需要不同的角色来完成，还要根据团队成员的不同性格和能力来分配角色。游戏也可以启发员工：服从是员工的天职，团队成员必须服从团队管理者的指挥，才能有效完成任务。

三、拓展训练法

拓展培训又称户外生存训练，起源于"二战"期间的英国。为了训练年轻海员在海上的生存能力和船触礁后的生存技巧，人们创办了最初的拓展培训学校"阿伯德威海上学校"。战争结束后，拓展培训的独特创意和训练方式因效果特佳被逐渐推广开来，训练对象由海员扩展到所有军人以及社会工商业群体，范围也由英国扩散到世界，成为风靡全球50余年的培训方式。1995年，拓展训练法进入中国。

如果说知识技能培训是用来提高组织智商的话，那么拓展培训就是用来提高组织情商的。它的培训领域主要包括以下方面。

1. 团队合作拓展

没有完美的个人，但有完美的团队。这是团队合作拓展课程的宗旨。21世纪是一个团队英雄主义的时代，所有的竞争都是以团队合作方式进行的。团队，是企业生存壮大又一种新的选择。正是基于以上认识，拓展培训开设了团队合作拓展课程，其最主要的内容就是把一群个体塑造成一个能集体思考并快速行动的有活力的团队。它以体验启发作为教育手段，让团队成员能更深刻地认识到个人与企业之间、下级与上级之间、员工与员工之间唇齿相依的关系，从而激发出团队更高昂的工作热诚和拼搏创新的动力，最终使团队更富凝聚力。

2. 领导力拓展

诺尔·提区（Noel M. Tichy）和艾利·柯恩（Eli Cohen）在1997年的著作《领导引擎》一书中指出，一个具有高度竞争力的企业，其领导力应是由下而上，而非传统认为的只是由上而下，唯有能持续地在各阶层培养出领导者的企业，才能够适应改变和生存竞争。因此，有效的领导力和管理团队建设被视为企业成长、变革和再生的最关键因素之一。

拓展项目通过特殊的安排，提高每一个队员领导和决策效率、协调冲突能力、危机管理能力；同时让队员学会服从统一领导和互相信任，强化和领导团队协同作战、同舟共济的精神。

3. 自我挑战拓展

这个拓展主要是针对员工个人，培养他们挑战极限、突破自我、战胜困难、永不服输的精神，使他们充分认识到自身的潜能，为承担更多的工作和更大的责任做好准备。这是对学员思维冲击最大、心灵震撼最强的一项训练，有效塑造了员工坚韧不拔、开拓进取的性格，提升了员工的心理素质，使他们能从容应对压力与挑战，同时帮助培养信念、勇气、责任心和适合本企业的价值观及荣誉感。

4. 有效沟通拓展

培养学员主动沟通、互相交流的习惯，使他们善于与人打交道，认识到沟通也影响着企业的绩效，从而有意识地增进组织默契，把企业文化、使命和目标通过沟通根植到自身的思想和行动中。体验沟通的乐趣，在沟通中分享工作、生活和人生。

四、头脑风暴法

头脑风暴法也称头脑激荡法、集思广益法，由奥斯本于 1938 年创立。这是一种集体解决问题的方法，是团体成员的自由联想。这不同于一般的集体讨论，是由主持人提出要解决的问题，然后股东成员发表意见，在团体中经由集思广益提供各种意见以解决问题的方法。

这种方法必须遵循以下原则。

① 确定问题后，欢迎畅所欲言、自由联想，且思路越广越好。鼓励热情，反对沉默。

鼓励所有的团体成员尽其所能地发表自己想到的种种念头或解决问题的方法，即使这些问题看起来是荒谬或不切实际的。

② 不得批评，相反的意见以后再提。对与会者提出的所有看法，无论是否合理，都不得批评或指责，并且一律予以记录。

在意见未穷尽之前，不对任何看法予以评价，欢迎多提办法。提出的办法越多，则成功的可能性就越大。

③ 鼓励融合改进。在提出自己的意见之后，可以随时改进。当然还应当提出如何改进他人的意见，或如何把更多的意见融合成一个意见。所有意见提出后，从中选择、扩充和修改，而后众议公决，选出最佳者。这种方法的使用，使得成员受到了别人意见的启发，从而激发了发散思维，结果在同样的时间内，能产生比个人独思时更多的想法。

五、角色模拟法

角色模拟法是社会心理学的一种研究和矫正行为的方法，即由研究人员向被试描述某种情境，然后让被试扮演情境中的某一角色进行活动，并观察被试在此情境中的反应或行为变化的方法。这种方法主要被用于教学和培训中，现已成为企业界广泛使用的一种有效方法。

角色扮演有以下优点。

① 参与者可以通过角色扮演，使自身行为变成行动，从而检验想法与行动之间的差别。

② 使角色扮演参与者明白建立和维持一定的人际关系需要一定的技巧及训练才能获得。

③ 通过角色扮演，使其实现角色换位，即站在另外的角色立场上去思考问题，从而改变他们对某些事和人的看法和态度。

④ 能收到敏感性训练的效果，使参与者敏感地体验到别人的感觉，以反省自己行为的后果。

⑤ 使参与者进一步认识到，在社会情境中情感体验对一个人行为的重要影响，从而反省自己的行为是否会伤害到别人的感情。

⑥ 可以训练参与者调解和控制自己的感情和情绪，从而防止过激言行。

✎ 思考与训练 ∙∙

【情境模拟】 提前与未来相遇

十年后的某一天，你与一位已经有十年没见的老朋友偶遇，并递给了对方一张名片。请问：你最希望这张名片上有些什么内容？你会在哪家公司、哪个岗位、什么位置、做着什么样的工作呢？认真地思考一下这些问题，它将告诉你很多东西。著名企业家孙正义曾说："只在近处看的时候会感到头晕目眩，无法看清变化的方向，但是当远望的时候，就能看得一清二楚了。"

【游戏】 彼此欣赏

每个人都需要别人的认可与正面评价。通过游戏，巧妙地引导参训人员认识别人的优点，并做出正确评价。

游戏方法：分成若干个两人组，或由同桌组成。请双方各自从下面三个选项中选择一项，告诉自己的搭档。

一个特别漂亮的身体部位；

一两个非常迷人的个性特征；

一两项出众的才能或本领。

游戏之后的讨论题，也是游戏给我们的启示。

为什么我们中的许多人，在想对别人说些赞美的话时却感到难以启齿？

为什么我们中的有些人，经常轻易地对别人做出负面的评价，或者几乎从来不说别人的好话？

你同意"人们总是按照他们认为的那样来行事"的说法吗？为什么？

【测试】

以下八道心理素质测试题，每题只能选择一个，然后把分数累加起来，看看总分是多少，就能大致了解你的心理素质和应对能力。

1. 你骑车闯红灯，被警察叫住；后者知道你急着要赶路，却故意拖延时间，这时你____

a. 急得满头大汗，不知怎么办才好　　b. 十分友好地、平静地向警察道歉　　c. 听之任之，不作任何解释

2. 在朋友的婚礼上，你未料到会被邀请发言，在毫无准备的情况下，你____

a. 双手发抖，结结巴巴说不出话来　　b. 感到很荣幸，简短地讲几句　　c. 很平淡地谢

绝了

3. 你在餐馆刚用过餐，服务员来结账，你忽然发现身上带的钱不够，此刻你会____

a. 感到很窘迫，脸发红 b. 自嘲一下，马上对服务员实话实说 c. 在身上东摸西摸，拖延时间

4. 假如你乘坐公共汽车时忘了买票，被人查到，你的反应是____

a. 尴尬，出冷汗 b. 冷静，不慌不忙，接受处理 c. 强作微笑

5. 你独自一人被关在电梯内出不来，你会____

a. 脸色发白，恐慌不安 b. 想方设法自己出去 c. 耐心地等待救援

6. 有人像老朋友似的向你打招呼，但你一点也记不起他（她）是谁；此时你____

a. 装作没听见似的不搭理 b. 直率地承认自己记不起来了 c. 朝他（她）瞪瞪眼，一言不发

7. 你从超市里走出来，忽然意识到你拿着忘记付款的商品，此时一个很像保安人员的人朝你走过来，你会____

a. 心怦怦跳，惊慌失措 b. 诚实、友好地主动向他解释 c. 迅速回转身去补付款

8. 假设你从国外回来，行李中携带了超过规定的烟酒数量，海关工作人员要求你打开提箱检查，这时你会____

a. 感到害怕，两手发抖 b. 泰然自若，听凭检查 c. 与海关工作人员争辩，拒绝检查

心理素质测试题答案：选 a 得 0 分，选 b 得 5 分，选 c 得 2 分。

1. （0～25 分）你承受压力的心理素质比较差，很容易失去心理平衡，变得窘促不安，甚至惊慌失措。

2. （25～32 分）你的心理素质比较强，性情还算比较稳定，遇事一般不会十分惊慌，但有时往往采取消极应付的态度。

3. （32～40 分）你的心理素质很好，几乎没有令你感到尴尬的事，尽管偶尔会失去控制，但总体来说，你的应变能力很强，是一个能经常保持镇静、从容不迫的人。

第三章

职业礼仪

第一节　职业场合的基本礼仪

【案例】

　　小刘的公司应邀参加一个研讨会，该次研讨会邀请了很多商界知名人士以及新闻界人士参加。老总特别安排小刘和他一道参加，以便让小刘见识见识大场面。

　　小刘早上睡过了头，等他赶到会议已经进行了二十分钟。他急急忙忙推开了会议室的门，"吱"的一声脆响让他一下子成了会场上的焦点。刚坐下不到五分钟，肃静的会场上又响起了摇篮曲，是谁在播放音乐？原来是小刘的手机响了！这下子，小刘可成了全会场的明星……

　　没过多久，听说小刘已经另谋高就了。

　　在职业场合注意一些职业礼仪，不仅是尊重自我和尊重他人的表现，也是员工工作态度和精神风貌的反映。

一、握手礼仪

1. 握手礼的基本规范

（1）握手对象与顺序

　　握手顺序一般讲究"尊者决定"，即待女士、长辈、已婚者、职位高者伸出手来之后，男士、晚辈、未婚者、职位低者方可伸出手去呼应。若一个人要与许多人握手，那么有礼貌的顺序就是先长辈后晚辈、先主人后客人、先上级后下级。

　　宾主之间的握手较为特殊，来访时主人先伸手，以表示热烈欢迎和等候多时之意。告辞时待客人先伸手后，主人再伸手与之相握才合乎礼仪，否则会有逐客之嫌。

朋友和平辈之间谁先伸手不作计较，一般谁伸手快，谁更为有礼。

在正规场合，当一个人有必要与多人一一握手时，既可以由尊而卑地依次进行，也可以由近而远地逐渐进行。

（2）握手时机与时间

握手之前要审时度势，听其言观其行，留意握手信号，选择恰当时机。注意尽量避免出手过早造成对方慌乱，同时避免几次伸手相握均不成功的尴尬局面。

握手时间长短的控制，可根据双方的亲密程度灵活掌握。初次见面者握一两下即可，一般应控制在两三秒钟之内，切忌握住异性的手久久不松开。当然握住同性的手时间也不宜过长，以免令对方产生误会或不快。

（3）握手的力度

握手的力度要适中，一般以不捏疼对方的手为限度。握手不可用力过猛，也不可完全不用力或柔软无力，否则会给人以鲁莽、缺乏热忱或敷衍之感。另外，男士握女士手应该轻一些，且不要握满全手，只握其手指部位即可。

2. 握手礼的注意事项

① 用右手握手，除非右手有疾或太脏，在这种特殊情况下应向对方说明原因并道歉。在印度和中东的一些国家，左手只能用于洗澡或上洗手间，因而被认为是不洁的。所以与这些国家的人握手时，尤其不能用左手。握手时，左手应自然下垂，不能插在口袋里。

② 多人同时握手时应按顺序进行，不要抢握，也不要交叉握。

③ 握手时应避免东张西望，为了表示尊重，要目视对方，以免让对方产生不受尊重的感觉。

④ 除非是年老体弱或者有残疾的人，一般总是要站着而不能坐着握手。

⑤ 男士不能戴着帽子和手套与他人握手，军人则不必脱帽，可先行军礼，然后握手。在社交场合中，女士戴薄纱手套或网眼手套可以不摘而握手。在商务活动中讲究男女平等，女士应该摘手套握手。当然，这时男士仍旧不要先主动同女士握手。

⑥ 与客人见面或告辞时，不能跨门握手，要么进屋握手，要么同门外人握手。

二、介绍礼仪

在职业交往中，与人打交道时作自我介绍或为他人介绍是常有的事。这是与对方直接接触的第一步，将成为自己给对方的第一印象。因此，掌握相关礼仪十分必要。

（1）自我介绍

自我介绍时，可以介绍一下自己的姓名、身份、单位。如果对方表现出结识的热情和兴趣，可根据具体情况适当介绍一下对方关心的问题，比如自己的原籍、毕业学校以及学习情况、工作经历、兴趣特长等；但切忌信口开河，过分表现自己，而应该在介绍完时表示"请多多指教"。另外，重要的是使对方记住自己的名字。因此要对自己姓名的字，尤其是生僻字加以必要的解说。

自我介绍时，举止应该庄重大方、充满自信，这样容易使人产生信赖和好感。可将右手放在自己的左胸上，而不要随随便便用手指指画画、毛手毛脚。表情应亲切、自然，眼睛应该看着对方或大家，用眼神、微笑和自然亲切的面部表情来表达友好之情。总之，既不应拘谨忸怩，也不要满不在乎。

（2）为他人作介绍

为他人作介绍时，要准确了解双方各自的身份、地位等基本情况，并遵照受尊敬的一方有了解对方的优先权原则。介绍时，先恭敬地称呼身份高者、年长者、主人、女士和先到场者，然后把对方介绍给身份高者、年长者等，再把身份高者、年长者等介绍给另一方。

为他人作介绍时，手势动作应文雅，且无论介绍哪一方，都应手心朝上、手背朝下、四指并拢、拇指张开，指向被介绍的一方，并向另一方点头微笑，按顺序介绍。必要时，可以说明被介绍的一方与自己的关系，以便新结识的朋友之间相互了解和信任。

当被介绍时，被介绍的一方应当表现出结识对方的热情，且要正面面对着对方。另外，在介绍时除女士和长者之外，其余的人都应当站立起来。若在会谈进行中或是在宴会等场合则不必起身，只欠身致意即可。

（3）常见的介绍规则

将男士介绍给女士。通常先把男士介绍给女士，并引导男士到女士面前作介绍。介绍中，女士的名字应该先被提到，如"王女士，给你介绍一下，这位是李教授"。

将年轻者介绍给年长者。

将职位低者介绍给职位高者。

将未婚者介绍给已婚者。在两个妇女之间，通常先将未婚的介绍给已婚的。如果未婚的女子明显年长，则先将已婚的介绍给未婚的。

将客人介绍给主人。

将后到者介绍给先到者。

此外，当被介绍的一方是个人、另一方是集体时，则应当根据具体情况而采取不同的方法。

三、名片礼仪

【案例】

S城举行春季商品交易会，各方厂家云集，企业家们济济一堂。某公司的王总经理在交易会上听说某集团的张董事长也来了，就想利用这个机会认识这位素未谋面又久仰大名的商界名人。午餐会上他们终于见面了，王总彬彬有礼地走上前去："张董事长，您好，我是×公司的总经理，我叫王刚，这是我的名片。"说着，从随身带的公文包里拿出名片，递给对方。张董事长显然还沉浸在之前与人谈话的气氛中，顺手接过王刚的名片，说了句"你好"，草草地看过，就放在了一边的桌子上。王总在一旁等了一会儿，并未见这位张董有交换名片的意思，便失望地走开了。

这位张董事长对于名片这种交往方式太心不在焉了，他没有认识到自己的举动对别人是非常不礼貌的，从而使自己失去了多认识一个朋友的机会，也失去了许多潜在的商机。

现代社会，交换名片是一种重要的交际渠道。它可以向对方表示尊重，也可以增进双方了解。由于交换名片常在见面之时，所以也被视为一种见面的致意礼仪。

1. 名片制作

正规的名片长为 9 厘米，宽为 5.5 厘米，是一个较为规则的长方形。一些异型（如心型、树叶型）或者开合式的名片，虽然具有别具一格的特色，或具有不同寻常的艺术效果，但不宜在较严肃的社交活动中使用。名片的材料要质地考究，抗折耐磨，具有质感，且不宜太薄、过于花哨。

另外，名片上的文字要用中文。一张名片上最多只能用两种文字，而且必须一正一反，不可同用于一面。名片上的数字一律用阿拉伯数字，不能用汉字大写，也不能用罗马数字。不管使用何种文字，选择印刷字体时都应本着易识第一、美观第二的原则。这是设计名片所必须遵循的，否则会给人一种不伦不类之感。不论横排还是竖排，名片两面都必须格式相同，不能一横一竖。

名片正面应该包括三个方面的内容：第一，本人所在单位名称；第二，本人姓名职务、职称等；第三，联络方式。

与外国人的名片相比，中国人名片的最大特点是头衔繁多。有时会让人隐隐觉得名片的主人太重名位，反将其看轻。在选择头衔时，也应遵循实用主义原则。有些虚衔在实际业务中一无用处，即可舍去不用。若交际广泛，各有所用，不妨分别印几种头衔的名片。

名片要随身携带，但不要随随便便放在衣袋里、钱夹里，也不要把别人赠予的名片随手放在这些地方，否则容易让对方有伤害自尊之感。正确的做法是随身携带一个专用的名片夹，用来装自己的名片和别人赠予的名片。在办公室中，可以准备一个名片盒或名片插，用来放置自己的名片；准备一个名片夹或名片簿，用来收存他人赠予的名片。

2. 名片交换

交换名片的恰当时机通常是初次见面与对方握手寒暄之后，或者出门辞行之前。不过对于有的人来说，只是在双方保持联系时才送名片。

交换名片有一个先后尊卑的问题。一般的做法是：位卑者，即职务低者、身份低者、拜访者、辈分低者、年纪轻者、男性、未婚者，应当先把自己的名片递给他人，且应立正、面向对方、双手执名片的两角、态度恭敬地递给对方。注意，名片的正面要朝上、名片上文字的正面要朝向对方。这样，对方不必翻转就可以阅读名片的内容了。递上名片后，还应说"敬请指教""请多关照""希望今后保持联络"等语言。一言不发，用单手递，用左手递，或是随手一扔都是不礼貌的。

接受名片的人要及时起立，态度恭敬，表达谢意，然后双手接过来，捧在眼前，从头至末默读一遍，以示尊重。最好是把送名片者可能引以为荣的部分念出来，并赞扬几句。最后，要把名片当着送者的面妥善地放置在名片夹中。最忌讳的是接过他人名片以后，看也不看，顺手一塞或是乱丢。未经许可，也不要当着对方的面把名片给别人传看。接受名片之后，应立即将自己的名片递过去。

与多人交换名片，一定要讲究先后次序，或由近而远，或由尊而卑。切勿挑三拣四，采用"跳跃式"。忌胡乱随意散发自己的名片，更忌逢人便要名片。名片和存放名片的夹子应避免放在臀部后面的口袋里，且交谈时不要拿着对方的名片玩耍。男士不宜主动给自己朋友的夫人或女朋友留下名片，以免产生误会。

如果没有必要，最好不要强索他人的名片。若索要他人的名片，则不宜直言相告，可主动递上本人名片，或提议与对方交换名片；向尊长索取名片，可询问对方："今后如何向您请教？"向平辈或晚辈索要名片，可询问对方："以后怎样与您联系？"

四、迎送礼仪

【案例】

上海某公司召开了一次全国客户联络会，江总经理带着秘书陈小姐亲自驾车到浦东机场迎接来自香港某集团的赵总经理。为了表示对赵总经理的尊敬，江总经理请赵总经理坐到轿车的后排，并让陈小姐在后排作陪。

赵总经理到宾馆入住后，对陈小姐说：明天上午八点的会，我会自己打的到现场，就不麻烦你们江总经理亲自来接了。

请问：

1. 赵总经理为什么会这样说？

2. 江总经理在座位的安排上有什么不妥？

迎送礼仪是职业礼仪中必要的一环，其中也有许多职业交往的知识与技巧，因此应当认真掌握。

1. 问候与欢迎

接到客人，应首先向客人表示问候和欢迎。然后立即向客人作自我介绍，并告诉客人怎样称呼自己。随后主动帮客人提拿行李。如果客人执意要自己提东西，就不必强求，要尊重客人的意愿。

2. 引导客人上车

如果是陪客人同乘一辆车，要首先为客人打开轿车的右侧后门，并以手掌挡住车篷上沿，提醒客人不要碰头。等客人坐好后，方可关门。最后，应绕过车尾从左侧后门上车。

注意，轿车上的座次有主次尊卑的讲究。在我国的传统礼仪中，认为车上最尊贵的位置是后排与司机的座位成对角线的座位，即后排右座。因具体情况的不同，也会有所区别。

小轿车的座位，如有司机驾驶，以后排右侧为首位，左侧次之，中间再次之，前座右侧殿后。

如果由主人亲自驾驶，以驾驶座右侧为首位，后排右侧次之，左侧再次之，而后排中间座为末席。

主人亲自驾车，坐客只有一人，应坐在主人旁边，不可坐在后排，否则是失礼的。若同坐多人，中途前座的客人下车后，在后面坐的客人应改坐前座，此项礼节最易被疏忽。

主人夫妇驾车，则主人夫妇坐前座，客人夫妇坐后座，男士要服务于自己的夫人，宜开车门让夫人先上车，然后自己再上车。

吉普车无论是主人驾驶还是司机驾驶，都应以前排右座为尊，后排右侧次之，后排左侧为末席。上车时，后排位低者先上车，前排位尊者后上车。下车时，前排客人先下，后排客人后下。

旅行车以司机座后第一排即前排为尊，后排依次为小。其座位的尊卑，依每排右侧往左侧递减。

记住主随客便，如果客人随便坐在哪个座位上，这个座位就是上座，接待人员不要执意去纠正。

需要注意的是，女士登车不要一只脚先踏入车内，也不要爬进车内。而需先站在座位边上，把身体降低，让臀部坐到位子上，再将双腿一起收进车里，即双膝一定要保持合并的姿势。

五、电话礼仪

现代社会，电话交流已经成为人们职业活动的必要组成部分。在电话交流的过程中，如何做到礼貌得体，给对方一个良好的印象，已成为职场人员值得重视的问题。这就需要了解和掌握一些必要的电话交流礼仪与技巧，及其必要的礼仪规范。

（一）打电话的一般礼节

电话礼仪规范主要涉及接、打电话时的形体、表情、态度、语气、内容以及时间控制等方面。

（1）体态、表情

在接、打电话时，虽然对方不能直接看到打电话人的体态和表情，但是可以通过声音、情绪等感受到。不良的体态和表情会影响打电话的情绪和声音，进而影响双方的谈话质量，并且会给周围的人员会留下不良的印象。

（2）态度

打电话显示一个人是否言行一致，这并不是夸张。有的人在打电话时对另一方甜言蜜语，但手上还在翻书报，肢体也看不出多少热情。

（3）语言、语音

打电话时，语言要平静柔和，发音要清晰准确。音量不要太大，以免使对方烦躁。用语要规范，并说普通话。要有一定的耐心，把握语速的急缓，不宜过快。

（4）时间

国际上有"打电话的 3 分钟原则"，就是说一次打电话的时间应该控制在 3 分钟以内。演讲学也认为，人基本说清一件事情和观点需要 3 分钟。虽然不一定要严格遵守，但至少说明人们对简明扼要表达的期望。以直销著名的 IT 巨子戴尔公司，电话是他们行销的主要手段，因此公司要求必须在 6 分钟之内处理完任何一次通话。

在办公室内不要过多地打私人电话，这样不仅会影响自身的工作效率，被领导发现还会留下不良印象，也会让同事有不好的感觉。对于公事，应尽可能地利用公司的电话打给对方的办公电话。一般不宜在他人的私人时间内打电话；尤其是早上 7 点之前或是晚上 10 点之后，不要给对方家中打电话。

（二）电话礼仪的具体要求

1. 拨打电话的礼仪

拨通电话后，应该首先问候对方"您好"，然后确认自己拨对了号码，得到答复后再报自己的单位、姓名等，接着清楚明了地说出内容，比较客气地请对方回答自己。"对不起，可以向您咨询几个问题吗？""占用您两分钟可以吗？""谢谢您的答复"等都是比较合适的言辞。

打电话时要考虑对方的处境，首先询问对方是否方便，然后才能开始交谈。如果对方回答不方便，应以商量的口吻再约时间，并让对方决定什么时候再打过去。

电话内容要简明、扼要，打电话前应该慎重考虑通话内容，确立中心，理清思路，拟定要点，最好有"腹稿"。如怕遗漏内容，可以拟出电话要点，理顺说话顺序，备齐相关资料，做好准备再打。不要临时考虑，不要随时发挥，不要长时间协商，不要抒发感情。有的人刚刚放下电话就打过去，说刚才忘了一件事，这是不专业的表现。

如果接听电话的人可以回答我们要咨询的问题，就不要坚持找某某负责人。打通电话的时候，尽管联系电话上留的是某某负责人的电话，我们还是应该先讲明自己有事咨询，希望有关人员听电话（提前预约的情况例外）。这样既是对听者的尊重，也便于对方判断由谁回答我们的问题比较合适，从而达到更好的效果。

如果你找的人不在，可以请对方转告，这时应先说一句"对不起，麻烦你转告……"，然后将你所要转告的内容告诉对方，最后别忘了向对方道一声谢，并且问清对方的姓名。切记不要一下挂掉电话，即使不要求对方转告也应说一声"谢谢，打扰你了"。

通话中途万一断线了，要主动打过去，并致歉意。

当拨错电话号码时，应向对方表示歉意"对不起！""打搅了！"等，而不要不作任何解释地直接挂断电话。

电话交谈完毕时，应尽量让接电话方或上级、长辈先挂电话，并道声"再见"。待对方放下电话后，自己再轻轻放下电话。若确需自己来结束，应做解释、致歉。

2. 接听电话的礼仪

接听电话要及时，铃响不过三声接。既不宜早接——对方尚未准备好，也不宜晚接——会有怠慢之嫌。

拿起电话，应先问好。一般在接听电话时，许多人都是先从"喂喂"开始应答的，这样十分不礼貌。正确的做法是拿起听筒后，先口齿清晰地说"您好"，然后报出自己的公司名称和部门的全称或规范简称以及个人姓名等，如"您好！这儿是××公司××部"或"你好，我是××"，让对方明白自己在跟谁通话。

询问时，应注意在适当的时候根据对方的反应委婉表达。语言应文明、礼貌，态度应热情、谦和、诚恳，语调应平和，音量应适中。一定不能用很生硬的口气说："他不在""打错了""没这人""不知道"等。

接电话时，对对方的谈话可作必要的重复，应将重要的内容简明扼要地记录下来，如时间、地点、联系事宜、需解决的问题等。可复述对方电话内容，以达到接听电话准确无误的目的，并留下双方的联系方式，同时表明态度，如"是这样的吗？你看还有什么吗？"

"明白了，谢谢你的指示，我们一定照办"。最后表达感谢，如"谢谢你的关心"，道别说"再见"。

通话时，如需查找有关资料，可以告知对方稍等，但中断不应超过 2 分钟，否则可以请对方先挂断电话，然后适时重拨。可以说，时间在电话礼仪中的掌握是十分重要的。因为双方无法面对面交流，仅仅是从言谈中获取一些信息，而时间在谈话中的作用是十分明显的，一个不合时宜的停顿都有可能导致与一笔生意擦肩而过，所以对时间的把握是十分必要的。

假如两个电话铃声同时响起，可先接一个电话询问对方是否介意自己去接另一个电话，待对方同意后再接。长途通话优先，不能同时接听两个电话。

除非绝对必要，否则不要在接电话时让对方转机。将对方的电话转来转去，会让对方感到你不认真、不负责。

3. 代接电话的礼仪

要用手轻捂话筒，然后通知受话人。如果受话人距离太远，要向对方说明"请您稍等一下"，然后去找人，千万不要大声叫喊。如果对方要找的人不在，则要重新拿起话筒，询问对方是否需要转达，并记下对方电话号码，而不能让对方干等或是放下电话一走了之。

六、会议礼仪

这里仅就常见的工作会议礼仪进行介绍。

1. 与会者会议礼仪

衣着整洁，仪表大方，准时入场，进出有序，按会议安排落座。开会时认真听讲，及时记录，不要私下小声说话或交头接耳。发言人发言结束时，应鼓掌致意。中途退场，应轻手轻脚，不打扰其他人。注意，要文明使用手机。

2. 会议主持人礼仪

衣着整洁，大方稳重，精神饱满。如站立主持，应双腿并拢，腰背挺直。单手持稿时，右手持稿的底中部，左手五指并拢自然下垂。双手持稿时，应与胸齐高。坐姿主持时，身体挺直，双肩前倾，两手轻按桌沿。主持过程中，切忌出现揉眼、抖腿等不雅观的动作。口齿清楚，思维敏捷，简明扼要。应根据会议性质调解会议气氛，或庄重，或幽默，或沉稳，或活跃。在会场上不能与熟人打招呼，更不能寒暄交谈。

3. 会议发言人礼仪

正式发言者应衣冠整洁，走上主席台时步态自然、刚劲有力。发言时口齿清晰，讲究逻辑，简明扼要。如果是书面发言，要时常抬头扫视一下会场，不能低头念稿而旁若无人。发言完毕，应对听众致谢。自由发言时应注意：要讲究顺序和秩序，不能争抢发言。发言前，要作自我介绍。发言应内容简短，观点明确，有不同意见的要以理服人、态度平和。另外，听从主持人安排。

第二节 日常公务来往礼仪

一、访客接待的事你知道哪些

（一）公务接待的礼仪

【案例】

某职业院校打算去跨省的同类兄弟院校调研，由院长带队，同去的一位职能部门负责人与兄弟院校同行进行了电话沟通。如果你是接待方负责人，你将怎样准备接待事宜？

公务接待的对象一般为上级部门或同行等，来访之前会以函电等形式告知，并说明来访者的时间、目的、人员及行程安排等。访客来临以前，公司应认真筹备和精心策划，以做好充分的接待准备。

（1）确定接待规格

贵宾会由哪些人迎接、陪同和接待。

在公务接待当中，接待的规格要求极其重要，如果没有事先了解往往会有很严重的缺失。错误的接待规格会使对方受宠若惊，或十分不自在。一般来说，接待规格按来访人员的身份可分为以下三种。

高规格接待：主要陪同人员比来宾的职位要高的接待。例如上级长官派工作人员来了解情况和传达意见的时候，就需要高规格接待。

低规格接待：指主要陪同人员比客人的职位还要低的接待。比如高层的长官或者部门的主管要去基层单位视察，就会成为低规格的接待。

对等接待：主要陪同人员与客人的职位同等地位的接待。

来者是客，以客为尊。无论彼此是否有商业联系，都应该以礼待之。从客人来到公司的前台开始，直到完全离开为止，都要遵守礼仪规范，让来访者宾至如归。

（2）制定接待方案

除了接待规格以外，是否还有活动的安排。

（3）了解来访状况

包括来宾的人员情况（包括部门、职务、性别）、目的要求、会见和参观的意愿、参观路线和交通工具、抵达和离去的时间、来宾的生活饮食习惯及禁忌等。

（4）做好接待准备

包括迎送贵宾、会议场所布置、准备参观的项目、解说人员的安排、食宿和交通工具等。

（二）在办公室接待的礼仪

在公司的办公场所接待客人、洽谈业务时，如果礼仪得当，就会让客户产生宾至如归的感觉，而你的工作也会变得更加自如顺利。

1. 接待礼仪

访客到来，应先问明客人的身份及事由，然后请客人稍候，为其联系要找的负责人并引导客人前往。

如果客人要找的负责人不在单位，要明确告知负责人去了何处、大约多久回来，请客人留下电话、地址等联系方式。

如果客人要见的负责人由于种种原因不能马上接见，要向客人说明等待理由及等待时间。如果客人愿意等待，应该为客人提供茶水、报纸杂志等。

2. 引导客人到领导办公室的礼仪

在引导客人去领导办公室的路途中，接待人员通常要走在客人左前方数步远的位置，切忌把背影留给客人。

在陪同客人去见领导的这段时间内，不要只顾闷头走路，可以随机讲一些得体的话或介绍一下本单位的大概情况。

在进领导办公室之前，要先轻轻叩门，得到允许后方可进入，切不可贸然闯入。叩门时应用手指关节轻叩，不可用力拍打。

向外开门时，应把住门把手，站在门旁，对客人说"请进"并施礼。进入房间后，要用右手将门轻轻关上。

向内开门时，自己先进入房间。侧身把住门把手，对客人说"请进"并施礼，然后轻轻关上门。

没有门或门已开时，待敲门或向里面的人打招呼后，请客人先进入。

进入房间后，应先向房里的领导点头致意，再把客人介绍给领导。介绍时要注意措辞，一般先简要说明客人所在单位、职务及姓名，如"这位是××局×局长，×××同志"，并用手示意，但不可用手指指着对方。如果有好几位客人同时来访，一般要按照职务的高低予以介绍。

介绍完毕走出房间时应自然、大方，保持较好的行姿，出门后应回身轻轻把门带上。

3. 在路上行走的引导礼仪

在引导客人去某处时，接待人员应请客人走在自己的右侧以示尊重。随同人员一般走在二者的后面，或两侧偏后一点。

当走到拐弯处的时候，接待人员应走在客人左前方数步的位置，用手示意方向，同时礼貌地说"请这边走"。

在走廊上的引导方法：接待人员在客人两三步之前，配合步调，让客人走在内侧。

上下楼梯的引导方法：上楼时，客人走在前面，接待人员走在后面。下楼时，接待人员走在前面，客人走在后面。

上下楼梯时，一般客人走在内侧、靠墙的一侧，接待人员走在外侧、靠扶手的一侧。

乘坐电梯的引导方法：来到电梯门前时，接待人员要先按电梯按钮；电梯到达，当电梯内没有其他人时，接待人员可先进入电梯，按住开门按钮；当电梯内有人时，无论上、下，都请客人先进电梯，可一手按住开门按钮，另一手挡住电梯侧门；进入电梯后，按下客人要去的楼层按钮；行进中有其他人员进入，可主动询问要去几楼并帮忙按下。电梯内尽量侧身面对客人，不用寒暄；到达目的楼层，一手按住开门按钮，另一手做出请出的动作，可说："到了，您先请！"客人走出电梯后，自己应快步出电梯，并热诚地引导行进方向。

二、会议（会谈）如何安排

【案例】

某职业院校接到通知，上级业务部门将来学校进行调研，召开一次座谈会。作为学院办公室接待人员，你需要注意哪些方面的会议礼仪？

1. 迎候

主人应在会客厅门口或正门迎候。如果主人不到大楼正门处迎接，应该有工作人员在大门处迎接，然后将客人引入会议或会客厅。

2. 就座

应请客人就上座。一般远离门的一边为上座，靠近门的一边为下座。

注意，应请客人位于主人的右侧。

3. 会议（会见）座次

会议一般用长方形桌子，宾主相对而坐。以入门方向为准，主人位于左侧，客人位于右侧（见图 3-1）；或主人位于背向门的一侧，客人位于面向门的一侧。主谈人居中，其他参与会谈人员依次左右排列。记录员可安排在后面，也可安排在会谈桌一侧就座（见图 3-2）。

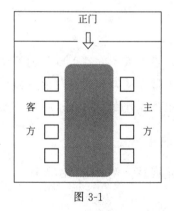

图 3-1

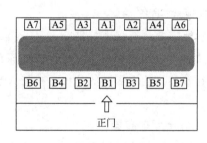

注：A 为客人，B 为主人

图 3-2

三、签字仪式如何安排

【案例】

某职业院校为提高教师的实践能力，同时以科研服务地方经济，与本地区一家石化公司达成校企共建合作意向，准备签订校企共建协议书，企业拟安排一次场面热烈的签字仪式。作为活动策划人，请你策划安排这个签字仪式。

签字仪式的整个过程所需时间较短，程序较简单，但由于涉及合作关系，是单位形象、诚意的体现，因此程序规范、庄严、隆重而热烈是十分必要的。

（一） 参加签字仪式的人员确定

1. 签字人

签字人是代表企业进行签字的人员，所以签字人的选择十分关键。签字人应视文件性质，由缔约各方确定。如果是企业之间、部门之间的协议，则由企业、部门负责人签字。无论是哪一级签字，依据的原则都应是双方签字人的身份大体相当。

2. 助签人

助签人的职能是洽谈有关签字仪式的细节并在签字仪式上帮助翻阅与传递文本、指名签字处。双方的助签人由缔约双方共同商定。

3. 出席签字仪式的人员

出席签字仪式的人员应基本上是参加会谈的全体人员，应注意双方人数最好大体相等。为了表示对签字仪式的重视，往往由更高级别或更多的领导人出席签字仪式。

（二） 签字之前的筹备

1. 签字文本的准备

负责为签字仪式提供待签的合同文本的主方，应指定专人负责合同的定稿、校对、印刷、装订、盖章工作。按常规，应为在合同上正式签字的有关各方，均提供一份待签的合同文本。必要时，还可再向各方提供一份副本。

待签的合同文本，应以精美的白纸印制而成，并按 A4 纸的规格装订成册。

2. 签字物品的准备

要准备好签字用的文具等物品。

3. 服饰准备

在签字前，要规范好签字人员的服饰。按照规定，签字人、助签人以及随员在出席签字仪式时，应当穿着具有礼服性质的深色西装套装、西装套裙，并配以白色衬衫与深色皮鞋。在签字仪式上露面的礼仪、接待人员，可以穿自己的工作制服，或是旗袍一类的礼仪性服装。

4. 签字厅的布置

签字厅一般临时以会议厅、会客室来代替，但一定要选择宽敞明亮的大厅。

5. 签字桌

签字仪式通常是在签字厅内设置长方桌作为签字桌。桌后放两把椅子，面对正门主左客右作为双方签字人的座位。座前桌上摆放各方保存的文本，文本前方分别放置签字用具。另外，还要与对方商定助签人员的安排，以及安排双方助签人员洽谈有关细节。

（三） 签字程序

签字仪式是签署合同的高潮，正式程序一共分为以下四项。

1. 签字仪式正式开始

签字人员入座。双方的助签人员分别站立于签字人员的外侧，协助翻揭文本及指明签字处。

（1）并排式排座

是举行双边签字仪式时最常见的形式。签字桌在室内面门横放，双方签字人员居中面门而坐，客方居右，主方居左。双方参加签字仪式的人员分主方、客方按身份顺序站立于后排，客方人员按身份由高到低由中向右边排，主方人员按身份高低由中向左边排。当一行站不完时，可以按照以上顺序并遵照"前高后低"的惯例排成两行、三行或四行，如图 3-3 所示。

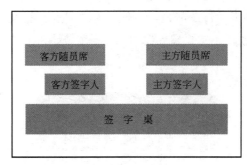

图 3-3

（2）相对式排座

与并列式签字仪式的排座基本相同。二者之间的主要差别，就是相对式排座将双边签字仪式的随员席移至签字人的对面，如图 3-4 所示。

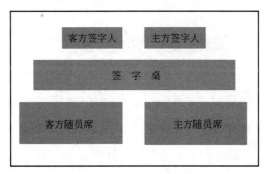

图 3-4

2. 签字人正式签署合同文本

通常的做法是先签署己方保存的合同文本，再签署他方保存的合同文本。每个签字人在由己方保存的合同文本上签字时，按惯例应当名列首位。因此，每个签字人均应首先签署己方保存的合同文本，然后交由他方签字人签字（由助签人交换），其含义是在位次排列上，轮流使有关各方有机会居于首位一次，以显示机会均等、各方平等。

3. 签字人正式交换已经各方正式签署的合同文本

此时，各方签字人热烈握手，互致祝贺，并可相互交换各自方才使用过的签字笔以作纪念。全场人员鼓掌，表示祝贺。

4. 饮香槟酒

交换已签的合同文本后，有关人员，尤其是签字人员当场干上一杯香槟酒，是国际上通行的用以增添喜庆色彩的做法。一般来说，合作协议可免此程序。商务合同在正式签署后，一般应提交有关方面进行公证，才正式生效。

双方简短致辞后（一般主先客后）合影留念。

四、会议主席台座次如何安排

主席台必须排座次、放名签，以便领导同志对号入座，避免上台之后互相谦让。那么，主席台的座次安排有什么礼仪要求呢？

基本原则：根据中国人的传统习惯，一般遵循左为上、前为上、中为上的原则。

① 主席台人数为奇数时，主要领导要居中，2号领导在1号领导左手边位置，3号领导在主要领导右手边位置，如图3-5所示。

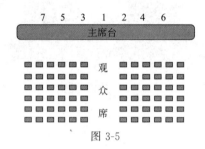

图 3-5

② 主席台人数为偶数时，1、2号领导同时居中，2号领导依然在1号领导左手边位置，3号领导依然在1号领导右手边位置，如图3-6所示。

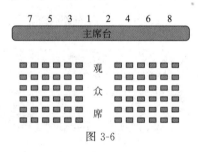

图 3-6

③ 对于一些德高望重的老同志，可适当前排。而对于一些较年轻的领导，也可适当后排。

④ 对邀请的上级单位或兄弟单位的来宾，也不一定非得按职务高低来排，通常掌握的原则是：上级单位或同级单位的来宾，其实际职务略低于主人一方领导的，可安排在主席台适当位置就座。这样，既能体现出对客人的尊重，又能使主客都感到较为得体。

⑤ 对上主席台的领导同志能否届时出席会议，在开会前务必逐一落实。领导同志到会场后，要安排在休息室稍候，再逐一核实，并告知上台后所坐方位。如主席台人数很多，还应准备座位图。如有临时变化，应及时调整座次、名签，以防止主席台上出现名签差错或领导空缺。另外还要注意认真填写名签，谨防出现错别字。

五、宴请时座次如何安排

我们经常要为一些事情出席宴会，那么你知道宴会座次安排的礼仪原则吗？

1. 宴会座次安排的注意事项

在安排席位时，应注意以下礼仪原则。

（1）职务原则

按照我国惯例，公务宴会一般以职务高低安排席位，即职务高者居上，低者居下；身份高者为上，低者为下；另外，还要照顾到年龄的长幼。

（2）"先朋友，后亲戚，再宗族"原则

在一般的中式宴会，特别是家庭宴会中，都会遵循这条原则，其中又以年龄长幼为序。

（3）男女分开原则

按照国外的习惯，桌上男女穿插安排，以女主人为准，主宾在女主人右上方，主宾夫人在男主人右上方。在我国，通常把女士排在一起，即主宾在男主人右上方，其夫人在女主人右上方。如果女士较多，则一般单独坐一桌。

（4）其他因素

在具体安排座次时，还应考虑其他一些因素，如客人之间是否熟悉、关系是否密切、语言是否相通、兴趣爱好是否相投等。总之，要根据实际情况灵活安排。

2. 宴席座次安排要领

① 通常情况是以面门为上、以右为尊，主人、客人座次交叉。即面朝入口处的座位为主人座位；主人对面是副主人位置；主人右边为主宾，左边为第二副主宾；副主人右边为第一副主宾；其余按先右后左顺序依次类推。

② 同一桌上，席位的高低据离主人的座位远近而定，右高左低。

③ 如遇主宾身份高于主人，为表示对他的尊重，可以把主宾安排在主人的位置上，而主人则坐在主宾的位置上，第二主人在主宾的左侧。

④ 重要的宴请要准备席卡、名单。

【案例1】　中餐——单主陪式。适用于客人较少或主宾比较突出的情况，如图 3-7 所示。

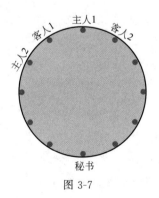

图 3-7

【案例2】　中餐——双主陪式。适用于客人较多且客人重要性比较相近的情况，如图 3-8 所示。

【案例3】　西餐——单主陪式，如图 3-9 所示。

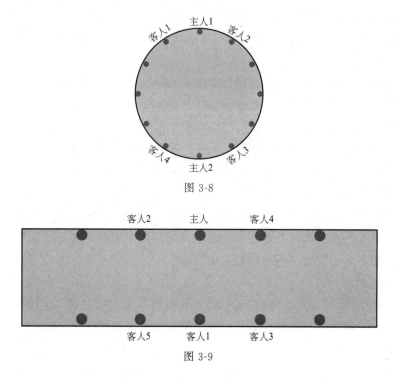

图 3-8

图 3-9

【案例 4】 西餐——双主陪式，如图 3-10 所示。

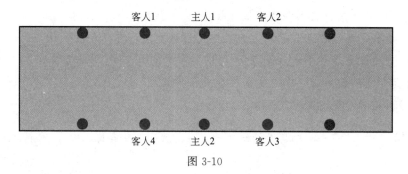

图 3-10

思考与训练

1. 案例分析

【案例 1】

某公司的毛先生是杭州某三星级酒店的商务客人。他每次到杭州，肯定会住这家三星级酒店，并且总会提出一些意见和建议。可以说，毛先生是一位既忠实友好又挑剔苛刻的客人。

某天早晨 8：00，再次入住的毛先生打电话到总机，询问同公司的王总住在几号房。总机李小姐接到电话后，请毛先生"稍等"，然后在电脑上进行查询。查到王总住在 901 房间，而且并未要求电话免打扰服务，便对毛先生说"我帮您转过去"，说完就把电话转到了 901 房间。此时 901 房间的王先生因昨晚旅途劳累还在休息，接到电话就抱怨下属毛先生不该这么早吵醒他，并为此很生气。

请问：总机李小姐的做法是否妥当？

【案例2】

1962年，周总理到西郊机场为西哈努克和夫人送行。亲王的飞机刚一起飞，我国参加欢送的人群便自行散开、准备返回，而周总理这时却依然笔直地站在原地未动，并要工作人员立即把那些离去的同志请回来。这次总理发了脾气，他严厉地批评道："你们怎么搞的，没有一点礼貌！各国外交使节站在那里，飞机还没有飞远，你们倒先走了。大国这样对小国客人不是搞大国主义吗？"当天下午，周总理就把外交部礼宾司和国务院机关事务管理局的负责同志找去，要他们立即在《礼宾工作条例》上加一条，即今后到机场为贵宾送行，须等到飞机起飞，绕场一周，双翼摆动三次表示谢意后，送行者方可离开。

分析：周总理为什么发火？工作人员违反了什么送客礼仪规范？

【案例3】

风景秀丽的某海滨城市的朝阳大街，高耸着一座宏伟的楼房，楼顶上"远东贸易公司"六个大字格外醒目。某照明器材厂的业务员金先生按原计划，手拿企业新设计的照明器样品，兴冲冲地登上六楼，脸上的汗珠未及擦一下，便径直走进了业务部张经理的办公室。而正在处理业务的张经理，被吓了一跳。"对不起，这是我们企业设计的新产品，请您过目。"金先生说。张经理停下手中的工作，接过金先生递过的照明器，随口赞道："好漂亮呀！"并请金先生坐下，倒上一杯茶递给他，然后拿起照明器仔细研究起来。金先生看到张经理对新产品如此感兴趣，如释重负，便往沙发上一靠，跷起二郎腿，一边吸烟一边悠闲地环视着张经理的办公室。当张经理问到电源开关为什么装在这个位置时，金先生习惯性地用手搔了搔头皮。好多年了，别人一问他问题，他就会不自觉地用手去搔头皮。虽然金先生作了较详尽的解释，但张经理还是有点半信半疑。谈到价格时，张经理强调："这个价格比我们预算的高出较多，能否再降低一些？"金先生回答："我们经理说了，这是最低价格，一分也不能再降了。"张经理沉默了半天，没有开口。金先生却有点沉不住气，不由自主地拉松领带，眼睛盯着张经理。张经理皱了皱眉："这种照明器的性能先进在什么地方？"金先生又搔了搔头皮，反反复复地说："造型新，寿命长，节约电。"随后张经理托词离开了办公室，只剩下金先生一个人。金先生等了一会儿，感到无聊，便非常随便地抄起办公桌上的电话，同一个朋友闲谈起来。这时门被推开，进来的却不是张经理，而是办公室秘书。

请逐一分析指出金先生的问题出在哪里。

【案例4】

郑伟是一家大型国有企业的总经理。有一次，他获悉有一家著名的德国企业的董事长正在本市进行访问，并有寻求合作伙伴的意向。于是他想尽办法，请有关部门为双方牵线搭桥。

让郑总经理欣喜若狂的是对方也有兴趣同他的企业进行合作，而且希望尽快与他见面。到了双方会面的那一天，郑总经理对自己的形象刻意地进行了一番修饰。他根据自己对时尚的理解，上穿夹克衫，下穿牛仔裤，头戴棒球帽，足蹬旅游鞋。无疑，他希望自己能给对方留下精明强干、时尚新潮的印象。

然而事与愿违，郑总经理自我感觉良好的这一身时髦的"行头"，却偏偏坏了他的大事。

请问：郑总经理的错误出在哪里？

【案例 5】

某公司经理对他为什么要录用一个没有任何人推荐的小伙子时如是说："他带来了许多介绍信。他神态清爽，服饰整洁；在门口蹭掉了鞋上带的土，进门后随手轻轻地关上了门；当他看见残疾人时，主动让座；进了办公室，其他的人都从我故意放在地板上的那本书上迈过去，而他却很自然地俯身捡起并放在桌上；他回答问题简洁明了，干脆果断。这些难道不是最好的介绍信吗？"

请问：（1）经理话中的"介绍信"指的是什么？

（2）这些"介绍信"介绍了小伙子哪些优点？

（3）小伙子在应聘中遵守了哪些礼仪规范？

2. 情景模拟

（1）模拟一些工作场景，训练学生职业交往的基本礼仪规范，内容包括介绍名片、握手鞠躬、接打电话、行进过程等。

（2）模拟一次大型会议，训练学生会务工作中的基本礼仪，内容包括接打电话、接待身份地位不同的几位客人、位次安排及相关会务礼仪等。

（3）模拟一次招聘会，训练学生应具备的面试、应聘礼仪规范与技巧，内容包括求职信撰写、面试形象设计、求职现场礼仪。

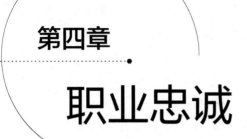

第四章
职业忠诚

第一节　职业忠诚概述

【经典故事】

有一次，一位推销主管坐飞机出差，不料却遇到了意想不到的劫机。度过了惊心动魄的十个小时之后，问题终于解决了，他可以回家了。就在要走出机舱的一瞬间，他突然想到在电影中经常看到的情景：当被劫机的人从机舱走出来时，总会有不少记者前来采访。这时候，他想：为什么自己不利用这个机会宣传一下自己的公司形象呢？

于是，他立即做了一个在那种情况下谁都没想到的举动：从箱子里找出一张大纸，在上面写下一行大字："我是××公司的××，我和公司的××牌保健品安然无恙，非常感谢抢救我们的人！"他打着这样的牌子一出机舱，立即就被电视台的镜头捕捉住了。他立刻成了这次劫机事件的明星，多家新闻媒体对他进行了采访报道。

正是这个别出心裁的举动，使得公司和产品的名字几乎在一瞬间家喻户晓。公司的电话都快打爆了，客户的订单更是一个接一个。董事长动情地说："没想到你在那样的情况下，首先想到的竟然是公司和产品。毫无疑问，你是最优秀的推销主管！"随后，这位销售主管得到了晋升和加薪。

这名员工强烈的主人翁意识为公司赢得了客户，同时，也迎来了自己职场上的春天。

【历史故事】　烽火戏诸侯

西周末年，周幽王昏庸无道，不理朝政，特别宠爱美女褒姒。

褒姒长得闭月羞花，美丽异常，但性格偏冷，整天板着脸，从没给过周幽王一个笑脸。周幽王对褒姒喜爱极了，但总觉得美人不笑，未免美中不足。于是他想尽办法让褒姒笑一下，但都未能成功。

一天，周幽王请褒姒来到烽火台，二人迎风远眺、极目四望，四周群山环绕，壮阔无比，相当惬意。见褒姒兴致很高，周幽王令人点燃烽火，只见一股狼烟直冲云霄，煞是壮观。过了几个时辰，只见远处烟尘滚滚，原来是下属各诸侯国的诸侯见烽火乍起，以为外敌来犯，率兵来救幽王。褒姒看到平日威仪赫赫的诸侯们风尘仆仆、手忙脚乱的样子，果然展颜一笑。周幽王见褒姒开心，也是笑得前仰后合。

诸侯们见周幽王很得意地坐在前面，似乎并没有紧张情绪，不禁纳闷地问道："大王点燃烽火，是有敌人来侵犯吗？"周幽王笑得上气不接下气，说道："寡人和你们开玩笑的，你们还当真了，真是傻子。"诸侯们被当猴耍，异常恼怒，愤愤地领兵退去。

周幽王见褒姒嫣然一笑，很是兴奋。不久便照葫芦画瓢，又导演了两次烽火戏诸侯的游戏。第二次诸侯们虽有了一次上当的经验，但怕周王室真的有什么事，还是派兵来了，发现再次上当后，又一次愤愤而去。第三次的时候，诸侯们都知道这只不过是周幽王的一个游戏而已，也就没人前来了。

五年后，西戎大举入侵周朝。周幽王急忙命人点燃烽火，然而诸侯们都以为这又是他为博褒姒一笑，而亲手导演的闹剧，便没有赶来救援，最终镐京被攻破，周幽王被杀死，褒姒被俘，西周从此灭亡。

这就是国王玩"狼来了"的严重后果。

一、什么是职业忠诚

《辞海》中对忠诚的解释是："忠，尽心竭力""诚，真心实意"。"诚，中国古代的哲学术语与道德的行为规范"。孔子后人孔颖达说："忠者，内尽于心也。"

可见，"忠诚"就是对所发誓效忠的对象"尽心竭力，真心诚意，一心一意，专注不二"。具体表现为诚信、守信和服从。

职业忠诚就是对所从事职业认真负责的态度以及愿意为此献身的精神，表现为具有强烈的荣誉感、责任心、使命感及献身精神。

① 职业忠诚表现为员工对企业的无限热爱和强烈的荣誉感。如果一个员工对自己的企业有足够的荣誉感、归属感，对自己的工作引以为荣，就必定会焕发出无比的工作热情。在争取荣誉、创造荣誉、捍卫荣誉、保持荣誉的过程中，也会不知不觉地融入集体之中，进而获得更好的发展。

荣誉感来自对所任职企业的了解。西点的《荣誉准则》，就值得我们的企业借鉴。在西点的教育中，荣誉教育始终处于优先地位，可以说至高无上。在西点，要求每一位学员必须熟记所有的军阶、徽章、肩章、奖章的样式和区别，并记住它们所代表的意义和奖励，同时还必须记住皮革等军用物资的定义、西点会议厅有多少盏灯、甚至校园蓄水池的蓄水量有多少升等内容。这样的训练和要求，会在无形中培养学员的荣誉感。因为一个优秀的员工，不能不对自己的工作、对自己所效力的企业有一个全面清楚的了解。

具有六十多年丰富经验，全球最早提供人力资源外包与咨询服务的公司翰威特咨询公司对职业忠诚进行了研究，表明职业忠诚分为三个层次，即第一层次宣传（Say），第二层次愿意留下（Stay），第三层次全力工作（Strive）。当一个员工乐于宣传自己的企业，经常对同事、对可能加入企业的人，或者对目前的与潜在的客户说企业的好话时，他已经表现为第一层次的职业忠诚了。

②　职业忠诚表现为强烈的责任心、使命感。职业忠诚始终把忠于职守作为主要内容，要求人们忠实地履行自己的职业职责，有强烈的职业责任感、使命感。

忠诚与权势、利益等无关。对于职业的忠诚并不仅仅是为了从职业中获取某种利益，更是将自己的工作作为生命的一部分、作为信仰，将每一次任务当成使命，竭诚地为之奋斗。因此，在工作中就会做到极端负责任，坚决谴责任何不负责任、偷懒耍滑、马虎草率、玩忽职守、敷衍塞责的态度和行为。职业职责是人们在一定职业活动中所承担的特定的责任，包含了人们应该做的工作以及应该承担的义务等。现代社会，真正的忠诚更应该是一种职业的责任感和使命感。如果缺少了充分的责任感和使命感，即使能够利用自身的职业技能获取一定的物质利益，在精神上也是最贫穷的。

【案例】

铁匠的故事

有一位铁匠铸铁技术一流，铸造出来的工具得到了当地许多人的认可和赞赏。在士兵眼中，没有人比这位铁匠造出的武器更坚韧；在农民眼中，没有人比这位铁匠造出的犁具更耐用；在工匠们眼中，没有人比这位铁匠造出的工具更结实好用。

这一天，几个木匠来到铁匠铺中要求铁匠为他们每人做一把最好的锤子，因为他们几个人打算结伴到邻村的一个包工头那里去做木匠活。"你们是要最好的铁锤吗？"铁匠问几个木匠。他们齐声回答道："是啊，否则也不会花大价钱来你这里了。"铁匠听后笑了两声，说："只要你们愿意出钱，我就保证给你们每人做一把最好的锤子。"

"听说那个包工头承包了一项非常大的工程，这一下可有你们几个人干的了。"铁匠边打造锤子边和这几个木匠聊天。"是啊，不过在我们开工之前，你可是先要忙活一阵子了"，答话的是一个嗓门很大的高个子木匠。

边聊天边工作，而且这几个木匠还时不时地主动上来搭把手，几把铁锤在不知不觉中就做好了。几个木匠试了试果然十分好使，于是付过钱之后兴冲冲地走了。

几天之后，那位承包了大工程的包工头亲自找上门来要求向铁匠定做几十把"最好的锤子"；而且包工头还特别强调，一定要比前几天来过的那几位木匠手中的铁锤更好。他还表示，只要铁匠能够做得出更好的锤子，那么他愿意支付更多的钱。

听完包工头的话之后，铁匠笑了笑说道："以我目前的技术已经不可能做到比他们手中更好的铁锤了。"

包工头不以为然地说道："他们一共才要几把铁锤，我要的数量可多得很，再说每把铁锤我支付的价钱一定会比他们高得多，难道放着这么好的生意你不做吗？"

铁匠回答："我当然愿意做这笔生意，可是当初我已经尽我所能地做到了最好，现在已不可能再做出更好的铁锤了。其实无论你给我多少钱，无论主顾是谁，凡是我接手的生意，我必定会尽我所能做到最好，也许在几年以后，随着我技术水平的提高还会做出更好的工具，但是现在我真的做不了。"

听到铁匠的话，包工头无话可说，但决定仍旧在这里定做几十把"最好的铁锤"，而且还决定以后但凡他需要的工具都在这里定做。

③ 职业忠诚表现为一种积极向上的工作态度。忠诚的人不会因为分工不同、岗位不同而有心理落差，从而区别对待工作。职业只有分工不同，没有高低贵贱之分。任何一种职业都有着无穷的趣味和无尽的快乐，只要你肯继续做下去，趣味自然会发生，快乐也自然会出现。每一职业之成就，都离不了乐观向上之奋斗。一个人能从自己的职业中领略趣味，发现快乐，生活才有意义和价值。

总之，职业忠诚集敬业、乐业、勤业、精业于一身，是人们对自己所从事工作和职业发自内心的尊重、热爱等情感及终生愿意为之献身的精神的有机统一，是人们职业价值观和职业操守观的综合化表现，也是人才在岗位和职业上走向成功和卓越的道德基础和价值源泉。

二、忠诚的类型

企业员工的忠诚度是指员工对于企业所表现出来的行为指向和心理归属，即员工对所服务的企业尽心竭力的奉献程度，是一个量化的概念。忠诚度是员工行为忠诚与态度忠诚的有机统一。行为忠诚是态度忠诚的基础和前提，态度忠诚是行为忠诚的深化和延伸。员工忠诚分为两种类型，一种是主动忠诚，另一种是被动忠诚。

1. 主动忠诚

主动忠诚指的是员工在主观上有强烈的忠诚于企业的愿望，这种愿望往往是由于组织与员工目标的高度一致，组织帮助员工自我发展和自我实现等因素造成的。导致员工忠诚的因素，通常与工作本身和工作内容有关。比如员工的成就感和认同感，企业中良好的人际关系，员工对企业给自身提供的机会满意度高等，通常都能够强化员工的忠诚度。主动忠诚是一种高水平的忠诚。

2. 被动忠诚

被动忠诚指员工本身并不愿长期在该企业工作，然而由于一些客观上的约束因素，使其不得不继续留在该企业。这些往往是一些物质方面的因素，如与同行相比，较高的工资、良好的福利、优越的工作环境，甚至交通便利等。一旦这些制约因素消失，员工可能就不再会保持忠诚了。被动忠诚是一种低水平的忠诚，也是一种非主动的状态。

如果企业中的员工对企业维持在一种主动忠诚的状态中，那么这个企业的人力资源则维持在一个相对稳定的水平上；相反，如果员工处于一种被动的忠诚中，那么企业则潜藏着巨大的危机。竞争对手随时可能用"糖衣炮弹"攻击员工，将员工的被动忠诚搞崩溃。

无论主动忠诚还是被动忠诚都是相对的，且有一定的前提条件，都需要培育、营造和维护。作为企业应尽可能地为员工提供和创造良好的条件，包括合理的薪酬、更多的福利、适时的培训、健康的氛围、生活的关照、坦诚的沟通、人格的尊重等。即使是被动忠诚留下来，也会降低人员置换带来的成本，从而有可能让他们由被动忠诚转变为主动忠诚。

第二节 职业忠诚是一种品德

一、员工为什么要忠诚

1. 忠诚是职业道德的基本要求

忠诚是职场上最基本的道德，也是在职场上取得成功最核心的品格。在员工取得职场成功必须具备的核心品格中，"忠诚"的位置是最高的。

当一个人忠诚存在的时候，他会以企业的兴衰成败为己任、以企业的发展为思考方向，并愿意为企业做出超值的付出。最重要的是他会以企业为荣，真正把企业当成是自己的家、自己的朋友来看待。这跟个人在公司的职位、工资高低、年资等无关，而跟个人的职业操守与自我要求有关。

有的人在职场一直都是抱着"骑驴找马"的心态，先保留好自己的实力和能力，好像很怕自己的能力用错地方造成浪费，又好像很怕自己的能力会越发挥越少似的，因此对于自己的付出斤斤计较，总是希望能够等到真正找到一个环境，值得他全力以赴时才愿意开始付出。拥有这样心态的人，就会用"领多少工资做多少事"的态度做事，而且做事的多少还是按照自己的标准，并不是按照企业的标准。很多人不断通过跳槽来增加自己的身价，当企业没有利用价值时或是有更好的机会出现时，就积极地往下一个目标前进，有目的地利用企业。他待在任何企业当中，唯一的目的不是要壮大企业而是要壮大自己，这是一种可怕的工作心态！其实，当一个人对企业失去忠诚的时候，他的真正价值也将荡然无存！

2. 忠诚是信任的根本前提，也是责任担当的根本前提

没有忠诚就不会有信任，忠诚是信任的基石；没有信任就不会有责任和担当；没有责任和担当就不会有情谊、机会和持续的高价值利益。

【历史故事】 坚留关云长，处决吕奉先

吕布是三国时期骁勇善战之第一猛将。他先杀掉了与自己一同起事、情同手足的兄弟朋友，后来又为了争夺貂蝉背信弃义，亲手杀了对自己有知遇之恩的义父董卓。在众叛亲离后，吕布最终落入曹操之手。曹操本是爱才之人，但想到吕布以往的所作所为，实在是毫无忠诚可言，即使能力再强，留在身边也会后患无穷，于是痛下毒手。关羽也是三国时期的一员猛将，本领虽不如吕布，但其忠义之名流传于世，为人们所尊敬。当关羽陷于曹营，曹操看重关羽的忠义诚信，对其热情款待、再三挽留，但丝毫没有动摇关羽信守承诺、坚守诚信的意志。他没有背叛与兄长刘备、三弟张飞的桃园盟誓，时刻都想回到兄长刘备的身边。在华容道，为了报恩，他放走了曹操。关羽的忠义不仅是对兄弟，对敌人同样如此。

因为不"忠诚"，吕布虽为三国第一猛将，最终死于缢杀。因为"忠诚"，关羽深得刘备与曹操的赏识和信任。世人感念关羽的"忠诚"，故大建关帝庙。

【经典故事】

隐姓埋名60余载！感动中国时，他已年近九旬

他力主研发，艰苦创业，隐姓埋名，为国铸剑，他的名字，在过去60年里一直是绝密，直到2022年，他的事迹才首次公开，他就是著名导弹技术专家，我国第三代防空武器系统总指挥，"感动中国2022年度人物"沈忠芳。

1934年8月，沈忠芳出生在上海，曾经历过战斗最惨烈的淞沪会战。从他记事起，生活就笼罩在日军飞机的轰炸扫射之中。战火纷飞的年代，沈忠芳转学5次、辍学1次，断断续续才读完小学课程。

沈忠芳认为，"如果我们也能拥有自己的飞机，一定要打得他们落荒而逃。"1953年高中毕业时，看到报考目录有北京航空学院，沈忠芳就毫不犹豫地选择了飞机设计专业。原本沈忠芳志在飞机，想用自家造的飞机打得来犯者落荒而逃。而后来，他又如何开启了"导弹人生"？

1958年，大学毕业的沈忠芳进入国防部第五研究院二分院（今中国航天科工二院）。当时，美军派出最先进的U-2高空侦察机，公然侵入我国领空搜集情报。为了摧毁U-2，我军开始研制地空导弹系统，沈忠芳也由此投入自己的"战场"。从仿制到定型，他和同事熬过一个又一个夜晚，终于研制出中国第一个型号的地空导弹——"红旗一号"。

1962年9月9日，543地空导弹部队在江西南昌成功击落了U-2高空侦察机，震撼世界。紧接着，他又参与了"红旗二号"的自主研制。

1967年9月8日，国产的红旗二号地空导弹第一次实战就击落了来犯的U-2，捍卫了祖国领空尊严，也为后来我国自行研制新型防空导弹系统打下了坚实基础。

随着1984年美国第三代地空导弹的服役，中国已有的对空防御不能满足现代作战需要，急需研制出具备抗干扰能力强、抗多目标打击等功能的"第三代"。

1992年，沈忠芳揽下第三代中高空中远程防空导弹型号总指挥的重任。当时，研制团队提出了垂直发射、捷联惯导、相控阵雷达等技术指标，但在上不上主动末制导方面很有争议。沈忠芳说，"我们能搞出来，相信我们的力量，就要上这个，上难的、先进的！"

1994年，沈忠芳带领团队全面完成了攻关任务，使得第三代防空武器系统迈入正轨，我国防空导弹研制水平由此跨入世界领先行列。

2009年，第三代防空武器系统在国庆60周年阅兵中首次亮相。观礼台上，当导弹武器装备方阵经过天安门广场时，花白了头的沈忠芳像"看到家里孩子一样"欣慰。

由于工作的保密性，沈忠芳的名字不能向社会公开。60多年来，沈忠芳一直隐姓埋名，直到2022年，他的名字才首次被大众知晓。那时，他已88岁。

沈忠芳以身报国，一生忠诚于祖国的国防、航天武器事业，把最好的年华奉献给了脚下的这片热土。他身上所展现出的忠诚担当、艰苦奋斗、淡泊名利的伟大精神是我们极为宝贵的精神财富。

3. 忠诚是企业用人的核心价值观

在一项对优秀企业负责人的调查中，当被问到"你认为员工最重要的品格是什么"

时，他们几乎无一例外地选择了"忠诚"。

比尔·盖茨认为，忠诚是员工一切美德之首。他说："这个社会并不缺乏有能力、有智慧的员工，缺少的是既有能力又忠诚的员工。相比而言，员工的忠诚更重要。因为，智慧和能力并不代表一个人的品质，对企业来说，忠诚具有比智慧更高的价值。"

华人首富李嘉诚说："一个人无论成就多大的事业，人品永远是第一位的，而人品的第一要素，就是忠诚。"

世界上所有成功的组织，在选择其组织用人价值观的时候，无不以忠诚为核心品格。

比如，索尼一直以来都有这样一个招聘原则："如果想进入公司，请拿出你的忠诚来。"索尼会不会接纳一个人进入公司，首先要看这个人是否忠诚。

比如，格力公司的企业精神：忠诚、友善、勤奋、进取。

4. 忠诚是优良组织关系的灵魂

忠诚是团队凝聚力的品格基石，没有忠诚便没有团队的灵魂。

日本丰田汽车通过注重员工内心情感的培养、通过对员工的尊重、通过为员工提供难得的学习成长机会、通过领导者以身作则地践行丰田的价值观，打造了忠诚的员工队伍，成就了伟大汽车王国的梦想。

沃尔玛通过打造"尊重每一个人"的核心文化，通过营造"家一般"的企业内部环境，通过"善待员工和公平待遇"，打造了忠诚的员工队伍，成就了世界500强第一的企业梦想。

二、如何做一名忠诚的员工

优秀的员工有一个共同的特点，那就是具有强烈的责任意识和团队精神，忠诚于企业，工作积极主动，不墨守成规，富有创造力，勇于担当工作重任，不断追求完美，从而获得自己所期望的成功。

那么，怎么做才算忠诚于企业？如何做一名忠诚于企业的员工呢？

（1）命运相依性

就是把自己的前途、命运与企业的发展紧紧联系在一起。通俗地讲，企业发展我进步，企业兴旺我幸福；反之，企业退步我受阻，企业倒闭我失业。企业为员工提供了施展才华的天地与机遇，提供了广阔的发展空间，也提供了物质上的满足和精神上的寄托以及美好的未来。在每个员工面前，多发挥主观能动性，比少讲客观原因显得更重要。当一个人真正把自己的前途、命运融入所属企业这个集体之中，就会始终充满信念、充满希望、充满热爱。

（2）言行一致性

就是要做到表里如一，自觉执行公司各项规章制度，领导在与不在一个样，说的和做的一个样。忠诚于企业，不是看你说得怎样，重要的是看你行动上是否与企业保持一致、为企业的发展所思所想所干、为企业尽心尽责。

该说的一定要说，不该说的必须三缄其口。不可在背后对企业发展信口开河，吹毛求疵。背后说有利于企业发展的话，比在公开场合说显得更加难能可贵。这也是衡量一名员工是否忠诚于企业，是否言行一致的基本准则。

（3）工作主动性

发挥主观能动性，积极干好本职工作，这是对员工的最起码要求，也是衡量一名员工是否忠诚于企业的具体体现。

工作主动性表现在着眼于公司全局，认识到自己岗位的重要性。在完成领导交给任务的前提下，发挥自己的聪明才智，为本岗位多做些工作，多干些有意义的事。工作主动性表现在不推诿扯皮、不拖延应付，还表现在做事不声张、不张扬，默默无闻。

第五章

职业能力

任何一个职业岗位都有相应的职责要求，而一定的职业能力则是成功完成某种任务或胜任工作必不可少的基本因素。没有能力或能力低下就难以达到工作岗位的要求。个体的职业能力越强，就越能促进自身在职业活动中的创造和发展，越能取得较好的工作绩效和业绩，从而越能给个人带来职业成就感。

第一节　职业能力概述

【案例】

得知某一知名公司要招聘一名秘书的消息，秘书专业高职毕业生张荣带上了全部的个人资料：简历、学习成绩单、教师评价表、求职信、各种奖状、优秀学生及三好学生证书、外语与计算机等级证书和秘书职业资格证书等赶到了公司。到了招聘现场一看，连同自己共有六位应聘者。他们有来自重点大学中文系的本科生，有新闻专业的毕业生，有师范大学政教系的应届毕业生，还有一位是将要毕业的研究生。与这些研究生、本科生相比张荣仅仅是高职生，顿时觉得自己矮了一截。但张荣鼓励自己：既来之则安之，不管怎样都要努力争取。

9点整，主考官来了。他宣布道："这次我公司需招聘一名公司办公室秘书，主要的任务是处理文件、上下沟通、操办领导交办的事。今天时间有限，请大家做两件事，一是起草报告，二是文字录入。即起草一份上报给总公司的报告，希望总公司给我们增加一个秘书名额；再起草一份通知，要求公司各部门尽快把这一季度工作进程的情况报来，一律手写。交卷后领一份文件稿，用计算机录入、打印一份，复印两份。完成后将卷子与简历一起交来就可以离开，一周内等我们通知。"听到这样的招聘题，张荣立刻进入了工作状态。由于张荣上学期间根据所学专业特点，业余时间去学校附近一家公司勤工俭学，对文秘工作的工作流程、职业礼仪及文字录入、文档编辑、文件输出、传真操作等可谓轻车熟路，所以不到一小时就全部完成了。不过，由于觉得自己的学校不是名牌、自己的学历不如其他应聘者，张荣没有抱太大希望，但在第四天就接到通知，要他去面谈录用后的一些具体事宜。

从张荣求职成功的经历中，我们能悟出一个简单的道理：学历不等于能力，拥有职业能力才是胜任某种职业岗位的必要条件。

一、什么是职业能力

1. 能力的概念

完成任何工作都需要能力。那么，什么是能力？从心理学的角度来讲，能力是直接影响活动效率，使活动顺利完成的个性心理特征。所谓个性心理特征是指人在顺利完成某种活动中经常、稳定、熟练地表现出来的心理特点。例如一位画家所具有的色彩分辨力、形象记忆力等都叫能力，而这些能力是保证画家顺利完成绘画活动的心理条件。

首先，能力表现在所从事的各种活动中，与活动紧密相连，离开了具体活动，能力就无法形成和表现。一个画家的能力，只有在绘画活动中才能施展出来；一个教师的组织能力，只有在教育教学活动中才能显示出来。我们只有通过活动才能了解一个人能力的大小。

其次，能力是顺利完成某种活动直接有效的心理特征，而不是顺利完成某种活动全部的心理条件。成功完成某种活动受许多主观因素的影响，如知识经验、性格特征、兴趣与爱好等，但它们都不直接影响活动的效率、不直接决定活动的完成。只有能力才能起到这种作用，因而是完成某种活动所必备的心理特征。例如，思维的敏捷性和言语表达的逻辑性，是直接影响教师能否成功完成教学任务的能力因素。如缺乏这种因素，就无法顺利有效地完成教学任务。

要想顺利完成某种活动，仅凭一种能力是不够的，必须靠多种能力的有机结合，而多种能力的有机结合就是才能。说一个人有才能，即意味着他能对从事某项活动所必需的各种能力进行综合运用，从而取得很好的效果。才能常以活动的名称来命名，如音乐才能、管理才能、教学才能等。

如果完成各种活动所必备的各种能力能得到最充分的发展和最完美的结合，并能创造性地、杰出地完成相应的活动，就表明这个人是从事这种活动的天才。如数学天才就是由对有关材料的概括能力、把运算过程迅速"简化"的能力、由正运算灵活过渡到逆运算的能力等几种高度发展的能力完美结合而成的。

2. 能力的种类

关于能力的种类，由于对能力理解的角度不同，学术界形成了多种分类。

从使用范围角度，能力可分为一般能力和特殊能力。一般能力是指完成各种活动都必须具有的最基本的心理条件。它适用于多种活动要求，如记忆能力、观察能力、注意能力、想象能力、思维能力。特殊能力是指在某种专业活动中表现出来的能力，如音乐、美术、机械等方面的能力。

从发展水平角度，能力可分为再造能力和创造能力。再造能力是指在活动中顺利地掌握前人所积累的知识、技能，并按现成的模式进行活动的能力，再造能力具有模仿性。创造能力是指产生新的思想和新的产品的能力。

3. 职业能力

职业能力是指职业角色从事一定岗位工作所需的使职业活动得以顺利完成的个体能力，由知识、理解能力和技能等诸多要素组成。同能力一样，职业能力通过相应的职业活动表现出来，离开了职业活动职业能力也就无从谈起。

职业能力可分为一般职业能力和特殊职业能力。一般职业能力是指人们从事不同职业活动所必需的共用能力，如基本的语言表达能力；特殊职业能力是指人们从事某一特定职业所必须具备的特殊或较强的能力，如绘画、表演或者销售人员开辟市场的能力。不同的职业，有不同的职业能力要求。

职业能力能说明一个人在既定的职业方面能否胜任，也能说明一个人在该职业中取得成功的可能性有多大。

二、职业能力的构成

一般来说，职业能力是由多种能力要素构成的。关于职业能力的构成要素，国内外学者众说纷纭。

德国强调专业能力和关键能力。关键能力指专业能力以外的能力，是从事任何职业都应具备的能力。对关键能力具体内涵的解释虽有争论，但较趋于一致的看法主要指组织和执行任务的能力、交往与合作能力、学习能力、解决问题和判断能力、承受能力、创造性和适应能力、独立性与参与能力、反省能力和责任感，以及获取和使用信息的能力、学习能力、思维能力等内容。

英国强调专业能力与通用能力并重。通用能力分为 7 个领域分别共 18 个方面，7 个领域分别为：自我管理和自我发展、与他人合作共事、交往与联系、安排任务和解决问题、数字运用、科技应用、设计和创新。它与关键能力所包括的内容大同小异。

其他国家职业教育也十分重视上述能力的训练，只不过称谓上有区别。例如，美国称之为基本技能、新西兰称之为必要技能。

我国职教界认为，以职业对从业者从事职业活动必备的能力为依据，职业能力由专业能力、方法能力和社会能力构成。

专业能力是指劳动者所具有的从事该项职业的基本知识和基本实际操作能力，属于外在的显性能力。专业能力是指劳动者的基本生存能力，在强调专业的应用性和针对性的同时，还包括对新技术的接受理解能力、职业的适应能力、质量意识、经济观念等职业能力。

方法能力是指从事职业活动所需要的工作方法、学习方法等方面的能力，包括收集信息、独立学习、解决问题、制订计划、做出决策、质量控制和管理等方面掌握和理解的能力。方法能力是从业者对学习方法和工作方法的掌握和理解，核心是"学会学习"。方法能力要求科学的思维模式，强调合理性、逻辑性、创新性。它是人的基本发展能力，是劳动者在职业生涯中不断进取的重要手段，也是职业教育培养创新精神和创业素质的具体表现。

社会能力是指从业者在从事职业活动时适应社会、融入社会的能力，即所需要的社会行为能力，包括工作中的人际交流、劳动组织能力、群体意识和社会责任心等，强调积极的人生态度、对社会的适应性和行为的规范性，核心是"学会共同生活"。

在以人为本的当今社会，劳动者职业能力的高低，不仅体现在专业能力所涉及的专业知识、专业技术、操作技能上，更体现在方法能力和社会能力上。方法能力和社会能力与特定的、专门的职业技能知识没有直接联系，是一种可迁徙的跨岗位、跨职业的工作能力，而且都是内在的隐性能力。它使从业者不会因为原有的专门知识和技能对新的职业不再适应而感到茫然不知所措，并且能够在有所变化的环境中重新获得职业知识和技能。也有人将二者合称为"通用能力"。

通用能力从其内涵来看，是指从事不同职业活动的劳动者都必须具有的，超出某一具体职业技能知识范畴的共有能力，是使职业活动得以顺利进行的基本素质和心理特征的总和。它强调的是当职业岗位发生变更或者劳动组织发生变化时，劳动者所具有的这一能力依然起作用。由于是劳动者的基本素质，所以要求劳动者能够从容应对因经济发展、产业结构变化可能带来的职业转换，进而能够在新的环境中重新迅速地掌握职业技能和知识。通用能力应当包含这样一些内容：自我学习和发展的能力；独立分析和解决问题的能力；交流与合作的能力；管理和完成任务的能力；获取与利用信息的能力；判断与决策能力；应急与应变能力；创新能力；组织与协调能力；应对挫折以及心理调适能力。此外，还应当包括与上述能力要求紧密联系的素质修养，如高度的社会责任感和良好的人格品德。

由此可见，职业能力是指从事某种职业必须具备的，并在该职业活动中表现出来的各种能力的总和。也就是说，职业能力不是单一的能力，也不是一个个毫不相干的能力机械的相加，而是各种能力相互联系、相互影响的有机整体。职业能力不仅包括技能，还包括胜任工作所需要的其他各项条件，如思想品德、科学文化基础、人文素养、专业能力、身心健康等。只凭任何一个孤立的能力要素，都难以完成职业活动。

【案例】

《致加西亚的信》这本几乎被世界上所有的语言翻译过的书，始终以敬业、忠诚、勤奋、执行力为管理者倍加推崇。

加西亚的故事最早发表于1899年，讲述了一个信使的故事。

当美西战争爆发后，美国必须立即跟西班牙的反抗军首领加西亚取得联系。加西亚在古巴丛林的山里，没有人知道确切的地点，因而无法带信给他。但是，美国总统必须尽快取得与他的合作。怎么办呢？有人对总统说："有一个名叫罗文的人有办法找到加西亚，也只有他才能找得到。"他们把罗文找来，交给他一封写给加西亚的信。那个"名叫罗文的人"，如何拿了信，把它装进一个油布制的袋里，封好吊在胸口，划着一艘小船，四天之后的一个夜里在古巴上岸，消逝于丛林中，接着在三个星期后，从古巴岛的那一边出来，徒步走过一个危机四伏的国家，把那封信交给了加西亚。这些细节都不是重点，重点是：麦金利总统把一封写给加西亚的信交给了罗文，而罗文接过信之后并没有问"他在什么地方？""我怎么办？"便出发了。于是，罗文的事迹通过《致加西亚的信》传遍了全世界。

这本书中文版的序言这么写道：在哪里能找到将信送给加西亚的人？管理者们常常发出这样的疑问。

我们也应该从中发觉一个信息：管理者们寻找的是"能够把信送给加西亚的人"。其实，能够把信带给加西亚的罗文，除了具有敬业、忠诚、勤奋的品质外，最重要的是具备"把信带给加西亚"的能力。所有这些品质与能力的总和，就构成了这个信使的职业能力。

第二节　职业能力的培养和提高

职业能力的提高是用人单位对高职毕业生的要求，职业能力的培养是高等职业教育的目标和特色。面对这样的目标和要求，究竟如何培养职业能力，既是高等职业教育关注的热点，也是高等职业教育必须解决的难点。

让我们先看看这篇来自《中国青年报》关于大学毕业生成才的追踪报道，了解主人公是怎样把自己的各种能力有机结合，最后实现自身职业能力发展的。

【案例】

天津家具六厂两年中进了七位大学毕业生，已有三人另栖他枝。所留四人，只有魏培春风得意，乘着奋斗的传送带节节上升，先从业技术科，后就职副厂长，现已主持全厂全面工作，上上下下、老老少少都说他是个人才。何以然？

有人说："这小子，会做人。有杂活时，别的大学毕业生不搭手，他干；拉煤卸煤，工人身上多少土，他的身上多少灰。可他心里，嘿，有个小九九哩！"由此产生一种观点：在人事关系复杂的今天，青年要成才，非"大智若愚"不可。

以该论点询之魏培，这位学机械专业的大学毕业生解释道："任何人的成才都受主客观两方面因素的制约。争取主客观两种标量（尤其是客观因素）形成推力而非阻力，这是每一个大学生在成才之路上必须学习的艺术。"

他真"会做人"。有台关键机器出故障，老师傅半年多未修好。小魏受命再修。有人劝："莫管。修好了，师傅的脸往哪放？修不好，你日后何以立足。"他不听，先找师傅们"聊天"，获知失败原因。师傅们虽未找到修复办法，但积累了许多经验，这是反败为胜的基础。师傅们见他虚心，恨不能倾毕生经验以授之。小魏洗耳恭听，细心钻研，没几天便大功告成，阻力变成了推力，皆大欢喜。

与此相照应，某学生入厂后，以知识渊博自居，终日足不出户，闭门造车。那日正绘制一机械图，师傅黯然审视良久，说："这图的某部位似不对。"他一听火了："我学过。我是正本学来的！"师傅说："我没上大学，可这种机器我摸了几十年。我觉得……"他反讥道："那你怎么没考上大学。"此事传出，全厂哗然。从此，再无人给他"提意见"。一年后，他郁郁不得志地调出厂。

魏培说："这类把动力反变为阻力的事我听说不少，我常不解：我们年轻人怎能因这种小事而毁了大事业呢？"他认为得（以此证明自己高明）不偿失（失掉了干事业的好环境）。

他也有"大智若愚"的时候。在家具行业激烈竞争中，厂里准备上光固化油漆涂试生产线新工艺。小魏每日食不饱腹，夜不归家，四面出击去讨教，终于设计出比最新成果还节电百分之五十的方案，但无把握是否可行，闻一外国专业代表团来京，他连夜追踪而去。对方工艺保密，小魏连连追问，根据对方"是""否"的回答证明，他别出心裁的方案可行。返厂后，他同厂技术人员、工人连续苦干三个月，大获成功，一笔奖金赏下，大家均分了。小魏得一元四角七分，后因不够分，小魏又交还四分。对此，小魏讲："应当。这是集体的功劳。"他沉浸在事业成功的喜悦中，不在乎"蝇头小利"。

他说："手大捂不过天。你就是在八个国家留过学，一个人还是一个人。要时刻想着集体这个大环境。"

他适应了这个大环境，大环境又造就他。今年三月，厂长不在，副厂长外出学习，企业正乱，生产不景气，而文明生产单位的牌子也已被勒令摘掉。受任于危难之际，小魏挂职副厂长主持工作，首要任务便是拿下企业整顿合格证，重振军威。连续29个昼夜，小魏拼命了；连续29个昼夜，各级干部、全厂工人陪着他拼命，终于整顿合格，挽回信誉。

7月28日，公司正式决定由小魏主持全厂工作。其时，财务账面上仅存7000元钱，四个车间处于半停产状态。他决心背水一战。他没想到，自己这个刚刚毕业的大学生竟有这么大的号召力，全厂职工拧成了一股绳，在严格制度、严格管理的决定下达后，都紧密地配合他。工会主席张宝根师傅主动为他堵漏洞；全厂的师傅们像关心孩子一样关心他。那一日夜晚，他正连轴干，蓝师傅打来电话："小魏，还没走！你太瘦了。一定要注意身体，千万别趴下。咱全厂的老人让我代表他们劝劝你！"小魏的泪水一下子流下来。"有这么好的师傅们，哪有翻不过的火焰山！"全年企业承包额70万元，拼搏之下，现已达百万元！

"这一切都是怎么得来的？"小魏说，"倘若我是个自大狂，只靠个人奋斗，能有今天吗？"

记者在六厂采访，有人说："我们厂的大学生，就培养出小魏一个。"

对此，小魏十分痛心："不应该是我一个！我一个人算什么！我们的事业需要的是一代天骄！"有一位大学毕业生过去在厂冈头搞设计，没有成绩，领导认为他"没用"，调他到办公室当干事，他十分苦恼。小魏主持工作后，同他倾心交谈，劝他"进车间干一段试试"。到车间后，他同工人打成一片，不仅搞出了设计，而且挑起了全车间的生产重担。他对小魏说："你救了我一命。"

"心中有大义，虚怀天地宽。"魏培对记者说，"这是周总理的处世原则，他是我最佩服的人。"

职业能力从来都不是孤立的个体，而是有机的整体，是劳动者知识、技能和态度等诸要素综合发挥作用的结果，任何一种孤立的能力要素都难以完成职业活动。因此，高等职业院校在培养学生职业能力和学生进行自我培养、自我提高的时候，应考虑职业能力构成的各种基本要素，主要包括专业能力、信息能力、学习能力、合作能力、职业适应能力、人际交往能力、创新能力、创业能力。

一、信息意识和信息能力

当今全球已经进入信息化的时代，各个领域的科学技术飞速发展，人们获取信息的渠道也越来越多。除了传统的书籍、报刊、广播和影视外，计算机互联网的迅速推广和应用，使信息量大增，也使信息的传递更快捷。处于这样一个信息爆炸的时代，学习、掌握信息是每一个人都要面对的问题。对于在校大学生和已经走上工作岗位的大学毕业生而言，搜集、分析、综合处理和利用信息，对其专业知识的学习和适应社会的需要都至关重要。因而，信息意识和信息能力从来没有像今天这样不容忽视。

（一）信息意识

信息意识是人们对信息做出的能动反映，是人们利用信息系统获取所需信息的内在动因。它具体表现为了解信息的重要性，对信息的敏感程度，以及选择、消化、吸收信息的能力。信息意识有两种状态，一是被动接受状态，二是自觉活跃状态。被动接受状态是指人们从社会的信息环境中被动地接受事先未料及的信息；自觉活跃状态是指信息意识的觉醒状态，促使人们制订信息活动计划，主动关心和了解各种变化，并做出相应的选择。处于被动接受状态的人们缺乏对信息的捕捉、判断和利用，其信息需求量不高，不善于开发利用信息和消化吸收信息中的精髓，难以提炼出有真知灼见的新思想、新意识；而处于自觉活跃状态的人们，对信息则相当敏感，他们善于挖掘有价值的信息，遇到问题知道并善于依靠信息进行判断、分析和决策。因此，信息意识越强的人，信息活动的动机就越稳定、越持久、越强烈，获得的知识和成就也就越高。

（二）信息能力

信息能力是指人们在社会生活及科研活动中捕获、选择、加工、传递、吸收、利用信息的能力，以及将信息物化为精神产品和物质产品的能力。它具有综合性和可塑性的特点，是复合型、综合型的能力。在人的能力结构中，信息能力属于特殊能力的范畴。

信息能力按表现程度可分为直接信息能力、相关信息能力和潜在信息能力。

1. 直接信息能力

直接信息能力是从事信息工作直接需要的基本能力，由专业信息能力和普通信息能力构成。专业信息能力是从事信息工作的专业人员应具备的能力，包括信息收集能力、信息加工能力、信息传递能力和信息研究能力。普通信息能力是对非专业信息人员而言，为适应信息社会的发展应具有的信息能力，包括信息识别能力、信息获取能力、信息检索能力、信息利用能力、信息分析综合能力及信息的存储加工能力等多方面的能力。

2. 相关信息能力

相关信息能力是指与人们的信息能力相关的能力，包括语言能力、思维能力、观察能力、判断能力、公关能力等。

3. 潜在信息能力

潜在信息能力是指人们具备一定的知识和能力，但无完成信息活动的本领，尚待诱导、教育，方能发挥或显现出来。

信息能力不是单一的能力，而是综合型的能力。

信息意识是信息能力的先导，信息能力是信息意识的延伸和进一步表述。具有一定的信息意识并不等于拥有信息能力，而具有一定的信息能力就一定具有信息意识。可见，信息能力的提高可以有效地强化信息意识，而信息意识的增强又可以更加有效地促进信息能力的发展。

（三）高职学生应具备的信息能力

1. 信息获取能力

信息获取能力是指人们通过对自然的感应、人际交流和大众传媒，并且利用一定的信息技术获取信息的能力。

信息获取能力主要包括：信息接受能力，即具有一定的专业知识、信息知识及外语水平；信息搜集能力，即掌握一定的信息检索方法，运用基础的信息技术获取信息的能力；信息检索能力，即可以采用多种方式从众多的信息资料中查找出相关信息的能力。此外，还要具有信息索取能力，即在检索的基础上，获得原始文献，了解掌握主要信息源的能力。

信息时代信息获取方式多种多样，途径繁多，除通过传统的广播、电视、报纸杂志及与他人的交流等活动而获得信息外，信息技术的广泛应用拓宽了信息的获取渠道。计算机的应用，使信息的获取更加快捷；多媒体的应用，使信息不再刻板存在，且内容丰富生动；网络技术的运用，使信息资源更为丰富。可以说，信息技术促进了人们获取信息的能力，使人们的这项能力更加完善。

2. 信息分析综合能力

信息分析综合能力是指在人们把握已获信息实质的基础上，分析信息资料的细节，并将信息资料重新组合起来的能力。

信息分析和综合能力是两种不同的信息活动能力；信息的分析与综合活动是两种互逆的活动。信息分析是对已获得的信息资料的内容进行分析、解释，深入每个信息层次。而信息综合则是将其综合起来，对信息资料进行重新组合，寻找共同规律，并在此基础上进行合理的推断。

良好的信息分析综合能力的形成需要调动信息拥有人的积极因素，培养他们思维的全面性、精确性、创造性、独立性等，以此来完成对信息的分析综合，进而实现信息思维能力的提高。

3. 信息储存加工能力

信息储存加工能力是指人们对获得的、无顺序的信息进行加工整理，使之符合自己的需要，并予以保存的信息行为。

信息加工储存是对信息进行保存的基本形式，其较完整的过程应是信息的整理、加工、评价、储存，以实现创造新价值的目的。

4. 信息识别选择能力

信息识别选择能力是指人们根据信息的内容及自身的经验，判断信息的性质和有选择地利用信息的能力。

信息识别选择的基础是信息的加工储存。由于信息量大，没有经过加工的信息杂乱无章，因而会影响对信息的识别和选择。信息识别选择能力中包含对信息的辨别、判断、评价等多方面的综合能力，是根据信息的内容、来源来判断其价值和可靠性。信息的选择是在信息识别的基础上，根据需要来选择相关信息的行为。

5. 信息交流能力

信息交流能力是指人们将自己拥有的信息，通过各种形式纳入统一的、正规的信息交流渠道的能力。

我们每个人都不同程度地掌握着基本的交流能力，如听、说、读、写，这是在现代社会赖以生存的基本条件。信息交流是人与人之间倾诉友情、沟通心灵的手段，是行动协调、信息创造、信息增值的动力。

6. 信息管理能力

信息管理能力是指为达到预定的目的，合理地运用各种手段，对信息进行组织、控制、加工与规划的能力。

当今时代，人们已逐渐认识到信息是一种战略资源。由此，世界上许多国家都对如何以最少的投入获取最高质量的信息以及如何使信息资源合理分配产生了极大的兴趣。为改善信息环境，开发利用信息资源，信息管理这一新兴的学科形成并在不断地发展。值得注意的是，信息管理不同于信息资源管理，信息资源管理只是信息管理的一个部分。凡涉及信息方面的内容，都是信息管理的内容。

二、学习能力

学习能力是一种综合能力，既包括掌握科学的学习方法、技能，又包括形成自主内化知识和把知识转化为才智的能力。所谓内化知识是指学习者把习得的新知识纳入已有的知识系统和认知结构之中，使新、老知识相融合产生新的知识系统。所谓把知识转化为才智是指学习者把掌握的知识转化为能在新的情境或客观实际中灵活、机智地发现问题、解决问题及至进行创造的智慧和才能。

管理学者派瑞曼1984年指出："到21世纪初，美国将有3/4的工作是创造和处理知识。知识工作者将意识到：持续不断地学习不仅是获得工作的先决条件，而且是一种主要的工作方式。"对于很多行业来说，这已经成为事实。

由于知识更新速度加快，知识老化趋势加剧，每个人都需要终身学习。像过去那样，一个从大学里出来的学生一辈子不用再走进教室的情形已经成为历史。"活到老，学到老"将不再是少数人自勉的警句，而是一种现实状态。因此，学习能力就是要求个人不仅要学习宽泛博学的知识，还要学会学习的方法，并且与时俱进，树立终身学习的理念。一个人的学习能力，往往决定了一个人竞争力的高低。也正因如此，无论对于个人还是对于组织来说，未来唯一持久的优势都是有能力比你的竞争对手学习得更多更快。就像管理大师德鲁克说的："真正持久的优势就是怎样去学习。"

那么，我们如何提高自己的学习能力呢？

（一）目标明确

学习需要明确的学习目标，盲目地学习是要不得的，因为有目标才会有动力。很多人之所以失败，有时候并不是因为自己的能力不够，而恰恰是因为在他们的心中没有一个足以让他们继续前行的明确目标。

【案例】

小刘，一个在职业院校求学的优秀学生，面临着一个困扰许多年轻人的问题：她所学的专业是父母为她选择的，却不是自己喜欢的。在日常学习生活中，她始终努力不懈，积极寻找自己的人生方向。终于，在一次偶然的机会中，她发现了自学考试的宣传单，开始萌生了改变专业方向的想法。

经过仔细比较和研究，结合自己的兴趣爱好，小刘毅然决定报考法律专业，为成为一名律师而努力。她立刻购买了相关复习书籍和资料，打听了考试的相关事项，全身心地投入到新的学习旅程中。

然而，法律专业的学习并非一帆风顺。大量的专业术语、严密的逻辑结构和繁复的法律理论让小刘倍感压力，但她并未气馁，反而更加坚定了信念。她一个术语一个术语地抠，一点一点地去记忆和理解，逐步走进了法律的大门。

相较于知识学习上的困难，更大的挑战在于求学路上的孤独前行。每当遇到挫折，小刘都会告诉自己：她并不孤单，因为陪伴她的是那个炽热的梦想。为了实现目标，她制订了严密的学习计划，把几乎所有能利用的时间都用来自学。在克服了重重困难后，小刘终于顺利完成了自学考试的所有课程，实现了自己的目标。

毕业时，小刘不仅拥有所学专业的专科文凭，还额外获得了一个本科证书。然而，她并未因此而满足，因为她心中的梦想还未实现。第一次司法考试，小刘的成绩并不理想；第二次，她依然受挫。面对旁人的冷嘲热讽，小刘告诉自己，这只是人生中的一道坎，她要勇往直前，跨越过去。

天道酬勤，经过两次司法考试的磨砺，小刘终于如愿以偿，实现了自己的律师梦。

她的故事告诉我们，只要有坚定的信念、持之以恒的努力，就一定能够实现自己的目标和理想。在人生的道路上，我们要勇敢地去追求梦想，不畏艰难，不断前行。她让我们明白，只要目标明确，有勇气去追求，去挑战，就没有什么是不可能的。

（二）方法得当

学习能力简单地说就是学习的方法与技巧，而并非学到什么东西。有了这样的方法与技巧，学习到知识后，就会形成专业能力；学习到如何执行的方法与技巧后，就会形成执行能力。从这个角度来说，学习能力是所有能力的基础。

一般而言，学习新事物有三种方法。第一种是拆解法。当面对的是既成的知识系统时，最好的方式是先将整套知识分拆为局部（子系统），了解其本身的意涵、整体与子系统间的关联以及部件与部件之间的关联性。通透了解后，再进一步针对个别部件往下拆解、分析更小的部件。充分掌握事物的结构与层次，就能透彻了解整个事物的内涵。

第二种是并整法。当面对的事物未经整理成套，或是资料取得有困难时，即须由收集资料做起。收集资料的过程犹如盲人摸象，一开始资料不足时，仅能摸索到少数部件，随着资料的累积增加新的部件，收集到六七成后，即可尝试由已整理的资料去推断事物可能的全貌。犹如一开始虽是摸到象鼻、象腿，但有六七成把握后，即可尝试跳脱部位的层次，推论其整体为何。在此过程中，要交互运用归纳、推论及系统思考的技巧，练习去推论整体的轮廓与内涵。

第三种是拆解法与并整法的混合运用。在透过并整法掌握事物大部分样貌后，就要跳脱个别部件的思维，往上提升到全体的层次。再透过推论，以拆解的方式重新拆解、架构其组成系统，这样对整体的掌握度就可以提升到不同层次。

上述三种方法都易于了解，但对其运用的熟练程度就决定了能力的高度。因此，将学习方法运用得越熟练，甚至进一步将其内化为习惯，即能提升学习能力，进而推升整体能力的层级。

（三）学会自学

【案例】

辽宁石化职业技术学院石油炼制专业毕业，曾任某公司总经理的李玉德，对自学的感触颇深。

当年，公司从英国引进一套聚乙烯装置，这是国内第一套装置。由于设备先进，因此没有现成的经验可借鉴，甚至国外的专家有时也感到束手无策。那段时间，他和那些专家在一起，研究图纸、研究设备、研究方案，有一年多的时间几乎都没回过家。通过查资料、共同探讨，他学到了很多理论、实践知识。最后，与国外专家共同努力，完成了装置的验收。

也就是在那段和外国专家一起安装设备、研究设备、验收设备的时间里，李玉德越来越感觉到英语的重要性。很多时候，他要查资料，当时国内还没有这样的设备，就更谈不上现成的资料了。而查阅外文资料，就需要有必要的英语基础和功底。而且，与外国专家的研究和交流也离不开英语。很多时候，夜里设备运行出现问题，必须及时解决，外国专家到了而翻译却不知在哪里。李玉德感到英语的必不可少，于是在时间的缝隙里，便开始刻苦自学起英语，尤其是专业英语。到后来，他已经能熟练地用英语和外国专家研究、探讨设备问题。如今的李玉德那一口流利的英语和面对外文资料时的那份从容，足以令所有见识过的人羡慕并赞叹不已。

我国著名的物理学家钱伟长曾经说过："一个人在大学四年里，能不能养成自学的习惯，学会自学的本领，不但在很大程度上决定着他能否学会大学的课程，把知识真正学懂学活，而且影响到大学毕业以后，能否不断地吸取新知识，进行创造性的工作，为国家做出更大贡献。"可见，自学不仅在大学学习阶段很重要，在人的一生中也很重要。因此，每个大学生都必须加强自学能力的培养和自学习惯的养成。

自学的方法有许多，下面介绍几种常用的。

1. 程序学习法

程序学习法是一种最基本的学习方法，要求按照所读书的内在逻辑顺序，制订出一个合理可行的学习计划，然后按部就班、逐步深入，最后达到目的。这种方法的核心是循序渐进，尤其适用于刚刚开始学习的某一门学科。因为刚开始学习某门学科时，对这门学科一无所知，显然如果不循序就无法"渐进"，而且即使循序也只能是渐进，切不可贪多求快。采用这种方法，最关键的是要制订一个切实可行的计划。制订计划，首先是要选定学习的内容，其次是要安排好学习的日程。一般先看所要读的书共有多少页，总计有多少题，打算用多少时间学完，然后求出平均每一天应看多少页书、做多少道题，再在平均数上每天增加一点。

2. 交叉学习法

交叉学习法就是在学习过程中对多种不同的学习内容交替进行，以使大脑的活动始终保持在较高的水平上，从而提高学习效率，取得最佳学习效果。这种学习方法之所以能使大脑的活动始终保持在较高水平上，是因为如果长时间地单纯学习一种课程内容，使大脑皮层某一部位持续兴奋，就会引起大脑的保护性抑制，导致其活动水平下降。如果适时更换学习内容，就可使大脑皮层始终保持在较高的水平上。使用这种方法应注意两点：一是交替的学习内容反差越大效果越好；二是交替也是有限的。大脑在超负荷劳动之后也会产生疲劳，因此绝不能以为只要交替了，人就可以永无止境地学习下去。不管怎么交替，必需的休息时间都是不可缺少的，否则交替将是无效的。

3. "四环式"学习法

"四环式"学习法是通过由面到点的综合概括，逐步缩小记忆范围，利用短时间掌握全部材料内容的一种学习方法，包括精读材料、编写提纲、尝试背诵、有效强化四个环节。

（1）精读材料

就是对所学习的内容，抓住中心阅读，根据材料的不同类型、不同分量掌握其要点、重点和难点，理解知识间内在的必然联系，在脑子里形成一个知识的网络。

（2）编写提纲

就是在理解所学内容的基础上，细致地进行筛选、概括、组织，然后根据材料的性质，用自己的语言，提纲挈领地编写提纲，每篇划分为几部分、每部分划分为几段、每段概括为几句话，从而使学习内容有条不紊、简单直观地呈现在面前。

（3）尝试背诵

就是对所编的提纲，按照顺序一遍一遍试着背诵、回忆。遇到不会和不清楚的地方，再翻开书本对照进行"反馈"，以进一步增进对知识的理解、深化和记忆。

（4）有效强化

就是用最简短的语言，抓住概念内涵、实质和核心内容，再对提纲进行压缩，把每句话压缩为关键的几个字，然后针对简纲进行强化记忆，在头脑中留下长久的抹不去的印象。

4. 牢记目录学习法

牢记目录学习法就是常说的"把书看薄"。这种方法要求学习者必须在理解的基础上牢牢记住书中的大小标题，特别是目录。大家都知道，大小标题是一本书中最重要的问题，可以说是全书的一个提纲，不论记忆力多么强的人，都不可能每读一本书就能把书的内容全部记住，但是要想记住这些标题却是可能的。而只要在理解的基础上记住了这些标题，可以说一本书的基本内容就装在脑子里了；只要默想一遍这些标题，也就相当于将全书的内容复习了一遍；只要一提到某一问题，头脑里就会马上呈现出某个章节的有关内容。

5. SQ3R 学习法

SQ3R 学习法是美国依阿华大学创用的，目前世界各国已广泛流行。SQ3R 是英语单词 Survey（浏览）、Question（发问）、Read（阅读）、Recite（复述）、Review（复习）的第一个字母的缩写。

（1）浏览

在学习一本书之初，先概括地审查一遍。这个阶段要特别注意看书的序（或前言，或内容提要）、目录，正文中的大小标题，图、表、照片以及注释、参考文献和索引这些附加部分，以便对全书有一个总的直观印象。这不仅可获得对全书框架的大体了解，有助于进一步理解，而且可以把自己已掌握的有关知识与经验调动起来；同时通过浏览，使学习者对重点、难点心中有数，从而为进一步阅读的主动安排提供基础。

（2）发问

在这一阶段，再次进行浏览略读。不过与第一次浏览有别，这次着眼于在阅读大、小标题、黑体字或其他重要标示的基础上，提出一些问题来。这样就可以使随后的阅读阶段更有目的，更有兴趣。当然，也可以自己对提出的问题试行解答。经过阅读，这些试答便可以得到校正或补充，从而可以提高独立思考、解决问题的能力，也可以提高学习与记忆的效果。"发问"使得阅读变成一个有准备的、主动的、批评性的、时时注意的过程，这对于集中注意力、增强求知欲和学习兴趣、加深理解和加强记忆都有好处。

（3）阅读

这是狭义上的"阅读"，即带着问题进行深入的阅读。调动各种感官积极活动，对专门术语要搞清其准确意义。可作圈点、画着重号或提示性批语，对章首、章末的关键性文字和重点段落尤应加强注意。另外还可以做笔记，以加深理解、增强记忆。

（4）复述

在这个阶段，要重新阅读，对各个部分所提出的问题试予解答，并试图合上书复述（回忆）每个部分的主要内容，进行学习和记忆效果的自我检查。这种主动的、及时的回忆，可以集中注意力，以突破发现尚未掌握的难点，还可以提高记忆效率。

（5）复习

在复述的基础上，根据解答问题满意的程度和能够回忆出来的程度，进行全面而有重点的复习。

很明显，以上所述 SQ3R 学习法是一种比较具体的学习方法，一般适用于自学中的精读。

🎤 思考与训练 ••••••••••••••••••••••••••••••••••••••

1. 从考入高职的第一天起，很多学生就在想象：自己将来如何骄傲地出入单位大门，如何穿着职业服装在喜爱的岗位上工作，在每个月的固定时间可以领到一份满意的工资，说不定还有其他福利等。不过，美好的想象要变成现实需要有一个中间条件，这就是自己已经具备了单位所需要的资格与能力。

请你想一想：在谋职时你所学的专业，需要具备什么资格？需要具备哪些能力？为此，在校学习期间要做什么准备？

2. 你的信息来源有哪些？你经常去图书馆查阅资料吗？你懂得使用图书分类、检索等方法查阅资料吗？

3. 你上网的时候都做些什么？除了收发 E-mail、娱乐、聊天外，你有多少时间是在有意识地查找资料？

第六章

人际交往能力

第一节　人际交往的原则

一、人际关系和人际交往

1. 人际关系的概念

人际关系是人们为了满足某种需求，通过交往形成的彼此之间比较稳定的心理关系。在社会生活中，人们相互交流信息、沟通感情的过程就是人际交往。人际交往的目的是达成沟通、协调和建立一定的人际关系。

人存在于众多的社会关系之中，主要可以分为两类：一类是社会的生产关系，以及在此基础上形成的经济、政治和文化关系；另一类是人与人之间的心理关系，也就是人际关系。社会关系往往是不以人的意志为转移而客观存在的，如厂长与工人之间以身份地位为基础而形成的领导与被领导关系就是社会关系。但人际关系则不同，厂长与工人之间以爱好和情感为基础形成的私人关系、朋友关系就是人际关系。

在心理学上，人际关系是指人与人相互交往的过程中，彼此间相互影响而形成的一种心理距离。人际关系反映了交往双方寻求满足其社会需求的心理状态。人际关系的亲疏、友善与敌对等，取决于人们心理需要得到满足的程度。如果交往双方的心理需要都得到满足，那么人与人之间就能保持一种亲近的、友好的关系；如果因某种原因导致一方产生焦虑和不安，就会增大彼此之间的心理距离，使原来亲密的关系变得疏远，甚至有可能发展成对立关系。

与人交往和沟通并建立良好的人际关系，是一个人基本的社会需要，也是一个人健康成长的条件。在人类社会中，人必须与他人交往，通过他人的协助，获得物质或精神上的满足；通过语言情感的交流，影响彼此；通过观察他人的反应、对照他人的优缺点，了解自我、调节自我，以适应社会的需求。

2. 人际关系的实质

人际关系的实质是人与人之间心理上的距离，即情感关系。人们通过正常的交往、沟通、参与、融合，建立起良好的人际关系，这对身心健康具有重要的促进作用；反之，不协调的人际关系会造成心理失衡。

3. 职业交往

职业交往是一个宽泛的概念。从广义上理解，职业交往是人际关系的组成部分，包括职业生活中结成的人与人之间关系的总称。从狭义上理解，职业交往是某一特定职业活动过程中的人际交往，是指人们在具体的职业活动中形成的人与人之间的交往关系。如职业选择过程中的人际关系、职业适应期的人际关系和职业发展过程中的人际关系等，都受职业纪律和职业道德的约束。

二、人际交往的原则

在人际交往中需要遵守的原则很多，但主要应重视以下几方面。

1. 尊重原则

【案例1】

一个周末，吃过午饭后，时为西南联大教授的金岳霖突然想起一件事：过两天他要去参加一个学术研讨会，主办方允许他带一名助手前往。有这么一个学习锻炼的机会他自然首先想到了自己的得意门生王浩。但是，当他急匆匆地赶到王浩的单身宿舍时，却发现王浩的门上挂着一个牌子，上面写着：周末学习，雷打不动，请勿打扰。看到牌子，金岳霖不由得笑了。他站在门口良久，尽管心里很着急，却始终没有敲门。

其他学生路过，好奇地询问金岳霖站在那里干吗。在听了金岳霖的回答后，都不解地说："您敲下门不就得了吗？您是王浩的恩师，再说您找他也是好事呢。"金岳霖摆了摆手，笑着说："话不能这么说。每个人都有自己的原则，不管什么原因，我们都要充分地尊重他人的原则。"同学们听了金岳霖的话，都暗暗地竖起了大拇指。直到傍晚，王浩出来吃饭时才看到等在门口的金岳霖，听完事情的原委后，王浩更是对金岳霖教授敬重有加。

每个人都有自己的原则，当我们的原则与他人的原则相遇，甚至产生冲撞之时，要记得尊重他人的原则。这种做法彰显的不仅是一个人的修养，更是宽容大度的节操和品德。

【案例2】

在一家知名科技公司，有一位名叫王刚的软件工程师。他在编程方面有着极高的天赋，能够以惊人的速度解决复杂的算法问题。然而，他的个性却让他的职业生涯陷入困境。

王刚常常对同事的意见不屑一顾，认为只有自己的想法才是正确的。他经常在团队会议上打断别人的发言，甚至对他们的观点嗤之以鼻。这种行为使得他与其他团队成员之间的关系变得越来越紧张。

由于他的技术实力出众，公司决定让他负责一个重要的项目。这个项目需要团队成员紧密合作，共同解决问题。然而，由于王刚的刚愎自用和对他人的无视，他们在合作中经常出现分歧和冲突。最终，项目以失败告终。公司对王刚进行了严厉的批评，并责令他必须在短时间内改善自己的人际关系。王刚开始意识到自己的行为给团队带来了多大的负面影响。

为了改变自己的处境，王刚开始主动与其他团队成员沟通交流，倾听他们的意见和建议。他不再轻易打断别人的发言，而是尊重他们的观点，并尝试从中学习。

渐渐地，王刚与其他团队成员之间的关系得到了改善。他们开始更加紧密地合作，共同解决问题。项目也因此取得了成功。

王刚深深地体会到了尊重他人的重要性。他明白了一个道理：只有尊重他人，才能获得他人的尊重和支持，才能在职业生涯中获得更大的成功。

心理学家威廉·詹姆斯说："人类天性至深的本质就是渴求为对方所重视。"马斯洛也认为，在生活中，每个人都有自尊、自爱、自我实现的需要，因此与人建立关系首先要尊重他人。一是要尊重他人的个性。人们常说，千人千面。个性也如此：有的人急躁，有的人温和；有的人乐观，有的人悲观；有的人热情，有的人冷淡。尊重他人理应包容他人的个性，不能只由自己的好恶而不管他人的感受。二是要尊重他人的身份和社会地位。可以说，这是处理好人际关系不可缺少的一环。从古至今，无论中国还是外国都有人伦等级，交往中要以不同的礼节对待不同层次、不同等级的人。对年龄、学历、资历等高于自己的人，要以长者之礼尊重他们；对各方面与自己同等的人，要平等相待，甚至把自己的姿态放低一点与之交往；对各方面低于自己的人，不可傲慢相待，应谦虚谨慎，必要时可抬高对方的地位。

尊重原则还体现在自尊和相互尊重方面。自尊是获得他人尊敬的前提条件，古语云"人必其自敬也，然后人敬诸"。交往者只有自尊才能产生提高自身修养的意向，只有相互尊重才能有深化交往、发展关系的可能。相互尊重给人以心理强化作用，能使交往双方因对方对自己的肯定而强化交往的需要。尽管由于各方面的因素造成每个人的地位、气质、性格、能力等方面存在差异，但人格都是平等的。

尊重的基础是人人平等。如果不尊重对方或者不自尊，就会令对方产生厌恶心理，从而失去交往的先决条件。

2. 宽容原则

【典故】

将相和

这是战国时期赵国的一段佳话。当时赵国文有蔺相如，武有廉颇，两人齐心协力，使赵国固若金汤。

蔺相如完璧归赵，渑池会盟，不顾个人安危，机智勇敢，挫败了秦国的嚣张气焰，灭了秦国的威风，长了赵国的志气，立了大功，被拜为上卿。廉颇英勇善战，战功赫赫，但当他听到蔺相如仅凭一张嘴，就得到了赵王的赏识，位居他之上，他心里很不服气，还扬言要见一次打一次。

蔺相如知道后，为了避免与廉颇争高低，就常常称病不上朝。一次偶然的机会，蔺相如乘坐马车外出，远远地看见廉颇迎面而来，他吩咐车夫绕道而行。

蔺相如的手下门客们十分不满，纷纷责怪蔺相如胆小怕事。蔺相如解释说："秦王那么厉害我都不怕，难道还怕廉颇将军？但是强大的秦国之所以不敢入侵赵国，只是因为有我们俩人在。如今两虎相争必有一伤，势必会削弱抵御外敌的力量。我之所以躲避廉颇将军，是先国家之急而后私仇啊！"这话传到廉颇耳中，他感到十分惭愧。于是他脱下战袍，背着荆条，到蔺相如府上去道歉。他说："我粗野低贱，志量浅狭，开罪于相如，相如能如此宽容，我死不足以赎罪。"于是，将相重归于好，成了生死之交。

宽容指宽宏大量，心胸宽广，不计小过，容人之短，忍耐性强。宽容是开朗、豁达的人对人的谦让。宽容不是害怕对方，不是没有力量反击，而是为了团结，为了减少麻烦和心理障碍主动地容忍。

3. 理解原则

【典故】

管鲍之交

《史记·管晏列传》中有这样一段记载：管仲青年时经常与鲍叔交往，鲍叔知道他有贤才。管仲家境贫困，常常欺骗鲍叔；鲍叔却一直待他很好，不将这事声张出去。后来鲍叔服侍齐国的公子小白，管仲服侍公子纠。到了小白立为桓公的时候，公子纠被杀死，管仲也被囚禁。于是，鲍叔就向桓公保荐管仲。管仲被录用以后，在齐国掌理政事，使齐桓公得以称霸；多次会合诸侯，匡扶天下，都是管仲的谋略。

管仲说，当初我贫困的时候，曾经同鲍叔一道做买卖，分财利往往自己多得，而鲍叔不将我看成贪心汉，他知道我贫穷。我曾经替鲍叔出谋办事，结果事情给弄得更加困窘和无法收拾，而鲍叔不认为我愚笨，他知道时机有时有利、有时不利。我曾经三次做官又三次被国君斥退，鲍叔不拿我当无能之人看待，他知道我没遇上好时运。我曾经三次打仗三次退却，鲍叔不认为我是胆小鬼，他知道我家中还有老母。公子纠争王位失败之后，我的同事召忽为此自杀，而我被关在深牢中忍辱苟活，鲍叔不认为我无耻，他知道我不会为失小节而羞，却会为功名不曾显耀于天下而耻。生我的是父母，了解我的是鲍叔啊！

理解是人际交往成功的重要保证。理解要求我们设身处地地站在对方的角度去思考问题，即换位思考，真正地了解对方的处境、心情、好恶、需要，了解对方的理想、抱负、人格，了解彼此之间的权利、需要、义务和行为方式等。当然，要做到理解对方还要放下自己，不能斤斤计较、吹毛求疵。一个心胸狭隘的人，是无法做到真正理解别人、帮助别人的。

4. 真诚原则

【案例】

一位年轻企业家刚刚踏入塑胶花行业的时候，他面临了一个巨大的挑战：由于缺乏担保人，许多批发商都不敢与他建立合作关系，不敢进他的货。这使得这位年轻的创业者倍感压力，但他并未因此放弃，反而以更加坚定的决心去寻求商机。

有一天，终于有一位批发商答应与他会面，这让他看到了希望的曙光。为了能够抓住这次机会，企业家全力以赴，与设计师一起通宵达旦地工作，连夜赶制出 9 款独具特色的样品供批发商挑选。原本批发商只表示想看看 3 种样品，但企业家秉持着诚意满满的态度，为每种样品设计了 3 种花样。这种全力以赴的精神强烈地传达了他对与批发商合作的真诚愿望。

当批发商看到企业家熬得通红的双眼，得知他为了拿出这些优质样品一夜未眠时，不禁对这位年轻人的办事作风和效率表示赞赏。在接下来的商务洽谈中，企业家真诚地表示："感谢您对我们公司样品的喜爱，我和我的设计师付出的努力和时间总算没有白费。我衷心希望能与您建立长期的合作关系。然而，我必须坦诚地告诉您，目前我厂的生产规模还无法满足您的大批量订货需求，但我会尽全力扩大生产规模。关于价格，我可以保证给您全市最优惠的价格。我的经营理念是薄利多销，互利互惠，旨在做长生意、做大生意。"

企业家的诚恳和执着深深打动了批发商，后来批发商提前交付了货款，并主动提出一次性付清，基本上解决了企业家扩大再生产的资金问题。这次成功的合作使得企业家在业界崭露头角，也为他今后的事业发展奠定了坚实的基础。

这位年轻的企业家之所以能够取得成功，是因为在面对困难时，他没有退缩，而是以诚恳的态度和实际行动去争取商机。他的经历告诉我们，只有真诚待人、全力以赴，才能赢得他人的信任与支持。

人际吸引的根本奥秘在于人格魅力。有专家把人格魅力的个性特征依次排列为：真诚、责任、进取、热情、宽容、幽默、端庄。可见，真诚是人际交往中一个至关重要的要素。

我国著名的翻译家傅雷先生说："一个人只要真诚，总能打动人的，即使人家一时不了解，日后便会了解的。"他还说："我一生做事，总是第一坦白，第二坦白，第三还是坦白。绕圈子、躲躲闪闪，反易叫人疑心，倒不如光明正大，实话实说，只要态度诚恳、谦卑、恭敬，无论如何人家不会对你怎么的。"以诚待人，会在值得信赖的人们之间架起心灵之桥，通过这座桥打开对方心灵的大门，并在此基础上并肩携手、合作共事。自己真诚实在，"敞开心扉给人看"，对方就会感到你信任他，从而消除猜疑、戒备心理，把你作为知心朋友，乐意向你诉说一切。心理学认为，每个人的思想深处都有内隐闭锁的一面，同时又希望获得他人的理解和信任，有开放的一面。然而开放是定向的，即向自己信得过的人开放。以诚待人，能够获得人们的信任，发现一个开放的心灵，争取到一位全心帮助自己的朋友。这就是用真诚换取真诚。如果人们在发展人际关系、与人打交道时，能以诚信取代防备、猜疑，就会获得出乎意料的好结局。

以诚待人，要坦荡无私、光明正大，一旦发现对方有缺点和错误，特别是与他的事业关系密切的缺点和错误，就要及时指正，督促他立即改正。虽然人都不喜欢被批评，但当他认识到批评者确实是为自己着想时便能理解接受，使彼此的心灵得以沟通、友情得到发展。

以诚待人，要知人而交，当你捧出赤诚之心时，应先看看站在面前的是何许人也，而不应对不可信赖的人敞开心扉，否则会适得其反。

5. 平等原则

【案例】

英国著名的剧作家萧伯纳到莫斯科旅游。一天，他在大街上与一个戴着红色蝴蝶结的俄国小女孩相识。两人十分投缘，玩了半天，很开心。临别时，萧伯纳觉得应该告诉小女孩自己是谁，就对小女孩说："小姑娘，你知道今天同你玩的人是谁吗？"小姑娘答："不知道。""告诉你吧，回去也告诉你的妈妈，今天你和世界著名作家萧伯纳玩了很久。"小女孩抬头看了萧伯纳一眼，也学着他的口气说："回去告诉你的妈妈，今天你和漂亮的小姑娘安娜玩了很久。"这个出乎意料的回答让萧伯纳大吃一惊，他马上就意识到自己的自傲是不当的。孩子单纯幼稚，不识名人，头脑里没有世俗的等级观念，在与成人交往时，幼小纯洁的心灵同样渴望一份平等。萧伯纳为自己在不经意间流露出来的以名人自居的不平等态度而深感内疚，为此他回国后专门写了一篇文章反省自己，并提醒世人在与人交往时一定要保持谦虚、相互尊重、平等待人。

人际交往过程中所要求的平等，多指人格平等。人格平等一般是指尊重他人的自尊心和感情，不干涉他人的私生活，不践踏他人的人身权利。人格平等意味着人与人之间没有人身依附关系，是相互独立的，无论是公务还是私交，都没有高低贵贱之分，而是以朋友的身份进行交往。因此，建立密切的人际关系，对领导干部来讲，要"礼贤下士""将心比心"；对一般公民来讲，要以诚相见，宽厚待人。

6. 自信原则

【案例】

一位年轻的歌手，即将第一次登上舞台进行演出，她的内心充满了紧张与忐忑。在她脑海中，浮现出自己即将面对的上千名观众，这一切让她感到无所适从。她的手心因紧张而冒出了细密的汗珠，她不禁担忧："要是在舞台上一紧张，忘了歌词怎么办？"

这种担忧像乌云笼罩在她的心头，让她心跳加速，甚至产生了想要放弃的念头。就在这时，一位前辈笑着走过来，宛如阳光穿透乌云，随手将一个纸卷塞到她的手里，轻声说道："这里面写着你要唱的歌词，如果你在台上忘了词，就打开来看。"她握着这张纸条，仿佛握着一根救命的稻草，匆匆上了台。纸卷里的歌词就像一颗定心丸，让她心里踏实了许多。她坚定地走上舞台，站在话筒前。当她开口唱歌时，所有的紧张和担忧都烟消云散，只剩下她对音乐的热爱和执着。观众被她的歌声所感动，为她献上了最热烈的掌声。

她高兴地走下舞台，向那位前辈致谢。前辈却笑着说："是你自己战胜了自己，找回了自信。其实，我给你的，是一张白纸，上面根本没有写什么歌词！"她展开手心里的纸卷，果然上面什么也没写。她感到惊讶，自己凭着握住一张白纸，竟顺利地渡过了难关，获得了演出的成功。

这位年轻的歌者终于明白了，原来，她一直以来都需要的是相信自己的勇气。而那位前辈的智慧，使她在关键时刻找到了自信。她明白了，真正的力量并非来自于一张写着歌词的纸，而是内心深处的信念。从此以后，她不再惧怕任何困难，因为她知道，只要相信自己，就能够战胜一切。

自信是主体对自身品质、能力、素质、人际关系等确认后所形成的一种对主体自我的肯定态度和与人交往时的从容风度。自信是人际交往的基础。事实证明，在人际关系之中有无自信和自信心强弱，对其人际交往的过程和结果影响十分深远。

美国作家爱默生说过：自信是成功的第一秘诀。一个人如果具有很强的自信心，在职业交往过程中就会做到待人亲切自然、礼节优雅有度、外表不卑不亢、举止落落大方、行为进退自如；一个人有自信，就能够对己对人都有一个实事求是、客观公允的评价，就会把握好相处的尺度，而不会大悲大喜、忽冷忽热、真假难辨，让人无所适从。

7. 适度原则

儒家中庸之道的精髓即"不偏不倚""过犹不及"，说到底就是分寸的问题。为人处事，待人接物，无不渗透着分寸和火候的把握。说话的生疏深浅、办事的轻重缓急、人际关系的亲疏远近、处世的高低姿态，都体现在分寸的把握上。适度原则主要指人际交往中的一切行为都要得体，合乎分寸，恰到好处。

（1）自尊适度

自尊涉及适度的问题。一要防止自尊过弱。自尊过弱，是指缺乏必要的自尊心，其结果会导致自卑、自暴、自弃甚至自杀，这是"自我"失落的一种表现。由于自己瞧不起自己，因而大大减弱了人际吸引力。二要防止自尊过强。自尊过强，是指过于看重自己的尊严和价值的心理现象，其结果会导致虚荣心的滋长，从而滑到自傲或自负的极端，这是自我膨胀的一种表现。由于过于看重自己，因而把本来应该也可能建立关系的人拒之于千里之外。

（2）表现适度

这里的表现指自我表现，也可以称为自我暴露或自我表露。自我表现或表露只有在适度的时候，才能正确而充分地发挥它的作用。自我表现有余，会使对方觉得你本性轻浮、自我炫耀，好拉关系，甚至被怀疑别有用心；自我表现不足，会使对方怀疑你本性孤僻和冷淡，不善交际，甚至避而远之。当然，自我表现适度是相对的，其信息量多少、程度深浅、速度快慢，都由交往对象、交往事件、交往情境决定，并没有一个统一的、固定不变的标准或评价尺度。

（3）期望适度

期望，既包括角色期望，也包括自我期望。皮格马利翁效应的产生，就是热心期望的结果。期望过低，由于太容易实现，往往会影响自我潜能的发挥，使期望者的某些要求得不到满足。期望过高，由于其难以实现，往往会由失望变为自卑；会使对方产生被苛求感，达到无法承受的程度，自己由于期望不能实现而感到失望，甚至对对方产生某些不正确的看法。因此，要做到期望适度，对自己要正确审视，尽量使期望与个人实际相符；对他人要避免苛求，力求使期望值既适当又合理。

【案例】

一位青年满怀烦恼地去找一位智者。他大学毕业时，曾豪情万丈地为自己树立了许多目标，可是几年下来，依然一事无成。他找到智者时，智者正在河边小屋里读书。智者微笑着听完青年的倾诉，对他说："来，你先帮我烧壶开水！"

青年看见墙角放着一把极大的水壶，旁边是一个小火灶，可是没发现柴火，于是便出去找。他在外面拾了一些柴火回来，装满一壶水，放在灶台上，在灶内放了些柴火便烧了起来。可是由于壶太大，直至那捆柴火烧尽水也没开。于是他跑出去继续找柴火，等找到了足够的柴火回来，那壶水已凉得差不多了。这回他学聪明了，没有急于点火，而是再次出去找了些柴火。由于柴火准备充足，水不一会儿就烧开了。

智者忽然问他："如果没有足够的柴火，你该怎样把水烧开？"

青年想了一会儿，摇摇头。智者说："如果那样，就把壶里的水倒掉一些！"

青年若有所思地点了点头。智者接着说："你一开始踌躇满志，为自己树立了太多的目标。就像这个大壶装的水太多一样，而你又没有足够多的柴火，所以不能把水烧开。而要想把水烧开，你或者倒出一些水，或者先去准备柴火！"

青年顿时大悟。回去后，他就把树立的目标划掉了许多，只留下最近的几个，同时利用业务时间学习各种专业知识。几年后，他的目标基本上都实现了。

只有删繁就简，从最近的目标开始，才会一步步走向成功。万事挂怀，只会半途而废。另外，我们只有不断地捡拾那些"柴火"，才能使人生逐渐加温，最终让生命沸腾！

（4）交频适度

交频适度即交往频率适度，指的是单位时间内交往的次数。任何人际关系都是通过一定的交往次数而建立起来的。一般来说，交往频率越高，关系双方越容易相互了解，就越容易满足各自的需要，也越容易建立亲密的关系。交往频率过低，关系双方就难以建立亲密的人际关系，而且还会使本来的亲密关系产生裂痕，变得淡漠、疏远起来。"远亲不如近邻"就是这个道理。当然，交往频率过高也会对人际关系造成不利的影响，因为交往是需要时间和精力的，将时间和精力用在不必要的交往应酬往往让人觉得是种浪费，容易产生反感甚至讨厌。

【案例】

美国通用电气公司总裁斯通主张"人际关系应保持适度的距离"，且对"适度距离"身体力行、率先示范，密者疏之、疏者密之。斯通自知与公司高层管理人员工作上接触较多，在工余时间就有意拉大距离，从不邀公司同僚到家做客，也从不接受客邀；相反，对普通工人、出纳员和推销员，他则有意亲近，微笑问候，甚至偶尔"家访"。

1980年1月，在美国旧金山一家医院的一间隔离病房外面，一位身体硬朗、步履生风、声若洪钟的老人，正在与护士死磨硬缠地要探望一名因痢疾住院治疗的女士。但是，护士严守规章制度毫不退让。

这位护士真是"有眼不识泰山"，她怎么也不会想到，这位衣着朴素的老者，竟是通用电气公司总裁，一位曾被公认为是世界电气业权威杂志——美国《电信》月刊选为"世界最佳经营家"的世界企业巨子斯通先生。护士也根本无从知晓，斯通探望的女士，并非他的家人，而是加利福尼亚州销售员哈桑的妻子。哈桑后来知道了这件事，便感激不已，每天工作达16小时，为的就是以此报答斯通的关怀。因而，加州的销售业绩一度在全美各地区评比中名列前茅。

正是这种适度距离的管理，使得通用电气公司事业蒸蒸日上。

8. 需求互补原则

互补原则是指交往双方应相互获得满足。当各自的需求与对方所具备的条件正好成为互补关系时，就会产生强烈的吸引。这种互补可以是能力上的，包括知识、才干、技能等方面的帮助，可以是性格上、情感上、兴趣上的满足，也可以是及时的信息或物质的资助。总之在人际交往中，凡能为他人提供帮助的人，都会受到欢迎。而且帮助度越大，受欢迎程度越高。但是，人际交往又是一种双向的信息、感情传递系统，只有双方都能为对方提供帮助，交往关系才能在密切的互动中逐步深化。所以在人际交往中，对别人给予自己的帮助应该懂得回报，但对自己给予别人的帮助则不应以别人相应的回报为条件。

第二节　你的形象你做主

在职业交往中，最直接、最直观的表象就是从业人员的职业形象。职业形象不是简单的外表形象，还包括知识结构、品德修养、沟通能力等。如果把职业形象比喻成一座大厦的话，外表形象就是大厦外部的装潢，知识结构就是大厦的地基，品德修养就是大厦的钢筋骨架，沟通能力则是连接大厦内外的通道。

然而，不管你多么才华横溢，别人第一次见到你都会以你的外表和衣着为判断依据，这便是我们常说的"形象走在能力前面"。

一位世界著名的形象设计师曾说过："这是一个 2 分钟的世界，你只有 1 分钟展示给人们你是谁，另 1 分钟让他们喜欢你。"可见，只有给人们留下好的第一印象，你才能开始第二步。

职业形象是一个内外结合、综合全面素质自我展示的结果。它包括你的每一个小节，在准确地为你下着定义，无声地讲述着你的故事：你是谁、你的社会地位、你的出身背景、你是否有发展前途……你的形象反映了你的思想，它是你的延伸和拓展。

一个成功的职业形象，展示给人们的是自信、尊严、力量、能力。它并不仅仅反映在对别人的视觉效果，同时也是一种外在的辅助工具。它让你对自己的言行有了更高的要求，能立刻唤起你内在沉积的优良素质。它能通过你的一举一动，让你浑身都散发出一个成功者的魅力。

职业形象的外在表现包括仪容、姿态、表情、交谈、衣饰等方面，由此构成的形象直接展示着一个人的职业素养。职业形象是可以通过后天积极努力地学习、训练，矫正不良的行为习惯，来达到修饰美和自然美结合的完美境界的。

一、行为举止皆有礼

姿态是指人体站、坐、行等状态，是一个人的举止表现。语言学家研究表明，人们之间的交际效果，20％取决于有声的语言、80％取决于无声的语言。交际中的音容笑貌、行为举止，不仅表达着某种意思，而且传递着一个人的修养、风度、素质等方面的信息。这种非语言交往因素非常重要，有时候比语言更能表达一个人的内在涵养。

一个人即使长相漂亮，身材出众，但如果遭到来自不雅姿态的破坏，其形象也会大打折扣。一个美学家这样评价人的姿态美："相貌的美高于色泽的美，而高雅合适的动作美又高于相貌美，这是美的精华。"

民间所说"站有站相，坐有坐相，走有走相"是对人的姿态要求，"站如松，坐如钟，走如风"是对人的美好姿态的形象概括。美好的姿态是端庄稳重，落落大方，自然优美，展示出自信、可靠、踏实、诚恳等内蕴。

1. 站姿

不良的站姿表现为头歪、下重或上仰；探脖、斜肩、弓背、收胸含腰、身体依靠物体歪斜站立、身体晃动、脚抖动等。

正确的站姿是人体直立，中心在两脚之间；脚尖稍向外打开 45°左右；挺胸收腹，背挺直。

可以通过贴墙站立训练正确的站姿：让身体的后脑勺、双肩、背部以及小腿肚、脚跟这几个部位全部贴在墙壁上。使脖颈尽量向上拔，连同腰节也拔起来。不要仰脸，下颌微收。引颈向上时不要耸肩，而要放松，寻找两手提重物向下坠的感觉。做到脖颈向上引，手臂向下松垂后，再检查一下是否仍保持挺胸收腹的姿势。

站姿还能反映一个人的内在、经历和处境。如果你是一个自尊自爱的人，就应当对自己的一切，包括姿态负责。

2. 坐姿

坐姿和站姿一样，能够透露出职场人的教养。

不良的坐姿有拖、拉座椅响声大；起坐过猛，弄得座椅乱响；"4"字形架腿、晃脚尖、脚有节奏地敲击地面；两膝分得很开，腿伸得很远；上体不直、左右摇晃；双脚藏在椅子下或勾住椅凳腿，把鞋挑在脚尖晃，跨骑椅子等。女性忌叉开两腿、跷二郎腿、两手夹在大腿之间、裙子掀起露出大腿等不良的坐姿。

在较正式的场合，正确的坐姿是上身端正挺直，但不要死板僵硬。坐久了可靠在椅背上，但不可以把脚伸直半躺半坐。保持背部挺直，会看上去有精神，有助于给他人留下稳重的形象，并表示你是一个遇到问题能够保持冷静、迅速处理的人。

无论坐椅子还是沙发，最好都不要坐满，深浅以适合腿的长度为好。其中，浅坐姿势会令人感到富有积极性。男性两膝间要容得下一拳左右的距离或双膝与肩同宽。女性两膝则要并拢，也可采取两腿交叉姿态。注意，双膝向两旁打开而坐是很不雅观的。

另外不要正襟危坐，与人正面对坐会给对方心理造成压迫感，尤其距离较近时。而侧坐还带有谦恭之意。

非正式场合的坐姿，要求轻松而文明。若谈话，可稍向前倾，表示尊重和谦虚。若长时间坐（或在社交场合），可双腿交叉重叠，但要注意将上面的腿向回收、脚尖向下，忌脚尖向外踢。

伏案工作时，坐姿应文雅端正，胸口与桌面齐平。不倾斜，不趴在桌子上或斜躺在椅子上。

3. 行走姿态

不良的走姿是身体乱晃乱摆；步子太大或太小；双手插入裤兜；双手背在背后；东张西望；叼着香烟在人群中行走；忽左忽右或左顾右盼；声音过大等。

人的行走应该和优美站相一样自然大方：挺胸抬头，肩臂自然摆动，不要八字步摇摇晃晃。尤其是女性，行走时上身不要晃动太大。有人建议做"顶书行走"练习，寻找上身放松而又不晃动的感觉，但勿仰下巴、勿身体僵硬。一般而言，行走应有目的性，做到步伐坚定、避免拖拉、步履迟缓。

人行走的姿态不一样，表现出的性格也不一样。急性的人走起路来风风火火；慢性的人走起路来则四平八稳。精神状态不同，走相也有区别。如果心事重重，走路则垂着头，视野仅限于脚前的空地；如果春风得意，走相则轻松有朝气，绝不会低着头；如果心情很沮丧，那么看上去全身的肌肉都是松懈的，步履沉重；如果感觉自信优越，则走起路来必定是昂首阔步。

稳健协调、轻盈自然的走姿能表现一个人的风度、风采，展示其成熟、自信、干练等风貌。

二、你的眼睛会说话

目光是人在交往时一种无声的语言，人与人的交往不是从问候，而是从目光对视开始的。

诗人公木说："眼睛是心灵的窗户，不会隐瞒更不会说谎，愤怒飞溅火花，哀伤倾泻泪雨，它给笑声镀一层明亮的闪光。"目光语即眼语、眼神，是人们在交际中通过视线接触传递信息。眼睛是人类五觉（视、听、嗅、味、触觉）中最为敏感的，而且人们普遍对目光语具有一定的解读能力。

心理学家实验表明，人们视线相互接触的时间，通常占交往时间的30％～60％。超过60％，表示彼此对对方的兴趣大于交谈的话题，特殊情况下表示对尊长者的尊敬；低于30％，表示对对方或交谈的话题没什么兴趣，有时也是疲倦、乏力的表现。

得体的、有礼的目光要求我们和人打交道时，眼睛要凝视对方，让人感到你予以关注。千万不要东瞧西望，显得漫不经心、怠慢对方，这样对对方是不尊的、失礼的。

当然，凝视并不是紧盯对方脸上某一点不动，而是目光在一定区域内"扫射"。凝视区域不同，表达的礼仪关系也不同。

场合不同，注视的部位也不同，一般分为公务凝视、社交凝视、亲密凝视。

① 公务凝视：是指人们在工作交往中，联系业务、洽谈生意及外事谈判时所采用的凝视礼节。公务凝视的区域是在两眼之间（上三角区），表达公事公办、郑重严肃。

② 社交凝视：是一种在舞厅、茶话会、宴会及朋友聚会时采用的凝视方式。这种凝视的区域在两眼到嘴之间（中三角区），表达亲切温和、坦诚平等。

③ 亲密凝视：是亲密朋友、恋人间的一种凝视方式。其视线范围是在两眼至胸部之间（下三角区），表达关切或热爱之意。

视线接触时，一般连续注视对方的时间最好在3秒钟内。在许多文化背景中，长时间的凝视、直视、斜视、眯眼看人或上下打量对方，都是失礼的行为。

与人交谈时不要闭目养神，这是一种消极的信号，表示想中止谈话。

三、微笑是最完美的礼仪

微笑是一种情绪语言，是人际交往的通行证。这不仅因为微笑能给人以美感，而且因为它能给人带来令人愉快的信息，并唤起人们友好热情的情感。正如英国谚语所说："一副微笑的面孔就是一封介绍信。"微笑在人类各种文化中的含义基本相同，是真正的"世界语"，能超越文化而得以传播。

微笑是一个人自信、和善、真诚、友爱的表露。有许多人自然而然地在生活中学会了微笑，而有些人则还需要练习微笑。要笑得自然大方，流露真心，不要虚情假意，苦笑、献媚地笑、奸笑。

一般来说，微笑表示愉快的心情，但微笑的含义远远比这丰富得多，而且有性别的差异。相对而言，女性总比男性更爱笑。男人的微笑往往包含肯定和赞许，而女人的微笑除了包含友善和愉快外，有时是一种矜持与自尊。也就是说，女性往往用微笑体现自己的端庄和严肃。

不要养成皱眉头的习惯，因为皱眉头无时无刻地展示着你的愁苦，而有了"愁眉"必定有"苦脸"，即使笑也是苦笑、假笑。毕竟，"眉开"才能"眼笑"。

工作中的微笑是略带笑容，不显著，不出声，热情亲切，是内心喜悦的自然流露，而非傻笑、奸笑、抿笑、大笑、狂笑等。

四、着装礼仪

服饰是文化的表征、思想的形象，是一个人审美水平、文化修养、职业水准与生活情趣的直接反映。衣着既会提高人的职业声誉，也会损害人的职业形象。因此，着装在职业交往中扮演着非常重要的角色，而着装礼仪也逐渐开始成为职业礼仪的必修课。

着装礼仪是人们在交往过程中，为了表示相互的尊重和友好，达到交往的和谐而体现在服饰上的一种行为规范。

1. 服装穿着的 TPO 原则

服装穿着一般遵守 TPO 原则。TPO 是国际通行的着装原则，分别是时间（Time）、地点（Place）、目的（Objective）。

（1）时间原则

时间原则要求人们着装时考虑时间因素，做到随"时"更衣。通常来说，早晨人们在家中或进行户外活动，着装应方便、随意，可以选择运动装、便装、休闲服装。工作时间的着装，应根据工作特点和性质，以服务于工作、庄重大方为原则。晚间的宴请、舞会、音乐会之类的正式社会活动居多，人们的交往距离相对缩小，服饰给予人们视觉和心理上的感受程度相对增强，因此穿着应讲究一些，以晚礼服为宜。许多西方国家明文规定，当去歌剧院观赏歌剧一类的演出时，男士一律着深色的晚礼服，女士也应该以端庄、雅致的裙装为主，否则是不能入场的。

服饰应当随着一年四季的变化而更替变换，不宜标新立异、打破常规。夏季以凉爽、轻柔、简洁为着装格调，在使自己凉爽舒服的同时，让服饰色彩与款色给予他人视觉和心理上良好的感受。冬季应以保暖、轻便为着装原则，以避免臃肿不堪，也应避免要风度不要温度，为形体美观而着装太单薄。

（2）地点原则

地点原则代表地方、场所、位置不同，着装应有所区别。特定的环境应配以与之相适应、相协调的服饰，才能获得视觉和心理上的和谐美感。与环境不相协调的服装，会给人以身份与穿着不符或华而不实、呆板怪异的感觉。而避免的最好办法是"入乡随俗"，即穿着与环境地点相适合的服装。

（3）目的原则

服饰选择应考虑沟通交往的目的。人们的着装往往体现其一定的意愿，即自己对着装留给他人的印象如何是有一定预期的。尤其是服装的颜色、款式，在表现服装的目的性方面发挥着一定的作用。比如为了表达自己悲伤的心情，可以穿着深色、灰色的衣服。一个人身着款式庄重的服装前去应聘新职、洽谈生意，说明他郑重其事、渴望成功。

【案例】

美国飞行学校的尴尬经历

多年前，我们去美国一家大型航空公司的下属飞行学院商访。因为当年公司招聘了50名左右的飞行学员，所以希望通过考察学院情况来初步拟定合作伙伴及培训协议。飞行学员的训练价格不菲，50名学员的培训量，合同总价还是非常可观的。

那所学院在佛罗里达州的著名旅游城市奥兰多附近，当地气候和国内的三亚非常像。去学院那天，天气炎热，火辣辣的太阳肆意烧烤着大地。学院派了商务车接我们，我穿着在当地淘到的 VERSACE T 恤坐在车里，观赏着秀丽的风景，心情自信而愉快。

但是，当车到达学院大门，车门拉开的那一瞬间，我们所有的人都呆住了。映入眼帘的，是十多名学院管理人员齐刷刷站在大门太阳下的身影。男士蓝色西装配红色领带，女士职业套裙配白色衬衫。看到我们后，他们渗着汗珠的脸，一起绽放出热情的笑容。我们跨出车门，掌声响起，学院的执行总监迎上前，跟来宾一一握手。

当时，我真的很感动，但也有些尴尬。因为商务交往上最重要的原则就是"对等"，那一天我的装束，就算是再好的 T 恤，在最正式庄重的职场正装——西服和职业套裙面前，也会"汗颜"。而当我们走进会议室，看到桌上有公司航徽的客户化培训方案，投影屏幕上精致温馨的欢迎短片 PPT，对这家学院的信任感和好感已经倍增。

事实证明，这家学院，在培训质量把握上确实非常严谨。因此，我们成了合作伙伴。是啊，有在 40℃高温下为了职业化的企业形象愿意汗流浃背的管理层，有在从未进行交往而仅靠查询资料做出客户化方案的行动，足以说明"细节见品质"的道理，更用行动说明了商务礼仪中"尊重为本，重视客户"的理念。

后来在很多的大型商务场合，我都用这个经历提醒自己，特别是在国外。这个亲身的尴尬经历也成了我在商务礼仪课程上的活案例。学会如何打造职业形象，如何从细节上提高客户的信赖度，确实很重要。信息学的 3V 原理告诉我们，人和人交往时传递的所有信息中，直观信息占到 55%之多。所以，职场上塑造职业的形象是打造了一张最好的名片，是迈出了谈判场上成功的、极其重要的第一步。

2. 着装指导

（1）男士礼服着装指导

适合正式场合的男士服装主要有三大类，西装、民族服装（中山装）、夹克装。三种服装一般都可在社交场合穿用，但更通用的礼服是西服。在略微庄重的场合，尤其以全套西服为好。颜色一般以深冷色调为宜，全身上下一色说明带有更加官方、正式的意图。

运动服、牛仔装、沙滩装、休闲毛衣等，在其他场合可随意穿着，但在正式场合是不被允许的。然而，假日、休闲时的服装要求则正好相反，尽可能地穿着便装和休闲装。如果假日和休闲时分仍穿得西装革履，反而违反了服装礼仪。对此在国外有这样一句话："假日里打领带是典型的土包子。"

礼服在国外分晨礼服、小礼服、晚礼服（燕尾服），目前国际上正逐渐以黑色深灰色西装套服取代严格的礼服分类。如果你某一天收到邀请参加某社交活动，请柬上注明穿着礼服，你首先应该知道什么才算是礼服。西装通常被视作男人的脸面，会不会穿西装意味着一个男人是否有档次。

男士合体的西服上衣长度应长过臀部，四周下垂平衡，手臂伸直时上衣袖子应恰过手腕部。一般要求西服衬衫的领子稍露出外衣领，衬衫的袖口也应稍微长出些。按照严格的规定，应当露出大约四分之一英寸的长度。

穿西服配上西服背心也很好，因为在传统的观念里，让人看到衬衫与裤子的连接处是不雅的。两颗纽扣的西装上衣可以不扣纽扣，或者只扣上面那颗纽扣。三颗纽扣的西装上衣一般扣中间那颗，原则上是扣腰际的那颗。至于双排扣西服，则必须全部扣上。

西服口袋里不宜装东西，在西服左上胸的口袋里只宜插放装饰用的手帕。这需另备一条手帕。当然，无论哪一条，都应该保持清洁。穿西服只有在工作场所，才能插钢笔或圆珠笔。原则上应是给人以清洁感的白色手帕，而且一般不宜当作擦手抹嘴之用。

穿西装必须配穿正式西服衬衫。深冷色的西服一般要求搭配色彩浅淡柔和的衬衫，即要浅于西服颜色。那种较深、闪亮、冰凉、较刺眼的则不为首选。西服衬衫的花色以简单、单色为宜，细条纹比粗条纹为宜，其他方格、花衬衫平时外穿不错，但不要轻易同西服搭配。正式礼服衬衫以白色为主，也可为浅冷色，如青、灰、蓝等。另外，西服衬衫通常必须是长袖。

男士西服往往需要佩戴领带。领带的作用也不可忽视，除了具有美感作用外，还会引起人们的信任以及较高的评价。

系领带时，要注意颜色、款式和西服、衬衫的花色搭配协调。这主要靠一个人对色彩的审美眼光，不过色彩搭配也是有原则规律可循的。领带颜色一般必须深于衬衫颜色，但这并不是绝对的。黑色礼服，原则上可以和任何领带搭配。另外还有两个原则：一是同一色素的调配，二是对比色的调配。因为领带部分面积较小，所以补色关系也可以搭配，但这需要一定的审美水平。另外，领带的图案以精致为好。

领带要干净，领结要工整，肮脏、破损的领带，或者歪斜、松弛的领带，西装再好、衬衫再白，也会使人感到不舒服。如果穿有背心，注意把领带放在背心之内。

领带夹的作用主要是固定领带，当然如今已越来越有美观的作用。戴不戴领带夹以个人爱好选择为主，但事实上用领带夹一般以年纪较轻的男士居多。

黑色或深冷色的皮鞋适合同一切正式的礼服配用，但要注意旅游运动鞋、布鞋不能同西服配穿。不过，中山装可与布鞋一起穿。一般来说，鞋子的颜色应与衣服的颜色相衬。而在工作场所，穿黑色鞋是一个原则。

对庄重的礼服和黑亮的皮鞋，最好不要配以太花哨、色彩太亮的袜子。在出席正式重要的场合时，袜子应当也是深冷色的；且袜腰应高及腿肚，以免坐下时裤脚上提而露出腿部。

总之在社交界，如何穿戴是一个人懂不懂礼节的重要体现，也是一个人素质教养的窗口。穿着不得体、不整洁，往往会降低一个人的身份，也难以使周围人对他有一个良好的素质印象；同时，穿扮得整洁与否也能体现出对他人的尊重和礼貌。

（2）女士礼服着装指导

在工作中以及有关工作的社交场合，作为一名职业女性，衣着打扮方面应和贵妇有所区别。即不应通过服饰反映富有和地位，衣着准则是简洁大方、富有品位。

女士礼服大致分为常礼服、小礼服、大礼服（晚礼服）。常礼服多为质地、色泽一致的上衣和裙子；小礼服多为过膝的单色连衣裙；大礼服（晚礼服）通常为袒胸露背的拖地或长及脚面的单色连衣裙。当然也可选择如长裤、夹克装等便装，但过于散漫的运动装和野味十足的服装应当避免。在日常生活中，女士的礼服要求不严格。但随着现代社会交际的需要，我们应该更多地了解一些女式礼服的基本常识。

长裤：规范的长裤一般适用于多种场合。

裙子：一般要求长度齐膝，而长裙则适用于一切场合。较正规的工作场合，可考虑穿西服套裙。在交际场合，穿裙子一定要穿长丝袜，而且袜口切忌在裙摆之下。

鞋子：一般场合穿什么式样的鞋都可以，但要和服装相互适应。如穿一套西服裙，再穿一双普通的凉鞋就很不协调。如在正式或比较庄重的场合，最好不要穿凉鞋。作为有教养的或具有公关社交素质的人，尤其应当注意这些事项。

首饰：佩戴一些精心挑选的饰物，能增加女性特有的风度和魅力。对于女性来说，与其买许多派不上用场的廉价货，不如买一件优质的。只有优质首饰的天然光泽，才能衬托出你的魅力。记住，衣服不一定都是质地华贵的好，但首饰最好不是廉价和制作粗糙的物品。戒指不可以随便佩戴，而要按照"戒指语言"佩戴。

手套：手套的作用主要是保护手，但也经常被当作一种装饰物。戴手套有一定的礼仪规则：冬天戴手套主要是为了保暖，夏天戴手套则主要是作为一种礼服的配件。一般与人握手的时候，应摘掉手套。但女性不同，如果戴的是一种装饰性手套，也可以不摘掉。

香水：干净清爽而有教养的人应散发出一种令人愉悦的气味，因此关于香水的问题不容忽视。

男士的香脂气在中国文化中被看作女人味，这是一种旧观念。一个人的教养文明，应当能从其气味中发散出来。可以说，香水是帮助我们塑造形象的一种因素。

涂洒香水有一些要领。切忌使用浓烈的香水，淡淡的香味，会给人留下很好的印象。

擦在脉搏上是常识，但若擦在手肘内侧或是膝盖里侧效果也会很好。因为这些部位皮肤的温度高，经常活动，会更有效地散发香气，并使香气婉约耐久。耳后与颈背部也是涂抹香水的另一类位置，香水气味往往向上向外散发开来。为了使香水柔和不致刺鼻，有时候也可以擦在比腰略低的地方。

有时候在衣服的褶皱处先用香水轻轻喷一喷，穿在身上香气就会若有若无地弥漫开来，而且香味比直接擦在肌肤上更不易消失。如果在头发、指尖部位也轻喷一下，在每次甩动或微风吹动的时候，头发便会透出隐隐幽香。指尖在活动挥舞之间，也很容易带动周身香气隐约的氛围。

当然，职业形象的塑造和维护不是短时间就可以完成的，而需要职业人的日积月累。尽管有不少介绍职场礼仪的书籍里提到了各种"短平快"的包装招数，但没有长时间的行为习惯积累，只是暂时地掩盖或修饰，并不能真正塑造一个良好的职业形象。由于良好的职业形象并不是所见即所得的"声色"外表，而是一个人行事风格的综合体现，所以不仅要外塑形象，还要内秀气质，只有内外兼修才能塑造出真正美好的职业形象。

第三节　听与说都是一门艺术

一、交谈礼仪

交谈礼仪是指人们在交谈中所应该注意的礼节、仪态，是塑造职业形象不可或缺的一部分。一个人的教养和为人在交谈中会自然流露出来。交谈是人际间增进了解和友谊的重要手段，也是一种增长见识、获取间接经验的好形式。因此，掌握交谈中的一些基本规则和技巧，是社交场合中拉近宾主间距离的良方。

1. 在社交中，要多使用礼貌用语

所谓礼貌用语，是指约定俗成的表示谦虚恭敬的专门用语。在交谈中多使用礼貌用语，是博得他人好感与体谅最为简单易行的方法。尤其有必要对"您好""请""谢谢""对不起""再见"等五句十字礼貌用语经常加以运用，并且多多益善。

以下经常用到的礼貌用语你会用吗？

初次见面，要说"久仰"；

许久不见，要说"久违"；

客人到来，要说"光临"；

等待客人，要说"恭候"；

探望别人，要说"拜访"；

起身作别，要说"告辞"；

途中先走，要说"失陪"；

请人别送，要说"留步"；

请人批评，要说"指教"；

请人指点，要说"赐教"；

请人帮助，要说"劳驾"；

托人办事，要说"拜托"；

麻烦别人，要说"打扰"；

求人谅解，要说"包涵"。

2. 善称赞是一种谈话技巧

善称赞是一种谈话技巧，也是对他人友善的表现。

称赞是使令人愉快的谈话顺利进行下去极其有用的手段，可使对方感到愉快，消除紧张，产生好感，从而愿意与你交往。莎士比亚曾讲过这样一句话："赞美是照在人心灵上的一缕阳光，没有阳光，我们就不能生长。"心理学家威廉·詹姆斯说过："每个人最深切的需求是渴望别人的欣赏。"丘吉尔也说过："你要别人具有怎样的优点，你就要怎样去赞美他。"当然，我们对人的赞美应该是实事求是的，而不是夸张的；是真诚的，而不是虚伪的。

除了称赞对方外，"善称赞"还要求广泛地称赞一切，赞美视野中的一切。善称赞的人使人感到愉快、有善意、宽容大度，而挑剔的人、狭隘自私的人往往不受欢迎。

二、学会倾听也是交谈的礼节和艺术

专心地听别人讲话，是我们所能给予别人最大的赞美。

交流过程中不可自己一人喋喋不休、滔滔不绝，如果你尊重对方，就听他多讲。倾听是把交谈进行下去，并让人愉快的重要手段。

认真听人讲话是一种教养，也是一种礼节要求。碰上健谈的人要听，而不要争着讲；碰见不健谈的人，则要多设问引导对方多说。好好听人讲话，是礼节要求交谈者做出的一种牺牲、给予、奉献。

倾听时，要注意体态。东张西望，跷着二郎腿，或抖动腿脚，或掏耳朵，或挖鼻孔，或躺坐，或双手抱臂，这些行为都显得漫不经心，也就等于认为对方的话不屑一听。

如果你真的没有时间，或由于别的原因而不愿听人谈话，就最好是客气地提出来："对不起，我很想听你说，但我要忙着做其他事。"或者说休息时间到了，暂时结束交谈。因为稍懂点礼仪的人都不会轻易打扰别人的休息，而自己在那里纠缠不休的。礼貌地提出来，比勉强听或者坐着开小差效果更好。

有些人话很多，或者语言表达比较零散甚至混乱，这时就要耐心地听完他的叙述。即使听到你不能接受的观点或者伤害某些感情的话，也要耐心听完。听完后，可以反驳或者表示你的不同意。但不要轻易地指责对方乱说话，尤其是在自己已懂却装糊涂的情况下。这样很容易会引起对方的反感与不满，因为当对方说出了自己的话时，往往已是经过思考的。随便以乱说话来批评对方或掩饰尴尬，只会使双方陷入针锋相对的境地。

另外，还要适时给予反馈。反馈就是用自己的语言复述对讲话人所表达信息和情感的理解，这表明你已经听到并理解了信息。你可以逐字逐句地重复讲话人的讲话，也可以用自己的语言解释讲话人的意思。

注意谈话禁忌

在交谈中，东探西问别人的私事或话题格调低下都是不礼貌的。

【小贴士】　听的不良表现

听的关键是为了理解去倾听而不是为了评价和反应去倾听。听的不良表现如下。

- 不充分的听
- 评判式的听
- 过滤式的听
- 预演式的听

- 以事实为中心而忽视人的感受

三、谦和是一种力量

孔子曰，"礼之用，和为贵"。"谦""和"历来被认为是君子的重要品质。在人际交往中，谦和的态度具有化解矛盾的力量，可以化干戈为玉帛。要尊重对方，懂得对方的心思，不要用自己那一套来指导别人，也不要觉得自己高人一等而教训别人，显示自己的聪明。要平等待人，这样才能保证交流的顺畅。其实，温和友善比愤怒粗暴更有力量。

【案例】

一天，太阳和风在进行一场激烈的争论，争论的焦点是谁更强大。风自信满满地说："毫无疑问，是我。你瞧瞧下面那位穿着外套的老人，我敢打赌我能比你更快地让他把外套脱下来。"说完，风便用力对着老人吹，试图把老人的外套吹下来。然而，风越吹，老人就越把外套裹紧。

风拼命地吹，但无论如何都无法让老人妥协。渐渐地，风变得疲惫不堪，而太阳则在这时从云层后露出笑脸。它温暖地照耀在老人身上，没过多久，老人开始感到炎热，不禁额头冒汗。最后，老人解开外套，把它脱了下来。

太阳看着风，微笑着说："你看，温和友善永远比激烈狂暴更有力量。有时候，我们需要用温柔的方式去对待别人，而不是一味地强迫他们屈服。"

这个故事告诉我们，与人相处时，温和友善的态度往往比激烈狂暴更能达到目的。在生活中，我们应该学会用阳光般的心态去面对他人，用温暖的语言去沟通，以达到和谐共处的目的，而不是一味地强迫别人服从自己的意愿，那样只会让人疏远。

太阳和风的争论也启示我们，要学会尊重他人，每个人都有自己的坚持和底线。只有以温和友善的方式去对待他人，才能真正赢得别人的尊重和信任。而那些激烈狂暴的行为，只会让人更加抵触，甚至导致关系的破裂。

在我们的日常生活中，不论是家庭、学校还是职场，都需要我们运用温和友善的态度去与他人相处。只有这样，我们才能建立良好的人际关系，让生活变得更加美好。所以，让我们铭记这个故事带给我们的启示，努力做一个温和友善的人，用阳光般的心态去照耀他人，温暖他们的心灵。

第四节　人际交往中的不良心理及调试

人际交往是人们社会生活的重要内容之一，自我的发展、心理的调适、信息的沟通、各种不同层次需求的满足、人际关系的协调都离不开人际交往。每个人都希望自己善于交往，并希望通过交往与周围人建立起良好的社会关系，使自己在温馨怡人的环境中愉快地学习、生活和工作。在实际交往过程中，由于某些心理障碍的存在，往往造成人际交往不尽人意，影响了其正常进行。因此，克服人际交往中的心理障碍，对于调适人际关系意义重大。

一、克服孤独心理

孤独就是常言的"不随和，不合群"，是指一种由于经常独处或受到孤立，很少与人接触而产生的孤单、无助的心理体验。在当今大学生群体中，孤独是一种普遍的心理现象。大学生的自我意识逐渐成熟，需要暂时的独处，以便回味过去的言行，进行自我反省，确定未来的生活道路；同时，大学生也可以从暂时的孤独中寻找到快乐，享受这份心灵的宁静，塑造良好的人格。因而，适当的独处是有益的。但如果长期沉迷于孤独，会给人带来诸多负面影响。孤独是一种主观的心理感受，主要表现为沉默寡言，消极悲观，缺少知心朋友，在新的生活中难以适应；敏感多疑，不喜欢参加集体活动；感情脆弱，自卑感强，抗挫折能力差；与人交往紧张抑郁，不善言辞；遇事容易冲动发怒，甚至违法犯罪、厌世轻生等。

产生孤独的原因很复杂，主要是受个体气质、性格的影响。由于某些原因，如个人性格过于内向，过度自卑，不愿与人交往，把内心世界封闭起来，拒绝别人的友谊。另外，生活环境变化也会令人产生孤独感。

要克服孤独带来的危害，应从以下几方面入手。

① 开放自我，多与外界交流、沟通。独自生活并不意味着与外界隔绝，虽然客观上与外界交流有困难，但依然可以通过其他方式达到交流的目的。比如，主动关心别人、对人真诚相待、与他人结成各种友好关系，从而形成良好的个人交往环境。

② 克服自卑情绪，增强自信。因自卑而造成孤独情绪，如同作茧自缚。自卑这层茧冲不破，就难以走出孤独。所以应增强自信，充分发挥自己的才华和优势，感受成功的喜悦，从而克服孤独。

③ 充实自我，培养广泛的兴趣。

④ 大胆交往，不怕挫折，善于在交往挫折中总结经验、吸取教训、改进方法，以提高交往能力。

【案例】

在繁华的都市中，有一个名叫小丽的年轻女孩。她性格内向，总是喜欢独自沉浸在书籍和音乐的世界里。她像许多独处的人一样，习惯于在安静的角落里寻找属于自己的快乐。然而，命运之神却安排了一场意外的邂逅，让她的人生从此发生了改变。

一次偶然的机会，小丽结识了一群热爱旅行的人。他们充满活力，总是带着好奇的心探索未知的世界。小丽被他们的热情所感染，逐渐放下内心的抵触，开始尝试与他们交流。这个社交群体成为了她人生中的一个重要转折点，让她从内向变得逐渐开朗。

这个社交群体是由一群热爱旅行的人组成的。他们经常一起计划各种旅行，分享彼此的旅行经历和心得。小丽很快发现，与他们交流不仅使她开阔了眼界，还激发了她内心深处的冒险精神。她开始对旅行产生了浓厚的兴趣，向往那些未曾踏足的土地。

在群体的影响下，小丽开始尝试独自旅行。她去了遥远的国度，遇到了各种各样的人。通过与他们的交流，她不仅学会了不同的语言和文化，还结交了许多志同道合的朋友。这些经历让她变得更加独立和自信，勇敢地面对生活中的挑战。

随着时间的推移，小丽在旅行中不断成长。她开始在社交媒体上分享自己的旅行照片和心得，吸引了越来越多的关注者。她发现，社交不仅让她结交了新朋友，还为她打开了一个全新的世界。这个世界充满了无尽的奇遇和惊喜，让她无法抗拒其魅力。

如今，小丽已经成为这个社交群体的核心成员。她与世界各地的朋友们保持着联系，分享彼此的生活点滴。她深知，是社交让她的生活变得更加精彩和丰富。在这个快节奏的世界里，社交不仅是一种连接方式，更是一种力量，它能够让我们发现自己的潜能，探索无限的可能性。

小丽的经历告诉我们，勇敢地走出自己的舒适区，去结识新的朋友，发现世界的美好。无论是一片未曾踏足的土地，还是一个崭新的思想，都会让我们的人生变得更加丰富多彩。

人生是一次漫长的旅行，只有不断结识新的朋友，旅程才不会孤单。长期的缺乏交往，孤守自我，会让人感受到"念天地之悠悠，独怆然而涕下"的悲凉。英国哲学家培根说："缺乏真正的朋友，乃是最纯粹最可怜的孤独。没有朋友，世界不过是一片荒漠。"

二、克服自卑心理

【案例】

与成功失之交臂的弗兰克林

1951年，英国女医生弗兰克林从自己拍摄 X 射线衍射的照片中发现了 DNA（脱氧核糖核酸）的螺旋结构。经过研究，她大胆地提出假说，并以此为题做了一次很出色的演讲。

然而，许多人对她的发现提出质疑，怀疑她的照片的真实性和假说的可靠性。在这些压力下，弗兰克林也开始怀疑自己：作为一个普通医生，提出这样高深的理论问题，也许太不自量力了吧？她动摇了。于是，她公开否认了自己提出的假说，也没有再继续研究下去。

后来，另外两位科学家在这个领域的研究中取得重大成果，并因此获得诺贝尔医学奖。然而，他们最初关于 DNA 结构研究论文的发表是在 1953 年，比弗兰克林的发现晚了两年。

自卑是一种因过低的自我评价而产生的消极情绪体验。在交往活动中，自卑心理的外在表现主要为：一方面是对自己过于苛求，或者对自己估计太低，总认为自己样样不如人，因而产生自卑心理，从而失去进取心和竞争意识，导致情绪消沉、精神萎靡、敏感多虑、自怨自艾，行为上畏首畏尾、消极处世、得过且过；另一方面是对自己期望过高，在交往、相处中总想使自己的形象完美，对别人的评价过于敏感，逃避集体活动，唯恐出丑、受挫、遭人拒绝或耻笑，于是将自己的内心世界重重包藏和保护起来，时时处处给自己安装上一副铠甲。

造成自卑的原因是多方面的。从内因上看，是自我认识不足。自卑者总爱拿自己的短处与别人的长处比，结果是越比越不如人、越比越泄气。从外因上看，生活环境的影响和挫折的经历是主要原因。惊弓之鸟的例子众人皆知，因为飞雁曾受箭伤，恐惧的阴影犹存，飞行中一味哀鸣，没有飞到目的地的足够信心，所以一闻弓声，便惊慌失措，导致毙命。如果一个人在交往中总是受到伤害，得到的总是消极的反馈，就会逐步形成自卑心理。

自卑的浅层感受是别人看不起自己，而深层心理体验是自己看不起自己，于是在交往中常感觉不安，把自己囿于一个小圈子中，久而久之则会严重影响身心健康。所以，应该从以下几方面调整自身情绪，以消除自卑心理。

① 增进对自身优势的了解。要从自卑的陷阱中走出来，必须对自己有一个正确的、清醒地认识。俗话说，"金无足赤，人无完人"。生活中每个人都有优、缺点，因此对己对人都应做客观分析。不要总想着自己的不足而忽视自己的长处，也不要总盯着别人的长处而忽视其不足。

要正确对待社会和他人的贬抑性评价，充分认识和肯定自我的长处及优势，从而改变对自我的认识。他人仅凭一时一事做出的评价，往往是不全面的。科学巨匠牛顿，在学生时代是有名的"懒汉"；一生有 1000 多项发明的爱迪生，在学校被老师认为"智力愚钝"，刚念了三个月的书就被劝回家；创立狭义相对论的爱因斯坦，在学生时代却被老师认为"永远不会有出息"。这一切都说明，社会的评价并不是完全正确的，切不可一味屈从而否定自己的过人之处。

在交往时做到不卑不亢，既不取悦别人，以博取好评来满足自己的虚荣心；更不在别人面前显示自己、炫耀自己，以提高自己的身价。要明白自身的价值，不随别人的评价改变自己。这样，就能渐渐消除自卑心理，从而获得别人的尊重。

② 积极的自我暗示和主动交往。积极的自我暗示是指即使自己处于不利的地位，也要鼓励自己，树立信心，不要在事先过多地体验失败后的情绪；不要总是处在高期望状态，而应从实现小目标、获得小希望开始，以每个小目标的实现作为一次成功体验。事实上，即使很小的成功经验，也会给自卑者带来十分有益的鼓励和帮助。如此循序渐进，就能以自信取代自卑。

积极主动、大胆地交往是克服自卑的关键，因为交往的能力和艺术只能在交往过程中形成。而且在大胆交往的过程中，能获得友谊和集体的温暖，体验到真诚和成功的喜悦；同时发现自己的优势和潜力，增强信心，最终战胜自卑心理。

③ 设计良好的自我形象。自信在很大程度上受自我形象影响。众所周知，一身大方得体的服装可以使自己精神焕发，简单的装扮也可以使人神采奕奕。这种良好的自我感觉，对情绪与自信的作用不可低估。为自己设计良好的自我形象，将大大有利于人际交往中自尊的维护。

三、克服害羞心理

害羞心理常表现为腼腆，动作扭捏，不自然，脸色绯红，说话音量小，严重者怯于交往，甚至对交往采取回避的态度。

害羞是人类常见的心理现象，但过分的害羞则属于不正常的心理问题。它是指害怕与人打交道，过多地约束自己的言行，不敢自主表现自己，以致无法充分地表达自己的思想情感，影响正常交往的心理状态。害羞者对自己的一言一行非常重视，唯恐有差错，这种心理状态导致了他们在交往中，特别是陌生的场合，生怕被人耻笑，因此表现得很不自然，出现心跳、脸红等现象。久而久之，便不敢与人接触，羞于在公开场合讲话，严重者甚至导致社交恐惧症。

克服害羞心理，实际上就是要客观地看待得失，增强自信心。因此在社交中，我们可以采取转移注意力、加强自我肯定、调节谈话气氛、模仿泰然处之的言行来克服它。

四、克服自我中心心理

【案例】

林傲雪是班级的文艺委员。最近为了迎接校庆，她组织班上编排了一个舞蹈，经过紧张的排练，最后夺得了全校三等奖。可是自从这次活动后，林傲雪的"人气指数"便明显下降，许多同学都对她爱理不理。林傲雪感到非常苦恼、困惑，在一次和班主任王老师谈心时，她说到此事。随后王老师来到参加演出的女生中进行"暗访"，当问到对林傲雪有什么评价时，大家都露出鄙夷、不屑的神色。

冯凌抢先说："王老师，你不知道，我们在排练节目的那些日子受了多少窝囊气。她以为自己真的是什么'大牌导演'呢，把我们都当成'跑龙套'的，对我们指手画脚，我们真是受够了。"

"可不是嘛，更让人受不了的就是她经常自以为是，从来不听听我们的意见。"柳佳紧接着冯凌的话说道，"有些舞蹈动作我们觉得很不协调，建议改一下，她说什么都不肯，最后还发起脾气来说什么'谁要改就由谁来负责'。"

一旁的马佳琪也说："不仅如此，她在分配任务时，从不听取我们的意见，都是她一个人拍板。一开始李洁不肯领舞，她说自己胆子不够大，怕在前面紧张，而林傲雪却执意要她领舞，还说'我是文艺委员，你们就得听我的'。没办法，李洁只得硬着头皮上。唉，真服了她！"

"还有就是我们累了的时候要求休息一下，她都反对。"

"有好几次我们饭都没吃，只得在她的执意要求下饿着肚子跳。"

……

王老师听了好些同学对林傲雪的看法，终于知道林傲雪被同学冷落的原因了，进而解开了她心中的疑团。

她皱了皱眉头，准备找个合适的时机，好好开导一下林傲雪。

林傲雪为什么会被同学冷落、意见纷纷呢？从同学们的倾诉中可以看出，她在跟同学交往时总是以自我为中心，独断专行，不顾及别人的想法，不体会别人的感受，所以才导致了"出力不讨好""众叛亲离"，虽然为班上出了力、争得了荣誉，但没有博得同学们的好感，反而让同学们更加疏远她、孤立她。

每个人心中都或多或少地有一点"本我"的私心，只不过有些人只有"本我"，没有"他我"，处处以自我为中心。自我中心是人的一种个性特征，但在交往中是一种严重的心理障碍，会严重影响到人际关系。其主要表现在以下几个方面。

① 与别人交往时，总是处处为自己着想，以自己的需要和兴趣为中心，只关心自己

的利益，而不考虑别人的兴趣或利益。强调自身感受，不尊重他人的人格和价值，漠视他人的处境和利益，完全从自己的角度、从自己的经验去认识和解决问题。

② 在交往中固执己见，唯我独尊，独断专横，听不进别人的意见，似乎自己的认识和态度就是他人的认识和态度，盲目地坚持自己的意见。

③ 缺少对别人的关心，强人所难，不顾及别人的感受。

④ 居高临下，喜欢对别人发号施令。

⑤ 自尊心过强，过度防卫，对别人的成绩有明显的嫉妒心，对别人的失败总是幸灾乐祸。

以自我为中心的人，使他人敬而远之，使自己处于自我封闭和自我隔绝的状态中。长此以往，将导致一个人形成自卑、孤独退缩等种种心理障碍。

以自我为中心的人在交往中，由于缺乏对自己正确的认识和对他人的尊重，因而不易与别人建立牢固、持久的人际关系。要改变自我为中心人格，须坚持以下三点。

① 学会宽容：只有能够接受别人的正确意见，承认自己的错误，才有可能通过批评，改掉过去固执己见、唯我独尊的形象。

② 学会理解：要尝试主动与人交流看法，对那些与自己不同的人和事，可以和他争论，但重点放在解决问题上，不要总想着以击败对方为目的。要尊重别人的意愿，切忌强人所难；要听取别人的意见，切忌独断专横。

③ 平等相处：要放低自己的姿态，切忌居高临下。

五、消除嫉妒心理

巴尔扎克说："嫉妒者比任何不幸的人更为痛苦，因为别人的幸福和自己的不幸，都将使他痛苦万分。"

嫉妒是对与自己有联系的，而强过自己的人的一种不服、不悦、失落、仇视，带有破坏性的危险情感，是通过与他人进行比较而产生的一种消极心态。

从某种意义上说，嫉妒是人类的一种普遍情绪。现代社会是一个崇尚成功的社会，然而在激烈的竞争中，有人成功、有人失败，失败者所产生的不悦、羞愧、恼怒、怨恨等所组成的复杂情绪就是嫉妒。在人际交往中，造成嫉妒的重要原因之一，就是在与别人的比较中发现自己的才能、名誉、地位、成就等方面不如他人，因而产生了一种不如人又不甘心的痛苦体验。这种情绪很容易转化为对比较对象的不满和怨恨，因而在行为上不愿与比自己成功的人相处、冷嘲热讽，甚至不惜采取不道德行为，通过打击损害对方，实现自我心理平衡，最终导致人际冲突和交往障碍。

在职业交往中，普遍存在着不同程度的嫉妒心理，很有必要加以纠正。要克服嫉妒情绪，使其从消极情绪和行为转化为积极的心态和竞争行为。

（1）认知调节，正确认识成败

嫉妒心理的产生往往源于两种错误的认识：一是认为别人成功了，就说明自己失败了；别人取得了成绩，就说明自己没有成绩。二是认为别人的成功就是对自己的威胁，是对自己利益的侵害。因此，要克服嫉妒心理，首先要正确认识成败，并正确认识自己与他人的比较。任何人都有优点和缺点、长处和短处，与他人的比较是人际交往的必然结果，是促使人拼搏奋进、超越他人的动力。我们要勇敢地向对方提出挑战，以更好的成绩去证明自己的能力。

（2）充实自我，提高自身竞争力

当一个人有很多事情需要做时，便无暇嫉妒他人。因此，要学会把目光集中在自己身上，确定适合自己的发展方向，积极参加有益的活动，使自己真正充实起来，成为一个强者。这样，嫉妒也就不会滋生、蔓延了。

（3）增强自信

一个人在嫉妒他人时，总是容易注意到他人的优点，却不能发现自己的强项，从而不相信自己的能力。其实，任何人都有不如别人的地方，也都有自己的长处，简单地与他人做表面的比较，往往会导致片面的看法。因此，克服嫉妒应从自信做起。正确地评价自己和他人，既要看到自己的不足，也要看到自己的长处，做到见贤思齐，把别人的成功变成激励自己的动力，从而增强协作精神，消除嫉妒心理，形成良好的人际关系。

（4）心胸开阔

不要总是抱有不信任的态度，并以一种怀疑的眼光看待别人，从而戴着假面具与人交往。消除疑心，最根本的是去掉私心，正所谓"心底无私天地宽"。要提醒自己防止以小人之心度君子之腹，并经常让自己来个角色置换，即站在对方的角度思考问题。

六、培养社会协同观念

【案例】

同舟共济

有一家生意不错的电子产品销售企业，在负责人出差期间，有人秘密地把企业大部分的客户资料出卖给了竞争对手。销售旺季到来之前，这家企业以往的签约顾客居然很少有来购买产品的。于是，企业慢慢地陷入了前所未有的危机。

没有人知道是谁干的，负责人也觉得自己对不起企业的员工。"我很遗憾企业出现了这样的事情。"负责人说，"现在，企业的资金周转出现了困难，这个月的薪水暂时不能发给大家。我知道，有的人想辞职，要是在平时我会挽留大家，但这个时候大家想走我会立刻批准，因为我已经没有挽留大家的理由了。"

"老板，您放心，我们是不会走的，我们不能在这个时候离开，我们一定会战胜困难。"一个员工说。"是的，我们不会走的。"很多人都在说。员工中表现出来的那种与企业同呼吸共命运的决心，感染了在场的每一个人。

这家企业没有倒闭，反而比以前做得还要好。因为在危难中负责人发现了一批具有同甘共苦精神的员工，依靠他们，企业的发展有了真正的支柱。与此同时，在危难中留下来的员工也都得到了重用并发展了自己，那些临危而去的员工显然失去了一次发展自己的机会。

每个人都应明白这一点：自己永远生活在社会之中，只有"同舟共济"才能共同生存和发展。你只有尊重、帮助别人，才能赢得他人的尊重与帮助。顾影自怜的处世态度，既违背了人的社会性，也为自己设置了孤立无援的陷阱。只有不断关怀别人，你才能经常得到他人的慰藉。在职业交往中只要热爱生活、相互沟通、真诚合作、同舟共济，就会构筑和谐愉快轻松的职业环境；相反，如果彼此封锁、互相争斗，则把职业环境变成了硝烟弥漫的战场。

思考与训练

1. 怎样给别人留下良好的第一印象？

2. 下面这则戴高乐的故事带给你怎样的启发？

军旅生涯使戴高乐将军建立了一个信念："保持一定的距离。"这深刻地影响了他和顾问、智囊及参谋们之间的关系。在他十多年的总统岁月里，他的秘书处、办公厅和私人参谋部等顾问和智囊机构，没有什么人的工作年限能超过两年。他总是对新上任的办公厅主任说：我只使用你两年。人们不能以参谋部的工作作为自己的职业，你也不能以办公厅主任作为自己的职业。

这一规定一是受部队做法的影响，在戴高乐看来，军队是流动的，不可能始终固定在一个地方。因此调动是正常的，而固定是不正常的。二是他不想让某些人变成他"离不开的人"。作为一个主要靠自己的思维和决断而生存的领袖，他不允许身边有永远离不开的人。只有调动，才能保持一定距离，才能保证顾问的思维和决断具有新鲜感、充满朝气，也可以杜绝顾问和参谋们利用总统和政府的名义营私舞弊。

对于现在在校学习的你和将来走上工作岗位或者走上领导岗位的你，有怎样的启发？

【参考答案】 反观一些国有大型企业，一些领导的身边长期围绕着几个人，个别秘书甚至成了领导的"脑袋"。没有距离感，领导决策过分依赖秘书或某几个人，容易使智囊人员干政，进而使他们假借领导名义，谋一己之私利，最后拉领导干部下水，这样的后果是很危险的。两相比较，还是保持一定距离好。

3. 分析下列案例并按要求回答问题。

【案例】 一次某公司招聘文秘人员，由于待遇优厚，应聘者很多。中文系毕业的小张同学前往面试，她的背景材料可能是最棒的：大学四年，在各类刊物上发表了3万字的作品，内容有小说、诗歌、散文、评论、政论等，还为六家公司策划过周年庆典，一口英语表达也极为流利，书法也堪称佳作。小张五官端正，身材高挑匀称。面试时，招聘者拿着她的材料等她进来。小张穿着迷你裙，露出藕段似的大腿，上身是露脐装，涂着鲜红的唇膏，轻盈地走到一位考官面前，不请自坐，随后跷起了二郎腿，笑眯眯地等着问话。孰料，三位招聘者互相交换了一下眼色，主考官说："张小姐，请回去等通知吧。"她喜形于色："好!"挎起小包飞跑出门。

问题：小张能等到录用通知吗？为什么？假如你是小张，你打算怎样准备这次面试？

【参考答案】 小张等不到录用通知。

第一，衣着。面试的时候应该穿正装，最好是带有职业性质的服装或套装。

第二，面容。面试的时候化妆是对对方的尊重，但是一般应以淡妆为主，嘴巴涂有一定颜色的唇彩，让人觉得精神就行，而不需要太艳丽的颜色。

第三，坐姿。不能不请自坐，要请求；坐前要谢谢，坐立端正，并且只坐椅子的前三分之二，还有后三分之一放包或其他（不能带太多）；如果穿的是裙子可以选择两脚并拢往左边或右边斜着，这样既美观又落落大方；如果穿的是裤子而且又要跷脚，那么跷腿时要把脚尖压下去，用脚尖对着别人是对别人的不尊重。

第四，走路。走路不应该过急或过慢，尤其是面试有了一定结果的时候更不应该选择跑。这样会给对方造成不好影响，还有可能撞到其他人。

第五，笑。在礼仪中我们讲究的笑是露出八颗牙齿，这样既能表达笑又不会让人觉得做作。

第六，礼貌用语。走进招聘室后要先问好，走前要谢谢考官。

4. 实训

① 正确的坐姿、站姿、行姿、蹲姿训练，使学生具有良好的职业姿态。

② 基本职业妆容的化妆技巧和修饰技能训练，使学生能保持较好的职业仪容。

③ 在陌生的场合，主动与人谈话，这是获得更多朋友的方法之一。你不妨去尝试一番。

④ 通过各种丰富多彩的集体活动，可以加深同学之间的了解、增进同学之间的友谊。师生之间也是如此。班级搞的一些活动，邀请各任课老师参加，不仅可以陶冶情操、活跃气氛，还可增进师生之间的感情交流和相互理解，更是对人际交往能力的培养和锻炼过程。请你积极地参与其中吧。

第七章

团队合作能力

我国《淮南子·兵略训》中有这样一句话：千人同心，则得千人之力；万人异心，则无一人之用。意思是说：一千个人如果是同一条心，就能发挥一千个人的力量；一万个人如果各怀心腹事，就连一个人的力量都发挥不出来。这句话强调同心协力的重要性。

1994年，美国著名管理学教授、组织行为学的权威斯蒂芬·罗宾斯首次提出了"团队"的概念：为了实现某一目标而由相互协作的个体所组成的正式群体。在随后的十年里，关于"团队合作"的理念风靡全球。

团队合作是一个永恒的主题。从刚刚懂事起，我们就已经作为社会人开始了与人相处、与人合作。当我们步入职场后，便开始了更大范围的交往与合作。现代社会分工越来越细，没有一个单一的公司或个人能够拥有自己所需要的全部资源并完成所有事情，团队合作能力日益成为促进社会发展与个人进步的重要能力之一。对于社会来讲，社会成员之间精诚合作、同舟共济，有助于实现又好又快发展；对于个人来说，与他人的合作可以为个人发展创造必要条件和更大空间。

第一节　关于团队的那些事

一、团队及其构成要素

【案例】

相传在古希腊时期的塞浦路斯，曾经有一座城堡里关着7个小矮人。传说他们是因为受到了可怕咒语的诅咒，才被关到这个与世隔绝的地方。他们住在一间潮湿的地下室里，找不到任何人帮助，没有粮食，也没有水。于是，这7个小矮人越来越绝望。

在小矮人中，阿基米德是第一个得到守护神雅典娜托梦的。雅典娜告诉他，在这个城堡里，除了他们待的那个房间外，其他的 25 个房间里，一个房间里有一些蜂蜜和水，够他们维持一段时间；而另外的 24 个房间里有石头，其中有 240 块玫瑰红的灵石，只要收集到这 240 块灵石，并把它们排成一个圈的形状，可怕的咒语就会解除，他们就能逃离厄运，重归自己的家园。

第二天，阿基米德迫不及待地把这个梦告诉了其他的 6 个伙伴。其中 4 个人都不愿意相信，只有爱丽丝和苏格拉底愿意和他一起努力。刚开始的几天里，爱丽丝想先去找些木材生火，这样既能取暖又能让房间里有些光线，苏格拉底想先去找那个有食物的房间，阿基米德想赶紧把 240 块灵石找齐，好快点让咒语解除。3 个人无法统一意见，于是决定各找各的。但几天下来，3 个人都没有成果。他们耗得筋疲力尽，更让其他的 4 个人取笑不已。

但是 3 个人没有放弃，失败让他们意识到应该团结起来。他们决定，先找火种，再找吃的，最后大家一起找灵石。这是个灵验的方法，3 个人很快就在左边第二个房间里找到了大量的蜂蜜和水。

在经过几天的饥饿之后，他们狼吞虎咽了一番；然后，还带了许多分给特洛伊、安吉拉、亚里士多德和梅里莎。于是，温饱的希望改变了其他 4 个人的想法。他们后悔自己之前的愚蠢，并主动要求和阿基米德一起寻找灵石，解除那可恨的咒语。

为了提高效率，阿基米德决定把 7 个人兵分两路：原来的 3 个人继续从左边找，而特洛伊等 4 人则从右边找。但问题很快就出来了，由于前 3 天一直都坐在原地，特洛伊等 4 人根本没有任何的方向感，城堡对他们来说就像个迷宫，几乎就是在原地打转。阿基米德果断地重新分配：爱丽丝和苏格拉底各带一人，用自己的诀窍和经验指导他们慢慢地熟悉城堡。当然事情并不像想象中那么顺利，先是苏格拉底和特洛伊那组，总是嫌其他两个组太慢。后来当过花农的梅里莎发现，大家找来的石头里大部分都不是玫瑰红的；最后由于地形不熟，大家经常日复一日地在同一个房间里找石头。大家的信心又开始慢慢丧失。

阿基米德非常着急。这天傍晚，他把 6 个人召集在一起商量办法。可是交流会刚刚开始，就变成了相互指责的批判会。

性子急的苏格拉底先开口："你们怎么回事，一天只能找到两三个有石头的房间？"

"那么多的房间，门上又没有写哪个有石头、哪个没有石头，当然会找很长时间了！"爱丽丝答道。

"难道你们没有注意到，门锁是圆孔的都是没有石头的，门锁是十字形的都是有石头的吗？"苏格拉底反问道。

"干吗不早说哪？害得我们做了那么多的无用功。"其他人听到这儿，似乎有点生气。经过交流，大家才发现，原来他们有些人可能找准房间很快，但可能在房间里找到的石头都是错的；而那些找得非常准的人，往往又速度太慢。这样，他们完全可以将找得快的人和找得准的人组合起来。于是，这 7 个小矮人进行了重新组合。在爱丽丝的提议下，大家决定开一次交流会，以交流经验和窍门。然后把很有用的那些都抄在能照到亮光的墙上来提醒大家，省得再去走弯路。

在 7 个人的通力协作下，终于找齐了所有的 240 块灵石。但就在这时，苏格拉底停止了呼吸。大家震惊和恐惧之余,火种突然又灭了。没有火种,就没有光线;没有光线,大家就根本没有办法把石头排成一个圈。

本以为是件简单的事,大家都纷纷来帮忙生火。哪知道,6个人费了半天的劲,还是无法生火,以前生火的事都是苏格拉底干的。寒冷、黑暗和恐惧再一次向小矮人们袭来。灰暗的情绪波及了每一个人,阿基米德非常后悔当初没有向苏格拉底学习生火。

在不懈努力下,最终火还是被生起来了。小矮人们胜利了。

这个故事告诉我们:要想生存下来,要想走出人生困境,要想取得成功,就必须与人合作。随着高科技的发展,社会分工越来越细、行业越来越多,使得个人无法学会所有知识,更不可能掌握所有职业技能。现有的工作已不再是一个人能左右的,合作成为必然,社会需要我们合作,我们也必须合作。

1. 团队

根据管理学家斯蒂芬·罗宾斯的定义,团队(Team)是由两个或者两个以上相互作用、相互依赖的个体,为了特定目标而按照一定规则结合在一起的组织。这里的团队是相对部门或小组而言的。部门和小组的一个共同特点是:存在明确内部分工的同时,缺乏成员之间的紧密协作。团队则不同,队员之间没有明确的分工,彼此之间的工作内容交叉程度高,相互间的协作性强。团队在组织中的出现,根本上是组织适应快速变化环境要求的结果。为了适应环境变化,企业必须简化组织结构层级和提供客户服务程序,将不同层级中提供同一服务的人员或服务于同一顾客的不同部门、不同工序人员结合在一起,从而在组织内形成跨部门的团队。

实际上,团队可以把以前按顺序而又前后脱节的工作放在一起进行。团队可以随时组建,一旦完成工作,便可随时解散。它所完成的工作是用其他方法无法完成的。可以说,不管是从事新产品研发,还是改进工艺流程,团队均可把多种优势、技能和知识糅合在一起。另外,它还给我们一种重要启示:每个人都有一定的创造性,在合适的时候让他们的智慧共同闪光,将会迸发无穷的力量。

团队合作指的是一群有能力、有信念的人在特定的团队中,为了一个共同的目标相互支持、合作的过程。

所谓团队合作能力,是指建立在团队的基础之上,发挥团队精神、互补互助以达到团队最大工作效率的能力。对于团队的成员来说,不仅需要有个人能力,更需要有在不同的位置上各尽所能、与其他成员协调合作的能力。

2. 团队的构成要素

团队的构成要素可概括为5P,分别为目标、人、定位、权限、计划。

(1)目标(Purpose)

团队应该有一个既定的目标,为团队成员导航,使大家知道要向何处去。没有目标,这个团队就没有存在的价值。

自然界中,有一种昆虫很喜欢吃三叶草。这种昆虫在吃食物的时候都是成群结队的,第一个趴在第二个的身上,第二个趴在第三个的身上,连接起来就像一节一节的火车车厢,由一只昆虫带队去寻找食物。管理学家做了一个实验,把这些像火车车厢一样的昆虫连在一起，组成一个圆圈，然后在圆圈中放了它们喜欢吃的三叶草。结果，它们爬得精疲力竭也吃不到这些草。

这个例子说明在团队中失去目标后，团队成员就不知道该向何处去，最后的结果可能是饿死，而这个团队存在的价值可能就要大打折扣。

团队的目标必须跟组织的目标一致，当然还可以把大目标分成小目标具体分到各个团队成员身上，让大家合力实现这个共同的目标。

目标还应该有效地向大众传播，让团队内外的成员都得知。有时甚至可以把目标贴在团队成员的办公桌上、会议室里，以激励所有的人为这个目标去工作。

（2）人（People）

人是构成团队最核心的力量，也是形成团队最基本的要素。2个（包含2个）以上的人就可以构成团队。不同背景、不同角色、不同思维、不同经验、不同知识、不同技能、不同体能的人员，可通过分工来完成团队的共同工作目标。所以，在人员选择方面除了要考虑完成工作所需的知识、水平、能力等要素外，也要充分考虑人员的品质、性格、观念、思维等，以避免和减少一些不必要的冲突，力求做到匹配、互补、和谐。

目标是通过人员具体实现的，所以人员的选择是团队中非常重要的一个部分。在一个团队中可能需要有人出主意，有人订计划，有人实施，有人协调不同的人一起去工作，还有人去监督团队工作的进展、评价团队最终的贡献。

（3）定位（Place）

定位包含两层意思：一是团队的定位，即团队在企业中处于什么位置？由谁选择和决定团队的成员？团队最终应对谁负责？二是个体的定位，即作为成员在团队中扮演什么角色？是订计划还是具体实施或评估？成员如何构成？

（4）权限（Power）

团队当中，领导人的权力大小跟团队的发展阶段相关。一般来说，团队越成熟领导者所拥有的权力相应越小，在团队发展的初期阶段领导权是相对比较集中的。

团队权限关系的两个方面：一个是整个团队在组织中拥有什么样的决定权？比如说财务决定权、人事决定权、信息决定权。另一个是组织的基本特征，比如说组织的规模多大、团队的数量是否足够多、组织对于团队的授权有多大、其业务是什么类型。

（5）计划（Plan）

这里的计划包括两个方面的含义：一方面是具体的行动方案，也就是包括各种工作程序、工作内容、工作目标、工作进度等在内的实施办法。另一方面是按既定的计划进行，进度顺利，以保证团队一步一步地贴近目标，从而最终实现目标。

二、贝尔宾团队角色理论

团队角色理论是英国组织行为学家、英国剑桥产业培训研究部前主任梅雷迪思·贝尔宾（R. Meredith Belbin）提出的分析团队角色和团队合作的一个理论模型。贝尔宾是团队工作理论的早期倡导者，为了研究团队取得成功的原因，他进行了两个为期9年的重要研究团队试验。1981年，贝尔宾首次在《团队管理：他们为什么成功或失败》一书中提出了贝尔宾团队角色模型，经过 12 年的推广应用和修正，于 1993 年再次提出了修正的研究成果。其基本理念是：在团队中，人们除了承担工作角色或功能角色之外，还要承担团队角色。前者多与人们的专业技能、职位水平有关，而后者则反映了人们的兴趣、性格以及思维方式所决定的一种特定的行为模式。

根据贝尔宾团队角色理论，一支结构合理的团队应该由九种人组成，通过担任不同团队角色的人的优势互补，才能组成有力的团队。这九种角色与团队的规模无关，在很多情况下一个团队成员要承担多种角色，或者多个成员承担一个角色。这九种团队角色分别如下。

1. 智多星 PL（Plant）

智多星创造力强，充当创新者和发明者的角色，为团队的发展和完善出谋划策。通常他们更倾向于与其他团队成员保持距离，运用自己的想象力独立完成任务，可谓标新立异。他们对于外界的批判和赞扬反应强烈，持保守态度。他们的想法总是很激进，并且会忽略实施的可能性。他们是独立的、聪明的、充满原创思想的，但是容易忽略现实细节，过分沉迷于自我思维，可能不善于与那些气场不同的人交流。

2. 外交家 RI（Resource Investigator）

外交家是热情的、行动力强的、外向的人。无论在公司内外，他们都善于和人打交道。他们与生俱来是谈判的高手，并且善于挖掘新的机遇、发展人际关系。虽然他们并没有很多原创想法，但是在听取和发展别人想法的时候，效率都极高。就像他们的名字一样，他们善于发掘那些可以获得并利用的资源。由于他们性格开朗外向，所以无论到哪里都会受到热烈欢迎。外交家为人随和，好奇心强，乐于在任何新事物中寻找潜在的可能性。然而如果没有他人的持续激励，他们的热情就会很快消退。

3. 评审员 ME（Monitor Evaluator）

评审员是态度严肃的、谨慎理智的人，他们有着与生俱来对过分热情的免疫力。他们倾向于三思而后行，因而做决定较慢。通常他们非常具有批判性思维，善于在考虑周全之后作出明智的决定。具有评审员特征的人所作出的决定，基本上是不会错的。他们的缺点是，欠缺鼓舞他人的动机和能力。

4. 协调者 CO（Co-ordinator）

协调者最突出的特征，就是他们能够凝聚团队的力量向共同的目标努力。成熟、值得信赖并且自信，都是他们的代名词。在人际交往中，他们能够很快识别对方的长处所在，并且通过知人善用来达成团队目标。虽然协调者无须是团队中最聪明的成员，但是他们拥有远见卓识，并且能够获得团队成员的尊重。

5. 鞭策者 SH（Shaper）

鞭策者是充满干劲的、精力充沛的、渴望成就的人。通常他们都非常有进取心，性格外向，拥有强大的驱动力。他们勇于挑战他人并且关心最终是否胜利，喜欢领导并激励他人采取行动。在行动中如遇困难，他们会积极找出解决办法。他们是顽强又自信的，在面对任何失望和挫折时，都倾向于显示出强烈的情绪反应。鞭策者对人际不敏感，好争辩，可能缺少对人际交往的理解。这些特征，决定了他们是团队中最具竞争力的角色。

6. 凝聚者 TW（Team worker）

凝聚者是在团队中给予最大支持的成员。他们性格温和，擅长人际交往并关心他人。他们灵活性强，适应不同环境和人的能力非常强。凝聚者观察力强，善于交际。作为最佳倾听者，他们通常在团队中备受欢迎。他们在工作中非常敏感，但是在面对危机时往往优柔寡断。

7. 执行者 IMP（Implementer）

执行者是实用主义者，有强烈的自我控制力及纪律意识。他们偏好努力工作，并系统化地解决问题。广而言之，执行者是典型的将自身利益和忠诚与团队紧密相连、较少关注个人诉求的角色。然而，执行者或许会因缺乏主动性而显得一板一眼。

8. 完成者 CF（Completer Finisher）

完成者是坚持不懈的、注重细节的，不太会去做他们认为完成不了的任何事。他们由内部焦虑所激励，但表面看起来很从容。一般来说，大多数完成者都性格内向，并不太需要外部的激励或推动。而且，他们无法容忍那些态度随意的人。完成者并不喜欢委派他人，而是更偏好于自己来完成所有的任务。

9. 专家 SP（Specialist）

专家是专注的，会为自己获得专业技能和知识而感到骄傲。他们首要专注于维持自己的专业度，以及对专业知识的不断探究之上。然而由于专家们将绝大多数注意力都集中在自己的领域，因此他们对其他领域所知甚少。最终，他们成为只对专一领域有贡献的专家。但是很少有人能够一心一意钻研，或有成为一流专家的才能。

尽管贝尔宾的研究发现成功的团队中存在九种团队角色，但在他看来理想的团队人数应该是六个。因此，一般的团队中注定有人会身兼多个角色。

三、高效团队的基本特征

一个理想的团队应该是一个有着共同的目标和愿景，其成员之间相互信赖，技能、能力优势互补，其领导者高效能干，其信息沟通充分顺畅，忠诚于组织并得到组织高度支持的团体。

1. 有清晰的目标

高效的团队对要达到的目标有清晰的了解，对其所包含的重大意义和重要价值有明确的认识。因此，团队成员清楚地知道领导希望他们做什么，并且明确如何共同工作才能实现目标。团队目标的重要性，也会激励成员将个体目标升华到团队目标中去。

2. 成员之间相互信任

高效的团队相互之间彼此信任，从而能够出色地完成任务。成员间相互信任是高效团队的显著特征，即每个成员对其他人的品行和能力都确信不疑。我们在日常的人际关系中都能体会到信任这种东西是相当脆弱的，需要花大量的时间去培养而又很容易被破坏。而且，只有信任他人才能换来他人的信任，不信任只能导致不信任。

3. 成员都具有相关技能并且能够优势互补

高效的团队是由一群有能力的成员组成的。他们具备实现目标所必需的技术和能力，并且在一定程度上，成员的能力可以优势互补，让每个成员在团队中体现他的价值。

但是，团队协作的基础是团队，一个团队不能只依靠一个人的力量、重视一个人的力量，而要依靠整个团队协作的力量创造奇迹；要着力打造一个优秀的团队，而不是一个优秀的个人，要始终把团队放在第一位，一切以团队的利益为主。

4. 高度的忠诚

对成功团队的研究发现，团队成员对他们的群体具有认同感，把自己属于该群体的身份看作是自我的一个重要方面。

5. 有效沟通

群体成员通过畅通的渠道交流信息，包括各种言语和非言语信息。良好有效的沟通，可以释放压力、提升自信心、提高工作效率与激情、提升团队凝聚力。团队成员间平等交流，站在对方角度善意地换位思考，谦逊的态度、平和的心态、善于倾听等都是良好沟通的重要因素。此外，管理层与团队成员之间健康的信息反馈也是良好沟通的重要特征。它有助于管理者指导团队成员的行动，并且消除大家的误解。

另外，有效沟通还包括及时确认。很多时候，我们在讨论一个问题时，一个指令下达后，不是及时确认是否有疏漏、是否正确。比如，团队中成员讨论要做的几件事情，由于信息量大、包含的内容较多，就需要我们有归纳整理的能力，同时对归纳出来要做的事情加以确认。如果不及时确认，就有可能在完成工作的过程中只按自己归纳的点去准备，从而造成疏漏。

公司陈经理交给客服小李 3 件事情，结果她只听清了 2 件，还有一件不太确定。经理看出了小李的茫然，就请小李重复了一遍刚才布置的工作，然后把小李遗漏的内容再次强调了一下。作为反馈，小李也把领导交办的 3 件工作简要复述了一下，领导点头称是。

在做这 3 件事的过程中，小李遇到一些问题，有些需要其他部门的协同，于是及时向领导反馈，得到了领导的支持。3 件事情的进展情况她也及时向领导汇报，这些做法都是有效沟通的表现。

6. 拥有一个优秀的领导者

优秀的领导者是以身作则并能身先士卒的，凡事都能够以团队利益为重。优秀的领导者具有较强的协调能力，能够让团队跟随自己共同度过最艰难的时期。他能为团队指明前途所在，向成员阐明变革的可能性；他能激励他人，鼓舞团队成员的自信心，帮助他们更充分地了解自己的潜力。优秀的领导者往往担任的是教练的角色，并知道怎样培训员工来帮助他们做得更好，不是"叫"他们做事情，而是"教"他们做事情。他们为团队提供指导和支持，但并不试图去控制它。

有个下属企业向总部申请调兵前来协助完成某项任务，正巧董事长最近对一位员工颇有微词，因为那个员工业绩表现不佳，明明能够做得更好却不努力。这样消极的态度又影响了团队中的其他人，导致整个团队效率不高。于是董事长决定把这个员工派下去，让他接受一下考验，吃一点苦头，多获得一些进取心。

临走之前，董事长对那个员工说："你要知道，我是相信你才派你去的。你到下属企业去锻炼，代表的是整个集团公司的形象，千万不要给我丢脸！"

这位员工很高兴，觉得在自己的公司待得太久，总是有各种各样的上司、能人压得自己喘不过气，所以才形成了消极的工作态度。好不容易有了一个施展拳脚的机会，一定要好好表现。于是他在下属公司里表现得非常出色，当然也吃了不少苦头。更难能可贵的是，他还发现了自己以前工作中的诸多问题，并且知道自己应该怎么改正。三个月借调期过后，他回到总部，仿佛脱胎换骨一般，使团队的效率一下子提高了很多。

7. 拥有良好的内外部支持环境

高效团队需要一个良好的支持环境。从内部条件来看，团队应拥有一个合理的基础结构，包括适当的培训、一套易于理解的并用以评估员工总体绩效的测量系统以及一个起支持作用的人力资源系统。恰当的基础结构，应能够支持并强化成员行为以取得高绩效水平。从外部条件来看，管理层应为团队提供完成工作所必需的各种资源。

第二节　没有完美的个人，只有完美的团队

佛教创始人释迦牟尼曾问其弟子："一滴水如何才能不干涸？"弟子们面面相觑，不知如何作答。释迦牟尼给出的答案是："把它放到大海里去。"个人再完美，也不过是一滴水；而一个团队，尤其一个优秀的团队，则是一片辽阔的海。独行侠的个人英雄主义时代已经一去不复返，完全迷信于单打独斗的人往往难以取得更大的成就。

【案例】

在我国一家颇具规模的大型企业中，有一个团队格外引人注目。这个团队汇聚了来自各个领域的优秀人才，他们分别是各自领域的专家，以卓越的技能和独特的才华而闻名于世。团队成员包括顶尖的工程师、经验丰富的市场营销专家、颇具创意的设计师以及敏锐的数据分析师等。这样一支看似完美的团队，却面临着一个尴尬的现实：尽管每个成员的个人能力都得到了业界的一致认可，但团队的整体合作效果却一直不尽如人意。

这个现象引起了企业高层的关注，为了找出问题所在，企业决定对团队进行深入的调查和分析。调查发现，尽管团队成员之间有着共同的奋斗目标，但在实现目标的过程中，却存在着诸多问题。首先，团队成员之间的沟通不畅，每个人都在自己的专业领域里独善其身，很难倾听和接受他人的意见。其次，团队成员之间的信任度不高，导致合作时存在诸多顾虑，难以形成默契。此外，团队内部竞争激烈，成员们更关心个人得失，而非团队的整体利益。

为了解决这些问题，企业采取了一系列举措。首先，企业邀请了专业的团队建设讲师，为团队成员进行沟通与协作的培训。通过培训，团队成员学会了倾听、理解和支持他人，沟通效率得到了显著提高。其次，企业制定了更加公平合理的激励机制，鼓励团队成员相互信任、合作共赢。在此背景下，团队成员逐渐放下了心中的防备，开始真诚地关心和帮助彼此。此外，企业还加强了团队内部的交流与合作，鼓励成员之间分享经验和资源，共同解决问题。

经过一段时间的努力，团队的协作效果得到了明显改善。成员们不再各自为战，而是携手共进，共同为企业发展贡献力量。团队的整体执行力得到了提升，企业业绩也随之攀升。这一变化让企业高层深感欣慰，同时也为其他存在类似问题的团队提供了借鉴。事实证明，只有打破沟通壁垒，提高信任度，激发团队内部的协作精神，才能让每个成员的优势得到充分发挥，实现团队的高效运作，为企业创造更大的价值。

这个团队的成长历程充分说明了优秀人才的合作并非易事，需要在多方面进行调整和改进。只有当团队成员之间建立起良好的沟通、信任与合作机制，才能真正实现 $1+1>2$ 的效果，为企业发展注入源源不断的活力。

一、加强性格修养

性格有先天因素，修养则靠后天养成。增强合作能力，既要不断发现和纠正自身性格中不利于与他人合作的地方，也要不断提高修养以养成正确的为人处事的态度。因此应勤于自省，正确认识自己性格方面的不足，提高改造性格缺陷的自觉性。一是努力提高文化素养。勤读书、读好书，以知识拓宽视野、开阔心胸、陶冶情操。二是积极进行自我矫正。发现有"不合群"的倾向，就要注意多与外界接触、多与同事交流，积极参加集体活动；发现有自高自大的毛病，就要注意多挖掘别人身上的优点和长处，学会谦虚谨慎、尊重别人；发现有说过头话的习惯，就要多一些设身处地地换位思考，注意把握言谈举止的分寸，从而在不断砥砺性格、提高修养的过程中增强合作能力。

二、强化合作意识

善于与人合作，不仅是一种可贵品质，也是一种实际能力。同级之间、上下级之间，都要重视与强调合作。上下级之间的合作，既体现在上级对下级的关心与尊重上，也体现在下级对上级的配合与负责上。作为领导，既要充满自信，又不可狂妄自大，应主动了解和理解下属，学会欣赏他们的聪明才智，帮助他们克服缺点和不足，努力增强自己的亲和力，调动下属的工作积极性；作为一般工作人员，要在工作中发挥主动性，既对上负责也对下负责，而不能事不关己、高高挂起，更不能相互推诿、敷衍塞责。

在与别人的合作中，充分发挥自己的才能，既可以证明自身的价值，也可以给整个团队带来收益。

【案例1】

两个年轻人突发奇想，决定来一场毫无准备的野外徒步旅行。他们充满激情地踏上征程，却因缺乏经验和准备不足，在茫茫大山中迷失了方向。随着时间的推移，他们越走越远，来到了一个人迹罕至的地方。此时，他们携带的食物已经耗尽，眼前却是一片浩渺的汪洋大海，所有的通信设备也失去了信号。

面对如此险境，两个年轻人焦虑不安，一筹莫展。就在此时，一位神秘老人出现在他们面前。两个饥肠辘辘的年轻人向老人求救。老人慈祥地说："我这里有一根鱼竿和一篓活鱼，你们两人可以各选一个。"

第一个年轻人，我们称他为 A，他毫不犹豫地选择了鱼竿，他相信只要有了这根鱼竿，他就能在这个险境中生存下去，甚至钓到更多的鱼。他怀揣着梦想，充满信心地开始了他的钓鱼之旅。

另一个年轻人，我们称他为 B，他选择了那篓新鲜的鱼，他迫不及待地生火煮鱼，大快朵颐，享受着美味的同时，也感叹这篓鱼给他带来的生机。

然而，现实是残酷的。选择了鱼竿的年轻人 A，虽然心怀憧憬，但最终也没能钓到鱼。他在等待中度过了漫长的时间，饥饿和疲惫逐渐侵蚀着他的信心。而选择了鱼的年轻人 B，虽然暂时解决了温饱问题，但困境仍然没有改变。

可惜的是，两个人都没有成功离开险境。

多年以后，同样有两个年轻人遇到了和之前两个年轻人一样的困境。老人依然拿着一根鱼竿和一篓鱼让他们选择。

这两个年轻人没有像之前的年轻人那样各自为战，而是深思熟虑后选择了携手合作。他们意识到，面对困境，团结一致的力量远比单打独斗要强大。他们明确了分工，共同制定了一个合理的计划，以便更好地分配食物和精力，轮流去海边钓鱼。

在合作的过程中，他们互相支持、互相鼓励，共同面对种种困难。他们学会了信任和理解，这使得他们之间的默契与日俱增。在食物匮乏的情况下，他们充分利用有限的资源，通过共同努力，维持着生活的希望。

经过一段时间的努力，这两位年轻人终于凭借着微薄的食物，携手走出了困境。他们感慨万分，明白了在困难面前，团结合作的重要性。这段经历成为了他们人生中最宝贵的财富，让他们在今后的人生道路上，更加懂得珍惜团结协作的力量。

这个故事告诉我们，当面临困境时，我们应当摒弃自私与狭隘，勇敢地携手合作。只有这样，我们才能充分发挥团队的力量，共同克服困难，走向成功。在生活中，我们需要学会相互信任、相互支持，以共同的目标为动力，一起迎接挑战。这样，我们才能在人生的道路上，不断成长、不断进步。

【案例 2】

一家大公司招聘高层管理人员，9 名优秀应聘者经过面试，从上百人中脱颖而出，闯进了由公司老总亲自把关的复试。

老总看过这 9 个人的详细资料和初试成绩后，相当满意。但此次招聘只能录取 3 个人，于是老总给大家出了最后一道题。老总把这 9 个人随机分成甲、乙、丙 3 组，指定甲组的 3 个人去调查婴儿用品市场、乙组的 3 个人去调查妇女用品市场、丙组的 3 个人去调查老年人用品市场。老总解释道："我们录取的人是用来开发市场的，所以你们必须对市场有敏锐的观察力。让你们调查这些行业，是想看看你们对一个新行业的适应能力。因此，每个小组的成员务必全力以赴。"临走的时候，老总又补充道："为避免大家盲目展开调查，我已经叫秘书准备了一份相关行业的资料，走的时候自己到秘书那里去取。"

3 天后，9 个人都把自己的市场分析报告递到了老总那里。老总看完后，站起身来，走向丙组的 3 个人，与之一一握手，并祝贺道："恭喜 3 位，你们已经被录取了！"随后，老总看着大家疑惑的表情，哈哈一笑说："请大家找出我叫秘书给你们的资料，互相看看。"

原来，每个人得到的资料都不一样。甲组的 3 个人得到的分别是本市婴儿用品市场过去、现在和将来的分析，其他两组的也类似。老总说："丙组的人很聪明，互相借用了对方的资料，补齐了自己的分析报告。而甲、乙两组的人却分别行事，抛开队友，自己做自己的，形成的市场分析报告自然不够全面。其实我出这样一个题目，主要目的就是考察一下大家的团队合作意识，看看大家在工作中是否善于合作。要知道，团队合作精神才是现代企业成功的保障！"

现代社会正处于知识经济时代，团队精神在竞争中越来越重要，很多工作都需要团队合作才能完成。只有懂得合作的人，才能获得生存空间；只有善于合作的人，才能赢得发展。

三、培养全局观念

皮之不存，毛将焉附。团队中并不反对个性张扬，但个性必须与团队的行动一致，要有整体意识、全局观念，并考虑团队的需要。它要求团队成员互相帮助、互相照顾、互相配合，为集体的目标而共同努力。

有这样两个大学生：他们共同承担一个项目，但各有分工。其中一位在完成任务的过程中遇到了技术上的难题，此时他只会自己冥思苦想乱翻书，却不屑于向坐在旁边的高手请教一下。这位高手此时不是把他当作共荣辱的合作伙伴，而是坐在旁边等着看笑话。这是我们应该吸取的教训。所以在工作期间，要有意识地培养全局观念。比如要建设一个优秀班组，每个人就不能只考虑自己的需要而不关注别人的感受；要建设一个优秀部门，每个人就不能借口自己有这样那样的事情而不参与集体组织的活动。否则将会像一盘散沙，不仅优秀集体难以形成，自己也很难从中受益。

一个人与整个团队相比，是非常渺小的。如果总是计较个人得失，就永远不会真正融入团队之中。拥有极强全局意识的人，不计较眼前小利得失的人，才最终会成为最大的受益者。

在学习的过程中，你千万不要不愿意把好的思路、想法和结果与别人分享，担心别人超过你的想法是不健康的，也无助于你的成功。有一句谚语说得好，"你付出的越多，得到的就越多"。试想，如果你的行为让人觉得"你的是我的，我的还是我的"，当你需要帮忙时，你认为别人还会来帮助你吗？反之，如果你时常慷慨地帮助别人，那你是不是会得到更多人的回报？

四、锻造优秀品德

优秀品德是合作能力得以升华的保障。

1. 树立集体意识

在社会化大生产中，个人是集体中的个人，没有集体就没有个人，没有集体的进步就没有个人的发展，因而要把个人的利益统一到集体的利益之中。

2. 尊重同事

虽然人的能力有大小，分工有不同，但在人格上大家都是平等的，既不能妄自菲薄，也不能妄自尊大。只有尊重别人，才能得到别人的尊重和支持。

具体做法就是放低姿态。知道尺有所短、寸有所长，每个人都有他过人之处。要尊重每一个同事，不要对别人的行为评头品足，要知道尊重别人就是尊重自己。

3. 看淡名利

在团结合作方面出现的问题，很多都是由名利引起的。在名利问题上不宜花费过多精力，而应经常换位思考、互谅互让。大家长期在一个单位工作，难免会有些磕碰，处理这些问题的诀窍就是大事讲原则、小事讲风格。

4. 主动做事

每个人都有成功的渴望，但成功不是等来的，而是靠努力做出来的。任何一个单位都不喜欢只知道听差的人，因此不应该被动地等待别人告诉你应该做什么，而应该主动去了解社会需要你做什么、你自己想要做什么，然后进行周密规划，并全力以赴地去完成。

【案例】　雁的启示

每年的九月至十一月，加拿大境内的大雁都要成群结队地往南飞行，到美国东海岸过冬。第二年的春天，再飞回原地繁殖。在长达万里的航程中，它们要遭遇猎人的枪口，历经狂风暴雨、电闪雷鸣及寒流与缺水的威胁，但每一年它们都能成功往返。雁群一字排开成"V"字形时，比孤雁单飞提升了71%的飞行能量。

当每只雁振翅高飞时，也为后面的队友提供了"向上之风"。这种省力的飞行模式，能让每只雁最大地节省能量。当某只雁偏离队伍时就会立刻发现单独飞行的辛苦及阻力，于是会立即飞回团队，善用前面伙伴提供的"向上之风"。其实，如果我们如雁一般，就会在队伍中，跟着带队者到达目的地。我们接受他人的协助，同时也要协助他人。

当前导的雁疲倦时，它会退到队伍的后方，而另一只雁则飞到它的位置上来填补。其实，艰难的任务需要轮流付出，我们要相互尊重、共享资源，发挥所有人的潜力。当某只雁生病或受伤时，会有其他两只雁飞出队伍跟在后面，协助并保护它，直到它康复。然后它们自己组成"V"字形，再开始飞行追赶团队。

其实，如果我们如雁一般，无论在困境或顺境时都能彼此维护、互相依赖，再艰辛的路程也不惧怕遥远。在队伍中的每一只雁会发出"呱呱"的叫声，鼓励领头的雁勇往直前。其实，生命的奖赏是在终点，而非起点。在旅程中遭尽坎坷，你可能还会失败，只要团队相互鼓励，坚定信念，最后一定能够成功。

五、不做团队的"短板"

"短板"之说来源于管理学中著名的"木桶理论"：木桶的主要作用是盛水。一个由多块木板构成的木桶，其价值在于其盛水量的多少；但真正决定木桶盛水量多少的关键因素不是最长的木板，而是最短的木板。

任何时候，那块最短的木板都会阻碍整体的发展，成为影响整体成绩最重要的因素。

在团队中，有谁会愿意自己成为那块"短板"呢？每个成员都尽量不做"短板"，不能因为自己的问题影响整体的成绩。整体的素质要想得到提高，必须是每个成员的素质都得到提高，尤其是那些"短板"。

然而，如果你不幸正好成了那块"短板"，也不要自暴自弃。因为你完全可以通过有针对性的学习提升自己，把自己的短板变成长板。

1. 发现自己的薄弱环节

人无完人，每个人都有弱点、不足，只要善于挖掘，就能找到自己在组织中的不足。看是性格因素的、能力因素的还是其他因素的，然后有针对性地去改进、提高、完善。同时，还要加固自己的"长板"，使自己在团队中的作用得以充分发挥。

2. 恪尽职守

做好自己的工作，是每个职员恪守的准则。齐格勒说："如果你能够尽到自己的本分，尽力完成自己应该做的事情，那么总有一天，你能够随心所欲从事自己想要做的事情。"反之，如果你凡事得过且过，从不努力把自己的工作做好，那么任何企业负责人都会毫不犹豫地把你排斥在自己的重用之外。

在团队工作中，你也同样要认真负责地担负起自己那份工作，并尽职尽责地完成。如果你肯努力，那么在大家的帮助下，就没有完成不了的工作。

一次极限运动比赛，参加者大多是身强体壮的小伙子，没有一个小组愿意要一个瘦弱的小姑娘，只怕她会拖大家的后腿，从而影响整体成绩。最后，终于有一个小组收留了这个小姑娘。比赛中，各个项目都很刺激惊险，但小姑娘都咬牙坚持下来了。到了最后一关，穿越一条湍急的河流，河流上只有一块摇摇晃晃的木板，很多小伙子都放弃了。这时候，小姑娘已经脸色发白。但她闭上眼睛吸了口气，踏上了那块木板！大家都为小姑娘的勇气鼓掌。她微笑着说："我只是不想辜负大家的信任，不想拖大家的后腿。"

3. 做优秀的自己

优秀是一种习惯。

西班牙的智者巴尔塔·葛拉西安在其《智慧书》中告诫人们："不断地完善自己，使自己变得不可替代，让别人离了你就无法正常工作。"这种努力让自己不可替代的过程，就是提升自己，让自己不致成为短板的过程。

要想不做团队中的"短板"，你还要不断追求进步，不断发现自身的短板，或是性格方面，或是技能方面。之后填平补齐，增益己所不能。整体的素质要想得到提高，必须是每个成员的素质都得到提高，尤其是那些"短板"。

精诚合作、集思广益是人类最了不起的能耐，它不仅可以创造奇迹，开辟前所未有的新天地，也能激发人类的最大潜能，即使面对人生再大的挑战也不会恐惧。

✎ 小测试

你的团队合作精神如何？让我们来做个测试吧。

以下每一项都陈述了一种团队行为，根据自己做出这种行为的频率打分。

总是这样（5分），经常这样（4分），有时这样（3分），很不这样（2分），从不这样（1分）

当我是小组成员时：

1. 我提供事实和表达自己的观点、意见、感受和信息，以帮助小组讨论。（提供信息和观点者）

2. 我从其他小组成员那里征求事实、信息、观点、意见和感受，以帮助小组讨论。（寻求信息和观点者）

3. 我提出小组后面的工作计划，并提醒大家注意完成的任务，以此把握小组的方向。我向不同的小组成员分配不同的责任。（方向和角色定义者）

4. 我集中小组成员所提出的相关观点或建议，并总结、复述小组所讨论的主要论点。（总结者）

5. 我带给小组活力，鼓励小组成员努力工作以完成我们的计划。（鼓舞者）

6. 我要求他人对小组的讨论内容进行总结，以确保他们理解小组的决策，并了解小组正在讨论的材料。（理解情况检查者）

7. 我热情鼓励所有小组成员参与，愿意听取他们的观点，让他们知道我珍视他们对群体的贡献。（参与鼓励者）

8. 我利用良好的沟通技巧帮助小组成员交流，以保证每个小组成员明白他人的发言。（促进交流者）

9. 我会讲笑话，并会建议以有趣的方式工作，借以减轻小组中的紧张感，并增加大家一同工作的乐趣。（释放压力者）

10. 我观察小组的工作方式，并利用我的观察去帮助大家讨论小组如何更好地工作。（进程观察者）

11. 我促成有分歧的小组成员进行公开讨论，以协调思想，增进小组凝聚力。当成员们似乎不能直接解决冲突时，我会进行调停。（人际问题解决者）

12. 我向其他成员表达支持、接受和喜爱，当其他成员在小组中表现出建设性的行为时，我会给予适当的赞扬。（支持者和表扬者）

计分标准：以上1～6题为一组，7～12题为一组，前一组与后一组得分用下列方式表达（0，0），将两组的得分相加对照下列解释。

（6，6）只为完成工作付出了最小的努力，总体上与其他小组成员十分疏远，在小组中不活跃，对其他人几乎没有任何影响。

（6，30）你十分强调与小组保持良好的关系，为其他成员着想，帮助创造舒适、友好的工作气氛，但很少关注如何完成任务。

（30，6）你着重于完成工作，却忽略了维护关系。

（18，18）你努力协调团队的任务与维护要求，终于达到了平衡。你应继续努力，创造性地结合任务与维护行为，以促成最优生产力。

（30，30）祝贺你，你是一位优秀的团队合作者，并有能力领导一个小组。

当然，一个团队的顺利运行除了以上两种行为以外，还需要许多别的技巧。但这两种最基本，且较易掌握。如果你得分比较低，也不要气馁，只要参照上面的做法，就会有所提高。

第八章

创新能力

第一节　关于创新你该知道的那些事

一、创新的含义

创新是一个内涵丰富的综合性概念。从本质意义上理解，创新是指人类为了满足自身的需要，不断拓展对客观世界及其自身的认知与行为的过程和结果的活动。或具体来讲，创新是指人为了一定的目的，遵循事物发展的规律，对事物的整体或其中的某些部分进行变革，从而使其得以更新和发展的活动。

创新是人类生命体内自我更新、自我进化的自然天性，是人类心理特有的天性。创新的本质就是突破，即人类向着有益于自身健康方向的改变。

创新的本质目的是满足人类自身的需要。这种需要既包括个人需要（如衣食住行等），也包括团体或社会需要。

创新具有如下特征。

1. 价值取向性

创新是人的创造性劳动及其价值的实现。

【案例】

袁隆平（1930—2021 年），中国工程院院士，中国杂交水稻育种专家，中国研究与发展杂交水稻的开创者，被誉为"世界杂交水稻之父"，"共和国勋章"获得者。他毕其一生，专注田畴，播撒智慧，收获颇丰。同时，他的执着治学精神为后人所敬佩。

袁隆平指出，科学研究要勇于探索，勇于创新，这个是关键。搞科研，应该尊重权威但不能迷信权威，应该多读书但不能迷信书本。

袁隆平从小就受母亲"多读书、求进取、做好事"等思想熏陶，刻苦学习，学业优秀。在中学时，他是一个喜欢思考、勤于动脑、善于提问的学生。大学毕业后，1953 年 8 月，他开始了在湖南安江农校的 19 年教学生涯。针对学生在课内外提出的各种问题以及自己的疑问，他深入实践、潜心研究。他深有体会地说："即使浅显的问题，如果教师本身钻得不深不透，就不可能把课讲好。"

袁隆平说："科研的本质是创新，如果不尊重权威、不读书，创新就失去了基础；如果迷信权威、迷信书本，创新就没有了空间"。20 世纪 50 年代初期，米丘林、李森科遗传学说在中国盛行，袁隆平曾经很相信这一学说。但他在按照米丘林、李森科遗传学说开展"无性杂交"研究取得一些实验结果、受到赞扬后，对自己的研究提出了疑问，冷静地思考自己的研究课题方向的正确性问题。

袁隆平认为，科学是老老实实的学问，是就是是，非就是非，来不得半点马虎和虚假，既不能被别人赞扬所迷惑，更不能自己哄自己。通过多年的科学实践，袁隆平对米丘林、李森科遗传学说中的某些观点产生了怀疑，毅然抛弃从事多年的"无性杂交"试验，大胆去探索新路子。

袁隆平尊重科学，坚持真理。他不轻率下结论，也不附和任何权威，而是进行独立思考，进行独立研究和分析。他通过深入研究各种遗传学说，从比较中求真理，用实践去检验，由此闯出了自己的杂交水稻之路，并为中国和世界的粮食生产作出了重大贡献。

实践是理论之基。袁隆平是一个实践家。他开创的杂交水稻研究事业，靠实践起家；他理论上的一次次突破，也是靠实践推动和实现。

袁隆平指出："我不是那种书呆子，我这个人呢，思想比较解放，比较自由，考虑问题的时候看书。看书呢，一边看，当场汲取他们的经验，一方面还要打问号，这里面很重要的，你专门是死记硬背的，那不行的，你必须根据我们的实践，提出它的问题在哪里。"

勇于开拓创新的精神使袁隆平在实践中具有非凡的洞察力。通过实践他解决了"杂交水稻没有优势"的争论；突破了杂交水稻高产优势关；闯过了杂交水稻制种关……袁隆平通过坚持不懈、锲而不舍的实践，逐步探索出杂交水稻的一整套技术，攻破了一道道难关，在杂交水稻事业方面取得了举世瞩目的成就。

2. 明确的目的性

人类的创新活动总是在明确目的的驱使下进行的。

【案例 1】

牛黄是牛胆结石，是一味名贵中药材，在我国药用已有两千多年历史。但由于天然牛黄产量低，只能从屠宰场碰巧获得，根本无法满足治药对它的需求，因而民间素有"千金易得，牛黄难求"之说。

后来人们经过研究发现，牛黄不过是某种异物进入牛的胆囊后，在它周围凝聚起许多胆汁分泌物而形成的一种结石。一家医药公司的员工们为了解决牛黄供不应求的问题，集思广益，终于联想到"人工育珠"，既然河蚌经过人工将异物放入体内能培育出珍珠，那么通过人工将异物放入牛的胆囊内也应同样能产生出牛黄来。于是，他们找来一些伤残的菜牛，把一些异物埋在牛的胆囊内。一年以后，果然从牛的胆囊里取出与天然牛黄完全一样的牛黄来。

【案例 2】

2018 年 12 月 24 日，港珠澳大桥正式通车，极大缩短香港、珠海和澳门三地距离，作为中国从桥梁大国走向桥梁强国的里程碑之作，港珠澳大桥被誉为桥梁界的"珠穆朗玛峰"，也被英国《卫报》评为"新世界七大奇迹"之一。

港珠澳大桥兴建之初，建设者们面临的最大问题在于国内建设外海沉管隧道技术和经验缺乏的难题。当时，全中国的沉管隧道工程加起来还不到 4 公里，而这次，还要在复杂多变的外海环境下建沉管隧道，难度更是翻了好几倍。在向国外求取经验的过程中，建设团队屡屡碰壁，最终毅然咬牙决定自主攻关技术，最终多项技术开领域先河。

回顾港珠澳大桥沉管隧道需要克服的设计挑战和施工困难，两者都必须面对很多很多创新。港珠澳大桥沉管隧道超越了之前任何沉管隧道项目的技术极限。因为港珠澳大桥沉管隧道的建设，中国从一个沉管隧道建设技术的相对弱国发展成为国际隧道行业沉管隧道技术的领军国家之一。

3. 综合新颖性

【案例】

1898 年鲁特玻璃公司一位年轻的工人亚历山大·山姆森在同女友约会中，发现女友穿着一套筒型连衣裙，显得臀部突出、腰部和腿部纤细，非常好看。约会结束后，他突发灵感，根据女友穿着这套裙子的形象设计出一个玻璃瓶。经过无数次的反复修改，他不仅将瓶子设计得非常美观，很像一位亭亭玉立的少女，还把瓶子的容量设计成刚好一杯水大小。瓶子试制出来之后，获得大众交口称赞。当时可口可乐的决策者坎德勒在市场上看到了亚历山大·山姆森设计的玻璃瓶后，认为非常适合作为可口可乐的玻璃瓶包装，于是以600 万美元的天价买下此专利。

亚历山大·山姆森设计的瓶子不仅新颖美观，而且使用非常安全，易握不易滑落。更令人叫绝的是，其瓶型的中下部是扭纹型的，如同少女所穿的条纹裙子；此外，由于瓶子的结构是中大下小，当它盛装可口可乐时，给人的感觉是分量很多。采用亚历山大·山姆森设计的玻璃瓶作为可口可乐的包装以后，可口可乐的销量飞速增长，在两年的时间内翻了一倍。从此，采用山姆森玻璃瓶作为包装的可口可乐开始畅销美国，并迅速风靡世界。

二、创新的作用

1. 创新能够满足人类生存与发展的客观需要

【案例】

18 世纪中叶的一天，维也纳的奥恩布鲁格医生正在对一具老年男尸进行解剖。患者生前胸痛、发热、呼吸困难、咳嗽，在还未完全诊断清楚之前就死了。当时尚未发现 X 线，医生们希望尸解能明确诊断。尸体胸部被打开，一股淡黄色的液体从切开处流出，系胸腔积液。奥恩布鲁格想：为什么胸腔积液在死者生前不能被发现？怎样才能发现呢？

他想起了经营酒业的父亲经常用手指敲打酒桶，凭借敲打时酒桶发出的沉闷及清脆的声音来估计酒桶内酒量的多少。这种敲打法不是可以借用来诊断胸腔积液吗？他选择了正常人及疑有胸腔积液的病人进行叩诊，结果发出的声音迥然不同。以后，又对患者尸体抽液前后用叩诊进行对比研究。当他积累了相当的经验之后，于1761年发表了专著《新的诊断法》，正式提出叩诊法，并于同年在维也纳发表了题为《用叩诊人体胸廓发现胸腔内部疾病的新方法》的论文。专著与论文发表后，受到了守旧医生们的反对与讽刺，导致叩诊法被埋没了47年。直到1808年，也就是奥恩布鲁格逝世前一年，一位颇受法国皇帝拿破仑赏识的法国名医柯尔维莎尔，重新将此问题推向医学界，以后才逐渐被人们所接受并普传于世。1838年，维也纳医生斯科达又创造了用自己左手中指的背部作为叩诊板，用右手中指进行叩诊。这种方法一直沿用至今，已成为每个医生的基本功。

2. 创新可以深化人类对客观世界的认知，提高人类对客观世界的驾驭能力

【案例】

沃德卡是哥白尼少年时期最敬重的一位老师。一天，哥白尼去沃德卡家做客，老师不在。他顺手从书架上抽出一本书打开一看，老师在折了角的地方写了一条批注："圣诞节晚上，火星和土星排成一种特殊的角度，预示着匈牙利的皇上卡尔温有很大的灾难。"

正在这时，沃德卡推门走进来。他见哥白尼在家里看书，高兴地说："孩子，又看什么书了？"

哥白尼毕恭毕敬地把书递过去，老师边接书边关切地问："能看懂吗？"

哥白尼认真地回答："老师，我看不懂。火星也好，土星也好，都是天上的星星，他们与卡尔温毫无关系，怎么能预示他的祸福呢？"

"怎么不能呢？"沃德卡反问道，"命星决定一切！"

哥白尼当仁不让，大声反驳道："如果是这样，那人还有没有意志？如果有，人的意志和天上的星星又有什么关系？"

对于哥白尼尖刻的反驳，沃德卡并没有生气，他明白信不信天命是关系到天文学命运的重大问题。关于这个问题，他对传统的偏见有过怀疑，但又说不出道理。他踌躇再三，深情地对哥白尼说："孩子，天命决定一切，这是几千年以来的一条老规矩，我不过是拾前人的牙慧罢了。至于你提的问题，确实很有意思。但我没有能力回答你，你如有毅力的话，以后研究吧！"

老师的希望，不久就变成了现实。几十年后，哥白尼创立了"太阳中心说"的伟大理论，宣告了"天命论"的彻底破产。

三、创新素质

创新素质是指人在先天遗传素质的基础上，后天通过环境影响和教育所获得的稳定的、在创新活动中必备的基本心理品质与特征。

创新素质主要由以下三部分组成。

① 创新个性品质。创新的主体是人，是人的思维、行为产生的崭新的精神或物质成果的综合。人的主观能动性在创新实践中往往起着决定性的作用，而人的主观能动性在很大程度上又是由其个性品质决定的。正是由于个体间个性品质的千差万别，使具有相同智力、面对相同事物或处境的个体，结果却可能有天壤之别。因此，面对事物的敏感、面对目标的执着、面对困难的坚韧等个性品质，是创新者首先必备的重要因素，它决定着创新的翅膀到底能飞多远。

② 创新思维品质。恩格斯说：地球上最美丽的花朵就是思维。而创新思维就是花中牡丹。因为思维的存在维系着人类文明的进程，而创新思维则常常带动整个人类文明形态的重大跨越。从哥白尼的太阳中心说到牛顿三定律，从达尔文的生物进化论到爱迪生的上千发明，乃至今天的人们谈起电学就不能不说起法拉第，说起原子弹就必须说起奥本海默……科学史上的英豪巨匠们无不以自己的创新思维为整个人类推开一扇扇宝库的大门。所以，创新思维是智力的精华，创新思维品质是创新者建功立业的核心素质。这种素质所具有的流畅性与广阔性、求异性与批判性、灵活性与独创性、深刻性与精细性以及丰富的联想、对未来的预见性，都是创新过程中触类旁通、标新立异、借事成事、见微知著所必需的，它决定着创新的翅膀到底能飞多高。

③ 创新技能和方法。阿基米德曾放言：假如给我一个支点，我可以撬起整个地球。由此，足见方法之重要。创新技能和方法包含着因勤于问学而积累的阅历、经验、学识，也包含着因敏于睿思而养成的悟性，其中最主要的还是以务实为宗旨的创新技能技法。任何一行都有基本功，也是创新者不可或缺的基本素质，它决定着创新的翅膀到底能飞多快。

第二节　创新思维是创新活动的源泉

人类在 20 世纪创造的社会物质财富和精神财富超过了过去所有时代的总和，其直接原因就是在这个世纪里，人类进行了大量的理论创新、体制创新和技术创新，而这所有的一切都离不开人的创新思维。

一、创新思维的内涵

创新思维是相对于习惯性思维而言的，是一种超出已知的认识范围，具有开创意义的思维活动。

对什么是创新思维，学术界还没有形成一个为大众所公认的解释。格式塔心理学家认为创新思维源于顿悟；联想主义心理学派认为创新思维来自观念的联想；精神分析学派采用升华作用的观点解释创新行为；人本主义者以个人自己的意愿为根据揭示创新的动因。尽管如此，但研究者们的成果毕竟揭示了创新思维的一些共性的东西。概括起来，关于创新思维可以做以下描述：从内涵上看，创新思维是指在激烈的创新意识下，对头脑中已有的信息进行重新组合，在事物的现状和科学的现有成果的基础上，揭示事物发展的本质特征及其规律性，形成新的认识结构，并使认识超出现有水平，从而达到探索未知、创造新知的境界。从外延上看，创新思维有广义和狭义之分。狭义的创新思维是指人们在创新活动中直接形成创新成果的思维活动，即主要运用直觉、想象、灵感、顿悟及多种逻辑的思维形式而进行的思维活动。广义的创新思维是指人们的创新意识和创新观念，以及在提出问题和解决问题的过程中，对产生新成果起着积极作用的思维活动。

二、创新思维的类型

创新思维与创新思维能力是两个不同的概念，但二者又有着密切的关系。创新思维能力尽管有个性差异，在实际生活、工作中却同样表现为各自的类型。可以说，有多少种创新思维，反映在思维主体方面就会有多少类创新思维能力。因此，明确创新思维的类型，是明确高职学生应具有的创新思维能力的前提。

按照不同的标准，创新思维可划分为不同的类型。

（一）按思维的向度划分

从思维的向度看，创新思维可分为逆向型思维、横向型思维、发散型思维、聚合型思维、重组型思维。

1. 逆向型思维

逆向型思维又称反常规思维，也叫求异思维，是指从基本规律、基本常识和各种习惯等的相反方向进行思维，以得出普通人意想不到的结果的思维方式类型。它揭示了与基本知识相悖的另一方面知识正确的真理性，帮助人们从相互区别又相互补充的两方面完整地认识和把握思维对象。但由于逆向型思维揭示的相悖认识跟人们的常规认识差距太大，有时会引起社会轰动，从而形成一定的负面效应。

逆向型思维要求当面对难题时，不要沿着固有思路去思考问题，而要善于从与它相反的方向寻找解决问题的办法。

【案例】

1938年，匈牙利人拉德依斯拉奥·J·拜罗发明了圆珠笔。由于有漏油的毛病，这种笔风行了几年便被抛弃了。1945年，美国人米鲁多思·雷诺发明了一种新型圆珠笔，也因漏油的毛病而未获得广泛应用。为了解决圆珠笔的漏油问题，许多人都循着常规思路去思考，即从分析圆珠笔的原因入手来寻找解决办法。漏油的原因很简单，笔珠由于写了20000多字后磨损而蹦出，油墨也就随之流出。因此，人们首先想到的就是增强笔珠的耐磨性能。于是，许多国家的圆珠笔商投入大量经费进行研究，甚至试用耐磨性能极好的不锈钢和宝石来做笔珠。耐磨性能问题得到了解决，但又再现了新的问题。由于笔芯头部内侧与笔珠接触的部分被磨损了，又产生了漏油的问题。

正当人们对圆珠笔漏油的问题一筹莫展的时候，日本发明家中田藤山郎非常巧妙地解决了这个问题。他是这样思考的：既然圆珠笔是在写到20000字开始漏油的，那么如果控制圆珠笔的油墨量，使所装的油墨量只能写到20000字以内，譬如说只能写到15000字左右，不就能解决漏油问题了吗？他经过多次试验，终于解决了圆珠笔的漏油问题。日本发明学会会长丰泽丰雄赞美说："真是一个绝妙的逆向思维方法。"

广为流传的加里·沙克的故事也一样给我们以启发。

加里·沙克退休后，在学校附近买了一间简陋的房子。住下的前几个星期还很安静，不久有3个男孩子开始在附近踢垃圾桶闹着玩。

老人受不了这些噪声，便出去跟年轻人谈判。"你们玩得真开心，"他说，"我喜欢看你们玩得这样高兴。如果你们每天都来踢垃圾桶，我将每天给你们每人一块钱。"

3个男孩儿很高兴，更加卖力地表演"足下功夫"。不料三天后，老人忧愁地说："通货膨胀减少了我的收入，从明天起只能给你们每人五毛钱了。"

男孩儿们显得不大开心，但还是接受了老人的条件，每天继续去踢垃圾桶。一周后，老人又对他们说："最近没有收到养老金支票，对不起，每天只能给两毛了。""两毛钱？"一个男孩儿脸色发青，"我们才不会为了区区两毛钱浪费宝贵的时间在这里表演呢，不干了！"

聪明的老人只是换了一个思维方向，即采用欲纵故擒的方法，就又过上了安静的日子。

2. 横向型思维

横向型思维是指同时从事物自身的不同方面、关系以及与其他事物的相互关系中思考和解决问题的思维方式类型。这种类型强调思考和解决问题的着眼点是事物的关系，包括自身内部的和外部的各种关系，因而具有解决问题的动态性，即通过沟通事物之间的内在关系不断开辟解决问题的新路子。

【案例】

在20世纪早期，所有的商店都是店员为顾客提供服务的地方。顾客来到柜台前，店员取出顾客需要的物品。在20世纪20年代，一位叫作迈克尔·库伦（Michael Cullen）的人采用了一种完全不同的观点。他问了一个这样的问题："如果我们把商店掉个个儿，让顾客自己拿取他们需要的物品，然后他们在最后付钱，会是什么样子呢？"毫无疑问，有许多人反对这种观点。"顾客需要服务，他们不想自己做所有的工作。""所有的商品将全部标上价格。""如果没有店员帮助他们，顾客们将会感到困惑。""你让人们在仓库后面转来转去，将会发生什么情况呢？"等。但是库伦坚持这种观点，并创建了世界上第一个超市，即位于新泽西的金库伦商店。

多么简单的一个观点啊，但同时又是如此有效的一个观点。仅仅是让顾客为自己服务的观点就不仅改变了我们的商店，还改变了我们的城镇布局，充满小型商店的旧街道被大型的自助式超市所代替。

迈克尔·库伦进行了一定的横向思维，通过构思一种全新的顾客服务方式，然后把观点付诸实施的全过程，使横向思维显示出威力。

3. 发散型思维

发散型思维又称辐射型思维、多向思维、求异思维，是指多方向、多层面、多视角地扩散思路，设想更多的目标，不断获取创新思维成果的思维方式类型。这种思维方式既主张从量的方面扩张，形成多个或系列性的目标；又主张从质的方面深化，形成带有系统性的目标。

【案例】

一片树叶，在孩子手中，可以是他们探索自然的工具，充满着好奇与期待，然而，这枚树叶在不同孩子眼中，又呈现出不同的色彩，或明丽，或暗淡；在学生眼中，它可以是求知的象征，激励着他们勤奋好学，追求卓越；在创业者眼中，它可以是一种坚韧不拔的精神，寓意着不屈不挠，勇往直前，建筑师可以把它看作是自然的艺术品，设计师把它看作是创新的灵感，医生把它看作是生命的力量，教师把它看作是知识的传递。在画家眼中，它是一幅生动的画卷，流淌着自然的色彩；在音乐家眼中，它是一串美妙的音符，跳动着生命的节奏；在植物学家眼中，它是一种生命的奇迹，蕴含着无尽的科学奥秘；在经济学家眼中，它可能是一种新的资源，预示着未知的财富；在幻想家眼中，它是一个全新的世界，充满了无尽的可能。同一枚树叶，在不同人的眼中，呈现出万千种面貌。

季节的更替也让这枚树叶展现了生命的蜕变。春天，它是嫩绿的希望，象征着生命的勃发；夏天，它是茂盛的守护者，庇佑着大地；秋天，它是金黄的丰收，寓意着硕果累累；冬天，它是坚定的信仰，抵御着严寒。

不仅如此，这枚树叶还承载着人类对自然的敬畏之情。它让我们意识到，每一个生命都是大自然的一部分，相互依存，相互关爱。环保意识的兴起，使得树叶成为了我们保护地球的使者，提醒着我们珍惜资源，爱护环境。

这枚普通的树叶，因为思维的发散性，呈现出丰富多彩的意义。它既是生命的象征，也是希望的寓意；既是责任的担当，也是浪漫的想象。让我们学会换个角度看世界，发现生活中更多的美好和意义。

发散型思维的方式是多方向、多思路、多设想、多方案，不受常规思维的束缚，能避免从众心理，表现出思维的开放性。发散型思维是以某个问题作为出发点，流向四方。发散型思维概念的提出者，美国心理学家吉尔福特认为发散型思维是"从给予的信息中产生信息，其着重点是从同一的来源中产生各种各样的为数众多的输出"。其模式是"从一到多"，有人形象地描述发散型思维就像夜空中绽放的礼花，如太阳光芒四射。

4. 聚合型思维

聚合型思维也叫收敛思维，是指通过多学科、多领域的技术融合聚变，以获得创新突破。

聚合型思维是与发散型思维相对应的一种思维方式。聚合型思维是把广阔的思路聚集成一个焦点，是一种有方向、有范围、有条理的收敛性思维方式。因此，它又被称为求同思维、集中思维、辐合思维或同一思维。其基本的结果就是归一收敛性。这种思维是我们在解决问题中经常用的一种思维方法。例如，科学家要从已经掌握的多种资料中，通过对数据和信息的抽象、概括、判断、推理的思考过程，得出揭示某种事物规律的科学的结论。公安人员要通过各种勘察、侦察手段获取大量证明犯罪事实的信息，例如现场印痕、作案时间、手法、物证、人证，将这些已知的信息经过分析综合之后指向一个目标——罪犯，用的也是这种思维。

有一个有趣的问题就是运用聚合型思维完成的。

有一名篮球运动员，只穿了一条内裤，戴了一块表，在球场上练球。有人给了他 20 个鸡蛋，他怎样把它们带走？答案是用表带的挂针把篮球的气放掉，把篮球弄成盆状，把蛋放进去就可以了。

5. 重组型思维

重组型思维是指通过重新组合事物的结构或事物形成的操作程序，从而产生新成果的思维方式类型。一般来讲，发明有两条路，第一条是全新的发现，第二条是对已知其原理的事实进行组合。事物的重组分为两种，一种是结构的重组，包括数量、形状、颜色、材料等；另一种是操作程序的重组，如把原先的程序 1、2、3、4、5 改为 5、2、3、1、4 或者 5、4、3、2、1 等。

【案例】

20 世纪 70 年代晚期，瑞士手表业面临崩溃的危险。日本大批量生产价廉质高的电子表，来自日本的激烈竞争正在使瑞士的许多名牌如欧米茄、浪琴和天梭等处于破产的境地。尼古拉斯·哈耶克（Nicolas Hayek）设计了一个计划，该计划包括把最大的两家瑞士手表生产商瑞士钟表工业公司（ASUAG）和瑞士钟表总公司（SSIH）合并，由此形成的新公司拥有一套完全不同的手表设计方式，生产低成本、高科技、做工精美而极富情感的手表——斯沃琪。五年之内，这家新公司就发展成为世界上最大的手表生产商，而哈耶克成为它的董事长。通过制造精美、时髦而又可以作为收藏品的手表，斯沃琪重写了手表业的规则。

（二）按时间、空间划分

从思维进程发生的时间和空间看，创新思维可分为超前型思维、跨越型思维、易位型思维。

1. 超前型思维

超前型思维是人们根据客观事物的发展规律，在综合现实世界提供的多方面信息的基础上，对客观事物和人们实践活动的发展趋势、未来图景及其实现的基本过程的预测、推断和构想的一种思维过程和思维形式。它能指导人们调整当前的认识和行为，并积极地开拓未来。

超前型思维是指向未来的思维，这种思维方式具有前瞻性。从时间上说，超前型思维具有从未来走向目前的逆向性，以未来为起点，倒过来引导目前思想、行为的发展，使之提升到前所未有的高度。从这个意义上说，超前型思维是逆向型思维的特殊表现类型。

【案例】

美国工业设计师诺曼·贝尔·盖茨（Norman Bel Geddes）1940 年在"建设明天的世界"博览会中，代表通用汽车公司设计了"未来世界"展台，为未来的美国设计出环绕交错、贯穿大陆的高速公路，并预言："美国将会被高速公路所贯穿，驾驶员不用在交通信号前停车，而可以一鼓作气地飞速穿越这个国家。"尽管当时有许多人对此表示怀疑，甚至提出反对意见，但这一预言现在已变成现实。高速公路以其安全、快速、实用的功能和美观的造型遍布全世界，为大自然增添了一道独特的景观。

2. 跨越型思维

跨越型思维是指超越常规事物发展所需的时间、阶段，促成事物呈现快速发展态势的思维方式类型。常规事物的发展总是经历先后排列序号的不同阶段，需要相应的时间。跨越型思维就是激励人们越过常规事物发展过程中的某个或某些阶段，用尽量短的时间促使事物直接上升到比较高或很高的发展水平，使事物呈现快速增长态势。

3. 易位型思维

易位型思维是指通过改变观察、思考问题的视角或着眼点，进而形成新的思维成果的思维方式类型。人们的思维总是建立在一定的角度或着眼点的基础上，在不同的视角和着眼点上观察问题，就会形成不同的结果。因此，多视点、多角度看问题，有助于启迪创新。

这里有一个故事。

孙膑是我国历史上著名的军事谋略家，他的才华在战国时期逐渐崭露头角。然而，就在他即将一展抱负之际，却不幸遭受了沉重的打击。这是因为魏国君主听信了谗言，将孙膑抓捕，并对他施加了严刑。在这生死攸关的时刻，齐国使者来到了魏国，得知了孙膑的遭遇。他们设法将孙膑救出，并带回了齐国。

在齐国，有一位名叫田忌的将军，他热衷于与齐国的各位公子进行赌注赛马，这是一种当时非常流行的竞技活动。田忌对孙膑的才华十分欣赏，两人建立了深厚的友谊。

然而，在一次赌注赛马中，田忌遭遇了前所未有的挫折。由于对手齐王的诸位公子拥有更优质的马匹，田忌在比赛中明显处于劣势。尽管他竭尽全力，但仍然无法改变败局的命运。这场比赛的失利让田忌十分沮丧，甚至影响了他的心情。

孙膑看在眼里，深感同情。他主动询问田忌赛马失利的原因，希望从中找到解决问题的办法。田忌告诉他，比赛规定每个参赛者都要从自己的上、中、下三等马中各选一匹进行比赛。由于齐王的诸位公子每个等级的马都比田忌的马要好，所以他输掉了比赛。

孙膑听后，沉思片刻，然后对田忌说："你不必过于沮丧。赛马的胜败并非全靠马匹实力，策略也同样重要。我们可以通过调整比赛的策略，来提高你获胜的机会。"田忌闻言，顿时眼前一亮，急忙请教孙膑该如何调整策略。孙膑对田忌出的主意是，用下等马对付他们的上等马，用上等马对付他们的中等马，用中等马对付他们的下等马。结果，比赛正如孙膑预测的那样，田忌赢得了比赛。

这次胜利让田忌对孙膑的才能更加敬佩，他借此机会将孙膑推荐给了齐王。齐王向孙膑请教兵法，并授予了他官职。孙膑的才华得以在齐国施展，他为齐国出谋划策，使齐国在战国时期的诸侯国竞争中占据了有利地位。

人若是执于一己之见，一味在乎自己，往往会陷入困境。

还有一个故事是这样的。

上帝对一个教士说，他要让教士看一看天堂和地狱的差别。

他们来到一个房间里。房间中央摆放着一锅热腾腾的肉汤，一大群人围着锅坐着，个个却愁眉不展。原来，他们虽然每人手里都拿着一把汤匙，汤匙的柄太长，他们无法将汤匙喂到嘴里。面前摆放着美食，他们却只能眼睁睁地看着，饿着肚子，难怪要愁眉苦脸呢。

上帝又带教士来到另一个房间。里面仍是一大锅热腾腾的汤，一大群人围着锅席地而坐。他们手中仍拿着长柄汤匙，可每个人脸上的表情却幸福而满足。教士迷惑不解，他问上帝：为什么差别如此之大呢？

上帝微笑着说："难道你没看见，第二个房间里的人都在相互喂对方吗？"

原来，第二个房间的人彼此合作，他们用长柄汤匙舀上汤互相喂对方，于是大家都喝上了汤。这便是天堂与地狱的区别。

易位型思考是一种非常有益的思维技巧，当我们学会灵活运用的时候，也就是我们频频成功的开始。

（三）按思维的来源划分

从思维的来源看，创新思维可分为直觉思维、灵感思维和形象思维。

1. 直觉思维

所谓直觉思维是人脑对于突然出现在面前的新事物或新问题，不需经过逐步分析，而是凭借已有的知识与经验，迅速地作出准确的识别、深入的洞察、本质的理解、正确的判断，或对事物的解决作出合理的设想、对问题的解答获得明确的领悟的一种自觉的跃进式思维过程。它本质上是一种"直接由感觉传递的顿悟过程"，故称为直觉。

直觉思维在本质上是对事物之间，即内在联系的整体把握。虽然直觉思维是在瞬间作出快速判断，却并非凭空而来的毫无根据的主观臆断，而是建立在丰富的实践经验和宽厚的知识积累的基础之上，运用直观透视和空间整合方法所作出的直觉判断。美籍华裔物理学家丁肇中在谈到"J"粒子的发现时写道："1972年，我感到很可能存在许多有光的而又比较重的粒子，然而理论上并没有预言这些粒子的存在。我直观上感到没有理由认为这种较重的发光的粒子（简称重光子）也一定比质子轻。"这就是直觉。正是在这种直觉的驱使下，丁肇中决定研究重光子，终于发现了"J"粒子，并因此而获得了诺贝尔物理学奖。

【案例】

居里夫人在深入研究铀射线的过程中，凭直觉感到铀射线是一种原子的特性，且除铀外还会有别的物质也具有这种特性。想到了立刻就做！她马上扔下对铀的研究，决定检查所有已知的化学物质，不久就发现了另外一种物质钍也能自发发出射线，与铀射线相似。居里夫人提议把这种特性叫作放射性，而铀和钍这些有这种特性的元素就叫作放射性元素。这种放射性使居里夫人着了迷，她检查全部的已知元素，发现只有铀和钍有放射性。她又开始测量矿物的放射性，突然在一种不含铀和钍的矿物中测量到了新的放射性，而且这种放射性比铀和钍的放射性要强得多。凭直觉，她大胆地假定：这些矿物中一定含有一种放射性物质，它是今日还不知道的一种化学元素。有一天，她用一种勉强克制着的激动声音对布罗妮雅说："你知道，我不能解释的那种辐射，是由一种未知的化学元素产生的……这种元素一定存在，只要去找出来就行了！我确信它存在！我对一些物理学家谈到过，他们都以为是试验的错误，并且劝我们谨慎。但是我深信，我没有弄错。"在这种信念的驱使下，居里夫人终于和丈夫一起发现了新的放射性元素：钋和镭。居里夫人还以出色的工作，两次荣获诺贝尔奖。

2. 灵感思维

灵感思维是创新主题的心理意识和理论一时相互作用或神经回路由于触媒引发头脑风暴而迸发的思想闪光或思想跃迁。通俗的理解是：某一个想了好长时间而没有解决的问题，突然由于受某一事物的启示而"灵机一动"，一下子想到了一个办法，这种思维方法就是灵感思维法。我国导弹之父钱学森说："光靠形象思维和抽象思维不能创造、不能突破，要创造要突破得有灵感。"灵感思维具有情境性、突发性、独创性、瞬时性、非自觉性等特点，它产生的原因却是具有必然性。它是辛勤劳动、反复思考的结晶，一个头脑空空的人不可能产生多么有价值的灵感。

人们在自由的阅读或与朋友的畅谈中，从一句话、一种看法或者一种想法都可能会偶然得到某种提醒或者点化，从而引发创造的灵感。

据说，我国古代著名的木工工具——锯子，是由古代木工大师鲁班发明的。有一次，某国的国君下令让鲁班和他的弟子们为其建造一座豪华宫殿。建造这座宫殿需要大量的木材，于是鲁班带领着弟子们来到了山林之中砍伐木料。在穿越山间小路的过程中，鲁班的手不小心被一种带有锯齿状叶片的植物划伤。他停下来仔细观察这种植物，思考着它的形状和锯齿结构。突然，他产生了一个大胆的设想：既然这种植物的形状可以划伤人的皮肤，那么是否可以借鉴这种设计制作一种伐木工具呢？

于是，鲁班回到住处后，便开始尝试制作这样一种新型的伐木工具。经过一番努力，他终于打造出了一把具有锯齿状刀片的木工锯。当鲁班再次来到森林中伐木时，他发现这款新工具比传统的斧子效率提高了许多倍。锯子不仅减轻了木工们的劳动强度，还大大加快了宫殿建设的进度。

这一创新举措，为我国木工领域带来了革命性的变革。锯子的出现，使得木结构建筑的建造变得更加高效便捷，极大地推动了我国建筑事业的发展。而这一切，都要归功于发明者敏锐的观察力、超凡的创造力和敢于尝试的精神。

在为解决某个问题而进行的苦苦思索中，偶尔出现的某种现象、发生的某种事物都可能使人们从中得到启示而触发灵感，进而实现创造的突破。

有一次，我国数学家侯振挺送一位朋友上火车，在火车站排队上车的队伍中，灵感突然闪现，一年多来梦寐以求的答案与眼前的现象联系了起来，出现了意想不到的结果。他随即写成《排队论中的巴尔姆断言的证明》，引起了数学界的重视。

无意遐想也有可能产生超常的信息组合，触发真正可贵的思想闪光。

1951 年，美国生物学家沃森来到剑桥大学的卡文迪许实验室，与英国生物学家克里克合作，划时代地发现了 DNA 的双螺旋结构模型。后来，沃森谈自己的感受时说："有一次我的手指冻得没法写字，只好蜷缩在炉火边胡思乱想，想到一些 DNA 链怎样美妙地蜷缩起来，而且可能是以很科学的方式排列起来。于是在刹那之间，我出现恐惧，生怕这种想法太奇妙，可能有错误。"这时，他和克里克互相告慰"如此美妙的结构一定存在"。果然，这个美妙得令人难以置信的模型，开创了分子生物的新篇章。

3. 形象思维

形象思维是以个人具有的整个知识结构为根据的直接而迅速的认识过程，其特点是整体的、跳跃的、猜测的。它可以引导人们发挥想象力，把某种特定的问题转化为形象，从而实现创新。它具有创新性、典型性、理智性和普遍性的特点。

【案例 1】

在 20 世纪初，一些地质学家和气象学家如美国的泰勒和贝克以及德国的魏格纳等人，在观看世界地图过程中都发现南美洲大陆的外部轮廓和非洲大陆是如此相似，遂产生了一种奇妙的想象：在若干亿年以前，这两块大陆原本是一个整体，后来由于地质结构的变化才逐渐分裂开来。在这种想象的指引下，魏格纳进行了大量的地质考察和古生物化石的研究，最后以古气候、古冰川以及大洋两侧的地质构造和岩石成分相吻合等多种论据为支持，提出了在近代地质学上有较大影响的"大陆漂移说"。这一学说到 20 世纪 50 年代进一步被英国物理学家的地磁测量结果所证实。

【案例 2】

生物学家都知道，响尾蛇的视力很差，连几十厘米近的东西都看不清，在黑夜里却能准确地捕获十多米远的田鼠，其秘密在于它的眼睛和鼻子之间的颊窝。这个部位是一个生物的红外感受器，能感受到远处动物活动时由于有热量产生而发出的微量红外线，从而实现"热定位"。美国导弹专家由此产生联想：若用电子器件制造出和响尾蛇的生物红外感受器类似的"电子红外感受器"，用于接受飞行中的飞机因发动机运转发热而辐射的红外线，岂不可以通过这种"热定位"来实现对目标的自动跟踪。所谓红外跟踪响尾蛇导弹，就是在这种"联想"的基础上设计出来的。

三、创新思维的培养与训练

创新思维在人们日常的学习、生活、工作中的应用领域越来越广，即使普通人对创新的需求也越来越大。现代人如果不懂得如何创新思维，不懂得如何用创造力去开辟自己的生存发展空间，那他们将无法在激烈的竞争中立足。那么，如何提高创新思维水平呢？

（一）善于抓住机遇

机遇透露了社会和大自然的信息，给我们提供了意外收获的线索。对机遇的精心观察和探索，能够引导人们产生重大发现。历史与现实无不表明，机遇偏爱那些有准备的头脑，垂青那些能把握时代脉搏的创新者。

1. 要抓住机遇首先要认识机遇的特点

① 机遇具有瞬时性，稍纵即逝。机遇提供给人们的是一个机会，是一段特殊的时间。在这段时间内，其内容对整个事物的发展具有特殊性、关键性的作用。而错过了这段时间，就会错过产生新成果的可能性。机遇瞬时性的特点告诉我们：要善于捕捉时机，当机立断。

【案例】

1976 年，瑞士研制出第一只石英电子表，但是他们没有认识到此项发明的重要性，结果错失良机。而日本得此情报后，经过从技术到市场的多方面分析，认为此项技术大有可为，因此当机立断，利用雄厚的电子技术基础，生产了大批优秀产品，推向了国际市场，结果誉满全球。

② 机遇具有意外性，常常"有心栽花花不开，无意插柳柳成荫"。机遇是在人们意识之外出现的偶然事物，当人们有计划、有目的地工作时，常常发生一些意想不到的偶然现象、情况或问题。从偶然事件中捕捉到事物发展的必然趋势，是机遇的偶然性带给我们的启示。

【案例】

在物理学领域，苏联科学家夏尔布里津教授早在 1978 年进行合成镧铜氧化物的研制过程中，就发现这种新的合成物质具有温度下降时电阻会趋于减小的特性。在后来一年的反复试验中，他进一步发现，镧铜氧化物在温度降低到零下 233℃ 时，电阻现象就会消失。这种现象应该引起高度重视，可是这位大科学家却由于这一现象的多次出现，把它看作是惯常现象而未深入研究，最终轻易地放过了它。几年以后，两位瑞典科学家缪勒和柏诺兹终于发现，这是一种人类以前所不了解的超导现象。他们经过研究为人类开辟出了研制多种多样超导材料的广阔天地，并因此获得了 1987 年诺贝尔物理学奖。

这一实例告诉我们：要想有所创新并获得出色的成绩，对遇到的一切奇特、怪异的现象，就不能"见怪不怪"习以为常，而是要培养自己的敏锐性和探索性，也就是求异探奇才能成功。

③ 机遇具有异常性。一般来说，机遇与人们的日常经验相冲突，在人们看来是反常的。这就要求我们在对待有关问题时，打破习惯做法，摒弃经验，从"新"入手，对某些反复出现的怪现象不能听之任之，而要穷追不舍、探明就里，方能有所突破。机遇的异常性揭示了事物的现象和本质的关系，并告诉我们要透过事物的现象来把握事物的本质。

【案例】

德国化学家维勒，在一次研究墨西哥出产的一种褐色矿石时，意外地发现其中含有一些呈现出多种颜色的金属化合物。维勒看到这种化合物的一些特征同早已发现了的铬元素相似，便放弃了进一步研究，以致坐失了重大发现的机会。

此后瑞典化学家肖夫斯唐姆在对瑞典矿石的研究中也遇到了同样的情况，可是肖夫斯唐姆却没有见怪不怪，而是积极探索，通过无数次试验，最终断定这种矿石中并无铬元素，而是一种前所未有的新元素，这种新元素被命名为"钒"。

在肖夫斯唐姆发现了钒以后，维勒的老师著名教授贝里齐乌斯给维勒写了一封充满情意而又颇具浪漫色彩的劝诫信，信中讲了一个非常动人的故事。故事的梗概是这样的：在一个遥远的地方，住着一个美丽的女神，一天有一个人来敲门，生性好静的女神没有及时来开门，想听到第二次敲门声再去开门接待。可是来人只敲了一下门，就走了。这人便是维勒。女神自言自语地埋怨道：如果他费点功夫从窗户往里面瞧瞧或者再敲一次门就知道屋里有人了呀！就在这时又有人来敲门，这次来的这个人敲了一次没见有人开门，就继续敲。女神便去开门迎接了这位有耐心的客人，这位客人就是肖夫斯唐姆。见面后，女神爱上了他，他们结婚后生了一个儿子叫作"钒"。这是一个多么耐人寻味的故事呀！

故事中的"女神"便是创新成果，她不会对那些只敲一次门就认为屋里无人的凭经验办事的人动情，而只欢迎勇敢的反复敲门者。

2. 善于抓住机遇要有充分的心理、经验准备

对机遇的成功认识和把握，不仅仅是一个认识问题，还是一个头脑的准备问题。这包括心理素质的准备和经验知识的准备。

大家都知道三国时期诸葛亮草船借箭的故事，诸葛亮之所以草船借箭成功，就是因为他通晓天文地理，预计到三天之内必有大雾，而只要捕捉到这一机遇，便可以从曹军那里借得箭支。当然诸葛亮"借"东风，也有异曲同工之妙。假如没有足够的知识经验，预测不到雾天的出现，便不会有"借箭"之计谋和行动；预测不到东风的来临，则借不来"东风"的。

（二）破除消极思维定式

思维是一种复杂的心理现象，是大脑的一种能力。人的思维一旦沿着一定方向、按照一定次序思考，久而久之就会形成一种惯性。也就是说，当你这次这样解决了一个问题，下次遇到类似的问题就不由自主还是沿着上次思考的方向或次序去解决，这种做法就是"思维惯性"。

如果对于自己长期从事的事情或日常生活中经常发生的事物产生了思维惯性，多次以这种惯性思维对待客观事物就形成了非常固定的思维模式，这就是思维定式。

思维定式和思维惯性合起来，称作"思维障碍"。思维障碍并不是医学上的大脑疾病，而是人思维方式上的局限性。

一般来说，思维定式对常规思维是有利的，它能使思考者在处理同样问题的时候少走弯路。可以说，我们遇到的问题的大多数都是靠思维定式帮助解决的。

思维定式的弊端在于，当我们面临处理一些新情况的时候，如果一味遵守约定俗成的规则，它就会变成"思维枷锁"，阻碍新观念、新方法的构想，成为创造性解决问题的障碍。所以，生物学家贝尔纳说："妨碍人们创新的最大障碍，并不是未知的东西，而是已知的东西。"要想挖掘无穷的创新能力，就必须跳出思维定式的框框，开阔视野及思路。

消极思维定式是指人们在解决新问题（或拓展新领域）时，受到原有思考问题成功的局限而处于停顿的心理状态。消极思维定式的主要因素是聚集效应和功能性固结。

聚集效应是指个人面对变化了的情况仍然用旧模式生搬硬套的僵固、刻板化的心态，如刻舟求剑的故事。功能性固结是指个人在知觉上受到问题情境中经验功能的局限，而不能发现其可能或潜在的功能，以至于不能解决问题的心态。如蒸汽机在使用 100 年之中仅被用作从矿井抽水的工具，在 100 年后才产生了将其用作机动车动力源的念头。

消极思维定式主要表现为经验型、权威型、从众型、书本型、自我中心型、直线型等六种类型。

1. 经验型（习惯型）思维定式

经验型（习惯型）思维定式是指人们不自觉地用某种习惯了的思维方式去思考已经变化的问题。

在世界各地，马戏团和大象训练营一直备受关注。其中，一种奇特的现象引发了人们的思考：为何一只成年大象会被仅仅一个金属环束缚住，而这个金属环又通过一根锁链拴在木桩上，从而防止大象逃脱呢？这个现象让人疑惑，一只强大的成年大象难道真的无法摆脱这种简陋的约束工具吗？

事实上，这种现象背后的原因并非大象无力挣脱，而是源于大象在成长过程中的一段痛苦经历。在小象还是年幼的时候，它们就会受到同样的束缚。每当小象试图挣扎逃跑时，金属环会深深勒入它们的皮肉之中，带来剧痛。经过几次尝试后，小象会逐渐意识到，挣扎和逃跑只会让自己受到更多的伤害，而无法摆脱束缚。

于是，在小象成长的过程中，它们逐渐形成了思维定式。即使随着时间的推移，小象变得越来越强大，它们仍然牢记着曾经的痛苦经历，从而不敢再次尝试挣扎。这就是为什么成年大象在面对如此简陋的约束工具时，会选择顺从和忍耐，而不是奋力挣脱。

这个现象启示我们，习惯的力量是巨大的。在一定程度上，习惯可以塑造一个人的性格和命运。当我们面临困境时，是否能够勇敢地挑战自己，摆脱思维定式的束缚，勇敢地去追求自由和幸福，这将是我们需要不断探索和思考的问题。

再看看著名的《伊索寓言》中的故事。

一头驴子驮着两大包盐赶路，压得喘不过气来。过河时，驴子不小心倒在水里，挣扎许久才站起来。这回，它高兴了，因为背上的重量轻了。过了几天，驴子驮着两大包棉花，走到河边，想起上回驮盐的事。它想，干脆到水里泡一泡，再减轻一下负担。不过，这一次它非但未能轻松一下，连站也站不起来了，最后把命也给搭上了。

虽然经验有一定的参考、借鉴意义，但它们只适用于某些时间、某些场合。所以对某一经验是否会妨碍、束缚创新探索，不能不加以重新考量。

【案例】

将一个空桶装满大石头，此时小朋友会说："桶已经满了。"少年会说："桶里还可以加一些小石子。"青年会认为，还可以在放入小石子的基础上倒入细沙。那么，这个时候桶真的已经满了吗？经验告诉我们的答案往往是"是"，但实际上在加入几杯水之后，你会发现桶仍然可以容纳得下。如果问在一只盛满水的杯子里还能不能添加东西，最普遍的回答是"不能"，也许少数别出心裁者会想到加入食盐、海绵等答案。但实验告诉我们，继续加进两盒回形针和若干枚硬币后，杯口的水仍然没有一滴溢出。这就是所谓的"经验主义"，它导致我们凭借着以往的同种经验分析着不同性质的事务，从而得到千篇一律的答案。很多时候，这种经验实际上已经变成了一种偏见，而偏见也往往会使很多机会擦肩而过。

经验和常规是社会进步的基石，是社会稳定的保障。不过，常规对于创新思维却不是好东西，而是障碍、是阻力。常规学习、常规工作、常规生活使我们每个人都形成了一套惯用的套路、惯用的格式、惯用的模型。一遇问题，我们便会不假思索地将它引入自己的套路、格式、模式之中，从中寻求答案。久而久之，这种套路、格式、模式就成为一种定式。创新思维追求出新，绝不与他人雷同，更不能落入定型的套路、格式、模式之中。因此，思维定式是创新思维的障碍，是必须坚决消灭的大敌。

2. 权威型消极思维定式

权威型消极思维定式是指人们对权威人士的言行的一种不自觉的认同和盲从。

在长期的学习、工作和生活中，人们逐渐形成了对权威的尊敬甚至崇拜。尊敬权威当然没有错，但是如果一切都按权威的意见办事，不敢怀疑权威的理论或者观点，不敢逾越权威半步，就会成为创新思维的障碍。

迷信权威，带来的是无知与懒惰；怀疑、质疑权威，则表现出一个人的勇气；战胜权威，才能证明一个人的知识与智慧。只有这样，我们才有可能站在巨人肩膀上创造辉煌的未来。

最著名的例子就是莱特兄弟发明飞机的故事。当以修理自行车为生的莱特兄弟要发明飞机时，许多有名的物理学家都提出了否定的意见，甚至说要想将比重比空气中的机械装置在空气中浮起来是不可能的。然而，莱特兄弟不迷信权威，经过多次实验，终于让世界上第一架飞机飞上了蓝天。

【案例】

世界著名指挥家小泽征尔，在成名初期曾有一次去欧洲参加指挥家大赛，在进行前三名决赛时，他被安排在最后一个参加，评判委员会交给他一个乐谱。

参赛时，小泽征尔以名家风度全神贯注地指挥着。正当他激情所致、情绪高昂的时候，突然发现乐曲中出现不和谐的地方。开始，他以为自己听错了或是演奏家们演奏错了，就指挥乐队停下来重新演奏一次，但仍觉得不自然。于是向评委会示意是否存在其他问题，可是在场的权威人士都说乐谱没问题。面对几百名国际音乐大师，他不免产生动摇："难道自己错了？"但是他考虑再三，坚信自己的判断是正确的。于是，大吼一声："不！一定是乐谱错了！"

语音刚落，评判台上响起一片热烈的掌声，祝贺他大赛夺魁。

原来这是评委们精心设计的圈套，以考验指挥家们是否敢于质疑权威、是否能够坚持自己的正确判断。事实上只有具备这种素质的人，才能有新的突破，才能真正成为世界一流的指挥家。

3. 从众型消极思维定式

从众型消极思维定式是指个体受到群体的影响而怀疑、改变自己的观点、判断和行为等，以和他人保持一致。

阿希实验是研究从众现象的经典心理学实验，由美国心理学家所罗门·阿希在1956年设计并实施。实验旨在研究人们会在多大程度上受到他人的影响，而违心地进行明显错误的判断。

【案例】

阿希请大学生们自愿做他的被试，并告诉他们这个实验的目的是研究人的视觉情况的。当某个来参加实验的大学生走进实验室的时候，他发现已经有5个人先坐在那里了，而他只能坐在第6个位置上。事实上他不知道，其他5个人是跟阿希串通好了的假被试。

阿希要大家做一个非常容易的判断——比较线段的长度。他拿出一张画有一条竖线的卡片，然后让大家比较这条线和另一张卡片上的3条线中的哪一条线等长。判断共进行了18次。事实上这些线条的长短差异很明显，正常人是很容易作出正确判断的。

然而在两次正常判断之后，5个假被试故意异口同声地说出一个错误答案。于是许多真被试开始迷惑了，是坚定地相信自己的眼力，还是说出一个和其他人一样，但自己心里认为不正确的答案呢？

结果当然是不同的人有不同程度的从众倾向。但从总体结果看，平均有33%的人判断是从众的，有76%的人至少做了一次从众的判断。而在正常的情况下，人们判断错的可能性还不到1%。当然，还有24%的人一直没有从众，他们按照自己的正确判断来回答。

从众思维使得个人有一种归属感和安全感，能够消除孤单和恐惧等有害心理，它有利于群体的一致行动，但不利于个人独立思考和创新意识。对于一个团体来说，"一致同意"也不一定是好事，在它的背后可能隐藏着从众思维定式。

4. 书本型消极思维定式

书本型消极思维定式是指人对书本知识的完全认同与盲从。

书本知识对人类所起的积极作用确实是巨大的。但一方面，书本知识也会过时，需要不断更新；另一方面，知识只有和有效的行动相结合，才能推动事业的进步和发展。

【案例】

研究生毕业的小张在职场上的经历可谓曲折。他曾在多家单位工作，但遗憾的是，每次都未能长久。在他又一次遭遇解雇后，他对自己在职场上的困境产生了疑惑。

为此，他与负责人进行了一次深入的交流。负责人面对小张的疑问，无奈地苦笑一声："小张，我得实话告诉你，当初招聘你，主要是看中了你的学历。我以为你是个正经大学毕业的研究生，面试时你引经据典，表现得很有才华。但现实却是，我聘请你并非让你来做门面的，而是希望你能将你的知识运用到实际工作中。当我问你一个简单的问题时，你却告诉我这个问题书本上没有，这让我感到非常失望。小张，我明白你的困惑，但这样的研究生，确实不适合在我们公司工作。"

　　负责人的这番话让小张深感震动，他开始反思自己在职场上的表现。原来，他一直以为自己的高学历是最大的优势，却在实际工作中忽视了实践的重要性。这次对话让小张明白，理论知识虽然重要，但只有将其与实际工作相结合，才能真正发挥出它的价值。

　　经过这次挫折，小张开始重新审视自己，他明白了，作为一名研究生，不应该只是停留在书本知识的掌握上，还应该将所学知识运用到实际工作中，为公司创造价值。只有这样，才能在职场中找到属于自己的位置，真正成为有用的人。

　　学历往往是衡量一个人能力的重要标准。然而，小张的故事告诉我们，光有学历是不够的，还需要具备实际工作能力。对于企业而言，他们更需要的是能够将理论知识转化为实际成果的员工。因此，在职场上，我们要不断提升自己，既要充实理论知识，也要锻炼实践能力，成为真正有价值的人才。

　　下面这则真实故事里的"书呆子"，恰好可以作为我们认识书本型消极思维定式的例证。

　　一次，正在研制电灯泡的爱迪生想知道灯泡的体积，便让从大学数学专业毕业的助手阿普拉去测量。

　　阿普拉按照书本上学过的知识，又是量直径，又是量灯泡的周长，然后分列出公式进行计算。由于灯泡的形状是不规则的，所以计算起来很困难，算了很长时间是没有结果。

　　爱迪生来催问结果，发现阿普拉算得太复杂了，于是随手将灯泡壳沉在水里，让其灌满了水。然后把灯泡壳中的水倾倒在量杯中，看完读数便知道了灯泡的体积。

　　学历很高的阿普拉在碰到"测量灯泡体积"这一问题时，却还不如只念了三个月小学的爱迪生！这不得不引发我们深思。

　　诺贝尔物理学奖获得者温伯格说：不要安于书本上给你的答案，要去尝试下一步，尝试发现有什么与书本上不同的东西。哲学大师培根说："知识就是力量。"应该说读书多，知识必十分丰富。可如果死读书、读死书，不会将书本的知识活用在具体实践中，只是照本宣科不知灵活运用，反而会扼杀我们原有的创新能力。

5. 自我中心型消极思维定式

　　自我中心型消极思维定式是指人想问题、做事情完全从自己的利益与好恶出发，主观武断地不顾他人的存在和感觉。

　　在日常的思维活动中，人们自觉或不自觉地按照自己的观念、用自己的目光、站在自己的立场上去思考别人乃至整个世界，由此产生了自我中心的思维定式。凡事自我为中心对一个人、一个家庭、一个组织、一个民族甚至一个国家都是有危害的，可以说是文化创新、体制创新的最大障碍。

【案例 1】

　　在威斯敏斯特教堂英国圣公会主教的墓碑上写道：当我年轻自由的时候，我的想象力没有任何局限，我梦想改变整个世界。当我成熟渐渐明智的时候，我发现这个世界是不可能改变的，于是我将目光放得短浅了些，那就是只改变我的国家吧，但我的国家似乎也是不可改变的。当我到了迟暮之年，抱着一丝努力的希望，我决定只改变我的家庭，我的亲近人，但是，唉！他们根本不接受改变。现在在我临终之际，我才突然意识到：如果我只改变自己，接着我可以依次改变我的家人，然后在他们的激发和鼓励下，我也许就能改变我的国家，再接下来，谁又知道哪，也许我连整个世界都能改变。

【案例 2】

据说，美军 1910 年一次部队的命令传递是这样的。

营长对值班军官说："明晚大约 8 点钟，哈雷彗星将可能在这个地区看到，这种彗星每隔 76 年才能看到一次。命令所有士兵着野战服在操场上集合，我将向他们解释这一罕见的现象。如果下雨的话，就在礼堂集合，我为他们放一部有关彗星的影片。"

值班军官对连长说："根据营长的命令，明晚 8 点钟哈雷彗星将在操场上空出现。这种彗星每隔 76 年才能看到一次。如果下雨的话，就让士兵穿着野战服列队前往礼堂，这一罕见的现象将在那里出现。"

连长对排长说："根据营长的命令，明晚 8 点，非凡的哈雷彗星将身穿野战服在礼堂中出现。如果操场上下雨，营长将下达另一个命令，这种命令每隔 76 年才会出现一次。"

排长对班长说："明晚 8 点，营长将带着哈雷彗星在礼堂中出现，这是每隔 76 年才有的事。如果下雨的话，营长将命令彗星身穿野战服到操场上去。"

班长对士兵说："在明晚 8 点下雨的时候，著名的 76 岁的哈雷将军将在营长的陪同下身着野战服，开着他那'彗星'牌汽车，经过操场前往礼堂。"

6. 直线型消极思维定式

直线型消极思维定式是指人面对复杂和多变的事物，仍用简单的非此即彼或者按顺序排列的方式去思考问题。

由于人们在解决简单问题时只需用一就是一、二就是二，或 A＝B、B＝C，所以 A＝C 这样的直线型思维就可以奏效，在解决复杂问题时往往也如此。

在现实生活中，直线型思考问题是屡见不鲜的。如把类似的例题拿来照搬，死记硬背现成的答案。直线思维的习惯是不善于从侧面、反面或迂回地去思考问题，如果不在实践中加以破除，即使是比较有经验的人也免不了陷入思维的误区。

【案例】

1985 年，某厂有 35000 元现金被盗，这在当时是一笔不小的数字。于是，厂方和公安局出动大批人力进行破案工作。他们的思路是：进行排查，找出嫌疑人，再通过审查破案。嫌疑人应当是有前科，经济上支出明显多于收入。按照这样的思路，他们找到一个年轻工人平时吊儿郎当，工资较低，这时又突然买了一辆摩托车。于是，这个年轻工人就成了重点怀疑对象，被审查了好几个月，结果却发现搞错了。实际上作案的是另一个平时显得很老实的职工，两年后他看到没事了，到银行取存款，结果被机警的银行工作人员发现了破绽，报告了公安局，这才破了案。

总之，消极思维定式是创新思维的障碍，只要不破除消极的思维定式，创新能力的开发和提升就只能是一句空话。

（三）培养发散型思维习惯

创新思维的核心是发散型思维，因而对任何一个问题都不要追求或局限于一种答案。

只有一个点子、一个结果，便无法对比其优缺点。法国哲学家查提尔说：当你只有一个想法时，这个想法是再危险不过的了。

发散型思维是一种多视角的、开放的、空间很大的思维方式，从问题的要求出发，沿不同的方向思考，可以得出多种不同的答案，从而产生新发现、新创意。

生活中常见的"公说公有理，婆说婆有理"，常说的"仁者见仁，智者见智"等都是从不同角度思考问题、处理问题的结果。

【游戏】 如何才能喝到第 6 罐可乐？

假设可乐两元钱一罐，两个空罐可以换一罐可乐。如果给你 6 元钱，你最多能喝几罐可乐？大多数人说能喝到 5 罐可乐。怎样想办法喝到第 6 罐是游戏的核心。很多人会说，我只有一罐可乐了，没法继续了，干脆喝掉，一个空罐也没什么价值，扔掉算了。其实可以这样做：你把第 5 罐可乐喝掉，再向别人借一个空罐，就能换回第 6 罐可乐，把可乐喝掉后再把空罐还给人家。

这个游戏让我们发现了空罐就是闲置的资源，空罐就是价值；每个人都有空罐，都有很多资源闲置着，关键看你能不能从中领悟什么。游戏也是一种人生态度、人生智慧，任何时候都需要发现和把握机会的勇气。

有些高智商或者是高学历的人也往往会走向收敛思维的误区。

有个速算家到一个城市表演，他计算速度特别快，给出正确答案的速度也特别快。很多人出了很多题目都难不倒他，后来有一个人出了一道题目便让速算家瞠目结舌答不出来。这个人问一辆火车从甲地开往乙地，出发时有 1000 名乘客，在第一个车站上来几个下来几个，在第二个车站上来几个下来几个，如此说了很多个车站，然后问速算家：这辆火车经过了多少个车站？速算家答不出来，因为他以为肯定会问他最后到站时车上有多少人，而且他在别人问的时候就已经把答案假设好了。

其实这个问题简单得连小学生都能算出来，却让速算家当众出了丑，不是速算家速算思维不好，而是因为他采用了收敛思维。我们在日常生活中解决问题时，往往使用传统的概念，百思而不得其解。找不到解决问题的最好办法，其实是思维模式有问题。

微软公司招聘人才进行考试，比尔·盖茨亲自出了一道题目，在纸上画个三角形，让你用笔画一根直线把三角形的三个顶点连接起来。答案就是用一根比三角形还粗的笔把三角形画下来，生活中的笔各种各样，为什么一定要用细的圆珠笔呢？这不是脑筋急转弯，而是考一个人的思维模式。在微软公司设计软件，要运用于各个领域，如果软件设计者本身是收敛思维，设计的软件则不可能运用于各个领域，所以微软公司要求从业人员必须是发散型思维。

第三节 开发你的创新能力

一、创新能力的含义

当人类意识到可以与自然相对独立而存在时，便开始了对自然界的认识与改造。在这种认识和改造的活动过程中，不同的国家和民族、不同的个体呈现出明显的差异。而创新能力水平是造成这种差异的主要原因。

1. 创新能力

创新能力指人在顺利完成以原有知识、经验为基础的创建新事物的过程中表现出来的潜在心理品质。

与创新能力相近的是创造力，二者都是推动社会进步和经济发展的强大动力，也是正常人能力结构中最核心的部分。但两者的侧重点不同：创新能力更侧重于创新结果的实现，追求创新活动的价值，包括经济价值、艺术价值及理论价值；创造力则侧重于创造活动的独创性、新颖性，追求与众不同、标新立异。

总的来说，创新能力是个体运用已有的基础知识和可以利用的材料，并掌握相关学科的前沿知识，产生某种新颖、独特的有社会价值或个人价值的思想、观点、方法和产品的能力。

2. 创新能力的特征

（1）综合独特性

所谓综合独特性是指创新人物能力的构成不是单一的，而是几种能力的综合。这种综合是独特的，具有鲜明的个性色彩。

【案例】

1819年，丹麦物理学家教授奥斯特在做一次电学试验时忽然发现，固定的金属导线通了电流时，旁边的磁针就会动。他密切注意这个现象，并进一步探求电与磁之间的关系。经过多次试验证明：一根通了电的导线会绕着磁极转动，这就发现了电流磁感应。他的发现引起了人们的兴趣。1820年，法国的安培通过试验证明，通上电的圆筒形线圈像普通磁铁一样有吸引和排斥的作用，这就发现了电磁感应。英国的法拉第在1831年又进一步发现，当一个金属线圈中的电流强弱发生变化时，或把一根永久磁铁移动时，附近的另一个本来不通电的线圈就感应出了电流，这就大大推进了电磁学的发展。

奥斯特、安培、法拉第三人在发现新的物理现象的创新活动中，不仅有他们出色的专业能力、观察力、注意力、想象力、思维力等超常的智力能力，还有意志力、耐心、情感、献身等非智力能力。正是他们各种有效能力的最佳结合，才产生了最伟大的发明。

（2）结构优化性

结构优化性是指创新人物能力在构成上，呈现出明显的结构优化特征。而这种结构是一种深层或深度的有机结合，能发挥出意想不到的创新功能。

【案例】

1981 年，孙正义以 1000 万日元注册了 SOFTBANK，直译过来就是"软件库"。当时，孙正义的一个基本想法就是不做太技术化的行当，而要做一个基础设施商。

比如开发软件要冒很大的风险，搞不好就栽了，但是做软件的销售风险就要小得多。他自己爱用一个比喻：我们是修路的，不是生产汽车的。不管你是丰田汽车还是福特汽车，都要在路上跑。

在进入软件批发行当之后，孙正义发现宣传自己、宣传产品很重要。而媒体是一个很重要的"路"，于是他决定发展自己的媒体事业。很快，他就有了五六家计算机专业媒体，并进一步发展其他媒体。后来，他还一度和传媒大王默多克结盟向电视进军。再后来，孙正义涉足展览行当，花巨资买下了著名的 COMDEX，使自己处于 IT 界的风口浪尖。1995 年投资雅虎之后，SOFTBANK 开始转型，逐渐成为一个专门投资互联网的风险投资商。

当孙正义把自己的公司叫作 SOFTBANK 的时候，他大概没有想到，十多年后，SOFTBANK 真的成了一家带有 BANK 性质的公司——英文 BANK 有"库"的意思，也有"银行"的意思。SOFTBANK 既可以被理解为"软件库"，也可以被理解为"软银行"，这确实是一个"软"银行，没有存贷款业务，以投资为自己的主要业务，整个公司变成了一家控股公司。

2000 年 3 月公布的 1999 年报显示，SOFTBANK 的总资产为 117 万亿日元，而它的固定资产只有 1318 亿日元，占总资产的 11% 左右。这表明，它已经基本上实现了成为一个风险投资商的转型。

事实上，SOFTBANK 是世界上最大的风险投资商，也是最成功的一个。依孙正义的话来说，他们是"这个星球上从互联网经济上拿到最大份额的公司"。

作为创新人物典型的孙正义，在美国留学期间就有 250 多项发明，这说明他有极强的创新意识。当时，日本游艺机很是盛行，而美国则很少见。于是，孙正义决定在校园里经营游艺机。游艺机给孙正义带来了不小的财富，到毕业时足足赚进了 100 万美元。这反映了他出色的商业能力。1980 年，23 岁的孙正义回到日本。他花了 1 年多的时间来想自己到底要做什么。他把这些事情列出来，而后逐一地做市场调查。然后他列出了选择事业的 25 项标准，并依照这些标准给自己的 40 个项目打分排队，计算机软件批发业务脱颖而出。这说明，他有冷静理智的头脑和坚决的执行能力。综观孙正义各种创业活动轨迹，正是他身上的感悟预测能力、深刻分析能力、准确判断能力、果断执行能力等的深度有机结合以及最大效能的发挥，才使其走上辉煌的创新人物之路。

二、创新能力的形成

① 遗传素质是形成人类创新能力的生理基础和必要的物质前提，潜在地决定着个体创新能力未来发展的类型、速度和水平。

遗传素质又称天赋、禀赋或天资，是指个体与生俱有的解剖生理特点，包括脑和神经系统的结构、机能特性，感觉器官和运动器官的机能，身体的结构和机能等。

大脑是人的创新能力形成的物质基础，是人的创新能力发展的物质载体。离开了这个物质基础，人的创新能力的形成和发展就成了无源之水、无本之木。

人类创新能力的形成首先要遵循遗传规律，遗传素质是人类创新能力的物质基础。我们承认它，但不把它当作唯一，即"承认天赋，不唯天赋"。

② 环境是人类创新能力形成和提高的重要条件，环境优劣影响着个体创新能力发展的速度和水平。

人是社会的人，人的创新实践并不是在"真空"中进行的，必然会受到环境的影响。

这里的环境包括自然环境和社会环境。社会环境包括家庭、学校和社会上的其他环境。人与环境的关系是对立统一的辩证关系，人受环境的制约，处在一定环境中的个人不能"为所欲为"；同时，人可以能动地改造环境，这种改造不是某一个人的改造，而是千千万万的个人构成的社会人改造的。正如马克思所说，"人创造环境，同样环境也创造人"。

【案例】

法国人注重学习和创新，并进行不同的尝试，只要你是在求知、在探索，大都会得到周围人们的尊重和帮助。这种社会风气是法国的传统，有着悠久的历史，可以追溯到欧洲文艺复兴时代。那次伟大的思想解放运动把西方人从神权的迷信中解脱出来，探究宇宙和生命的无穷奥秘，出现了众多的艺术家和科学家。

比如，我们都熟悉的达·芬奇，既是一位伟大的艺术大师，又是一位杰出的科学发明家。弗朗索瓦一世爱惜人才，喜欢艺术，把意大利人达·芬奇请到法国居住，并为他提供了优厚的生活和创作条件，直到他去世。卢瓦河畔的克卢·吕斯，那就是达·芬奇最喜欢的故居，依山傍水，秀丽典雅。他在这里做出了40多种科学发明。我们可以在这里看到，故居室内有一地下通道，直达远处山坡上弗朗索瓦一世的城堡，即国王随时可以与艺术家相见。法国著名画家安格尔有一幅画作，画面是达·芬奇躺在弗朗索瓦一世的手臂中静静地去世，表达了法国国王对人才和创新的珍惜器重。恩格斯称文艺复兴为"产生巨人的时代"。文艺复兴之前，人们以为只有上帝才是创造者，其他人不敢称言创造者。摆脱了教会的精神统治束缚后，人民获得了思想解放，释放出了巨大的创造能量。

③ 实践是人创新能力形成的最基本途径，也是检验创新能力水平和创新活动成果的尺度标准。

创新能力只有在创新实践中才能得到施展发挥，而实践是创新能力变成现实的唯一平台。

人改造实践的活动也就是创新活动。只有通过社会实践才能把人的创新意识变成现实，而创新能力也必须通过实践才能形成并加以检验。

【案例】

建三峡高效生态农业样板

当今世界上最大的长江三峡水利枢纽工程一直受到国内外的广泛关注，已有的研究远不能满足形势发展的需要，特别是在生态农业建设、退化生态系统恢复、水土流失防治与环境综合整治等方面缺乏完整、配套、适用的理论和技术体系。世界上也无解决上述类似问题的成熟案例，迫切需要以试验示范样板来推动该研究的深入开展。

为此，中科院科学家陈治谏策划出一个集成院内外优势学科与技术捆绑性的科技项目，以复合农业生态系统试验示范为主线，把试验示范区建成三峡库区生态农业和生态重建新技术研究、开发、引进、组装、集成应用与推广辐射基地、新成果示范和转化基地、技术培训与服务基地，而且将不同农业类型的生态链组成不同生态农业模式，实现能量转换和经济效益的优化，以不同类型、模式实现的产业化途径作为拟解决的关键科学技术问题。这是一项应对国家需求与地方需求的重大研究课题。

该项目旨在以解决三峡库区农业、农村、农民的"三农"问题为己任，脚踏实地为地方办实事，解决实际问题。然而，三峡项目试验区的退耕还林、劣质果品改良、名优新品种的种植试验等都涉及农民的切身利益，如何让当地干部群众了解、支持、配合并参与其中，是项目实施过程中遇到的最大难题。为此，陈博士带领科技人员坚持在乡村第一线做艰苦细致的工作，开展的一系列宣传、发动和技术培训等工作深受欢迎，难题也随之迎刃而解。当地村民乐呵呵地说，在我们小山村，几辈子也没见过这么多的大专家，更没见过专家手把手地给我们传授农业技术。一系列行之有效的措施，大大调动了干部群众的积极性，既扩大了项目在当地的影响，也保证了项目的顺利实施。

截至 2003 年底，该项目已初步建起规模和技术上有展示意义、效益得到体现的三峡库区生态农业科技示范园。与原计划相比，超额 200% 建立起 3000 亩生态农业核心试验示范区；建立了多种粮经果复合垄作、特种水产养殖、常绿阔叶林植被恢复和营造模式；实现每亩翠冠梨经济效益 2000 元，优质西瓜 1500 元，薯蓣 1000 元（传统种植 300~500元）；超额 300% 完成扶植种养专业户 40 户；创建的"个体＋科技"生态农业示范模式，以及以该所为技术支撑的"公司＋科技＋政府"和"政府＋个体＋科技"模式正在逐步推广；一些农户承包的果园已果实累累，脱贫在即；部分农民已在业主承包的土地上拿工资干活，生活水平也由此不断提高。

预计项目全部结束后，除构建生态农业模式和生态产业链，以及生态农业园区和移民生态村建设模式外，还将建立 2 万亩成果辐射区、1 万亩黄山药生产基地和 1 个加工企业、1 万亩良种果园、1~3 个养殖场，并实现农药残留生物降解菌剂、植物生理抗旱菌剂、新型生物肥料产业化开发等。在突破关键科学技术的基础上，一系列创新性科研成果将迅速向整个三峡地区推广和辐射，对该区的社会经济可持续发展产生了巨大的推动作用，并取得了重大的社会效益、经济效益与生态效益，使三峡地区生态农业和生态环境建设赢得良好的国际声誉和影响。

④ 创新思维是人的创新能力形成的核心与关键。

创新思维的一般规律是：先发散，再集中，最后解决问题。

创新能力与创新思维休戚相关。没有创新思维，就没有创新活动。创新思维是人的创新活动的灵魂和核心，创新性思维能力是人的创新能力的灵魂和核心。

三、创新能力的开发与训练

创新能力一般被视为智慧的最高形式，是指一个人产生新思想、认识新事物的能力，即通过创新活动、创新行为而获得创新性成果的能力。其实质就是创造性解决问题的能力，它意味着不因循守旧，不循规蹈矩，不故步自封。

要创新就必须认同两个基本观点，即创新的普遍性和创新的可开发性。创新的普遍性是指创新能力是人人都具有的一种能力。如果创新能力只有少数人才具有，那么许多创新理论，包括创造学、发明学、成功学等就失去了存在的意义。人的创造性是先天自然属性，它随着人的大脑进化而进化，其存在的形式表现为创新潜能，不同人之间这种天生的创新能力并无大小之分。创新的可开发性是指人的创新能力是可以激发和提升的。将创新潜能转化为显能，这个显能就是具有社会属性的后天的创新能力。潜能转化为显能后，人的创新能力也就有了强、弱之分。通过激发、教育、训练可以使人的创新能力由弱变强，迅速提升。

创新思维是创新能力的核心因素，是创新活动的灵魂。开展创新训练的实质就是对创新思维的开发和引导。有句慧语说："思路决定出路。"一个人的创新能力，特别是创新思维能力的强弱，将决定他将来的发展前途。有人对自己的创新能力总是持怀疑态度，这严重地影响了创新潜能的开发。其实，早在 1943 年，我国的创新教育先驱、著名教育家陶行知先生在其《创新宣言》等论著中，就对"环境太平凡不能创新、生活太单调不能创新、年纪太小不能创新、我太无能不能创新"等错误观点进行了批判。

（1）展开"幻想"的翅膀

没有想象就没有创新。心理学家曾做过研究，人脑有四个功能部位：一是以外部世界接受感觉的感受区；二是将这些感觉收集整理起来的贮存区；三是评价收到的新信息的判断区；四是按新的方式将旧信息结合起来的想象区。想象区是创新的关键区，如果只善于运用贮存区和判断区的功能，而不善于运用想象区功能的人，就不善于创新。通常情况下，人们仅用了想象区的 15％ 的功能，其余的还处于"冬眠"状态。开垦这块处女地就要从培养幻想入手。

想象力是人类运用储存在大脑中的信息进行综合分析、推断和设想的思维能力。在思维过程中，如果没有想象的参与，思考就发生困难，创新便无从谈起。

爱因斯坦说过："想象力比知识更重要，因为知识是有限的，而想象力概括着世界的一切，推动着进步，并且是知识进化的源泉。"爱因斯坦的"狭义相对论"就是从他幼时幻想人跟着光线跑，并能努力赶上它开始的。世界上第一架飞机，就是从人们幻想造出飞鸟的翅膀而开始的。

（2）用"挑剔"的眼光看事物

创新的实质是对现实的超越。要实现超越，就要对现实独具"挑剔"与"批判"的眼光，对周围事物善于发现和捕捉其不正确、不完善的地方。古人云："学起于思，思源于疑"。质疑问难是探求知识、发现问题的开始。

在日常生活中经常有意识地观察和思考一些问题，通过这种日常的自我训练，可以提高观察能力和大脑灵活性。

积极参加创新实践活动，尝试用创造性的方法解决实践中的问题。只有在实践中人类才有了无数的发现、发明和创新。实践又能够检验和发展创新，一些重大的创新目标，往往要经过实践的反复检验，才最终确立和完善。人们越是积极地从事创新实践，就越能积累创新经验，锻炼创新能力，增长创新才干。

创新是通过创新者的活动实现的，任何创新思想，只有付诸行动，才能形成创新成果。因此重视实干、重视实践是创新的基本要求。

（3）培养强烈的求知欲

古希腊哲学家柏拉图和亚里士多德都说过，哲学的起源乃是人类对自然界和人类自己所有存在的惊奇。他们认为，积极的创造性思维，往往是在人们感到"惊奇"'时，在情感上燃烧起对这个问题追根究底的强烈的探索欲望时开始的。因此，要提高创新能力，首先就必须使自己具有强烈的求知欲。

人的欲求总是在需要的基础上产生的。没有精神上的需要，就没有求知欲。要有意识地为自己出难题，或者去"啃"前人遗留下的不解之谜，激发自己的求知欲。求知欲会促使人去探索科学，去进行创造性思维，而只有在探索过程中，才会不断地激起好奇心和求知欲，使之不枯不竭，永为活水。一个人，只有当他对学习的心理状态，总处于"跃跃欲试"阶段的时候，他才能使自己的学习过程变成一个积极主动"上下求索"的过程。这样的学习，就不仅能获得现有的知识和技能，而且还能进一步探索未知的新境界，发现未掌握的新知识，甚至创造前所未有的新见解、新事物。

（4）向唯一性挑战

现实生活中，我们要解决的很多问题，都像俗话所说的那样"条条大路通罗马"。没有唯一，只有更合适。只有一种答案的情况，只在很特殊、很少的范围内存在。比如，爱迪生用了1000多种原料才研制成白炽灯。创造性解决问题就是在大海里捞针，在毫无所知又看不到的情况下，尽可能地向四面八方搜索，而搜索的方向、范围越广，找到的可能性就越大。

① 词语发散训练。

词语发散是发散型思维训练的基本方法，可以是名词发散、动词发散、反义词发散、标题发散、情节发散等很多训练。

例如，动词发散（10分钟内尽可能多地写出与"开"有关的动词）。拉开，打开，撬开，别开，碰开，撞开，割开，踢开，捏开，拧开，拔开，撕开……

动词发散训练对于科学技术工作者，有志于发明创造的人特别有用，因为所要解决的问题常常涉及动作。如过去罐头口很难开，只能撬开，我们就可以用上面"开"的发散型思维，找出一些简便易行的开启方法。动词的发散训练可以启发我们发明实现不同动作的工具。

② 方法和用途的发散训练。

【案例1】

在一次有许多中外学者参加的如何开发创造力的研讨会上，日本一位创造力研究专家村上幸雄先生应邀出席。

面对这些创造思维能力很强的学者同人，风度潇洒的村上幸雄先生捧来一把曲别针说道："请诸位朋友，动一动脑筋，打破框框，看谁能说出这些曲别针的多种用途，多而奇特！"在不长的时间里，大家讲出了20多种曲别针用途。然而村上却骄傲地伸出3个指头向大家宣布，他能讲出 300 种用途。

人们惊异，不由得佩服这人聪慧敏捷的思维。但是，也有人怀疑。村上用幻灯片映出了曲别针的用途。这时，在我国以"思维魔王"著称的怪才许国泰先生向台上递了一张纸条。"对于曲别针的用途，我能说出三千种、三万种！"邻座对他侧目。

第二天上午，他"揭榜应战"，走上了讲台。他拿着一支粉笔，在黑板上写了一行字：村上幸雄曲别针用途求解。

原先不以为然的听众一下子被吸引过来了。

"昨天，大家和村上讲的用途可用四个字概括，这就是钩、挂、别、联。要启发思路，使思维突破这种格局，最好的办法是借助于简单的形式思维工具——信息标与信息反应场。"他先把曲别针的总体信息分解成重量、体积、长度、截面、弹性、直线、银白色等 10 多个要素。再把这些要素用根标线连接起来，形成一根信息标。然后对与曲别针有关的人类实践活动要素进行分析，连成信息标，最后形成信息反应场。这时，现代思维之光射入了这枚平常的曲别针，马上变成了孙悟空手中神奇变幻的金箍棒。他从容地将信息反应场的坐标，不停地组切交合。通过两轴推出一系列曲别针在数学中的用途，如曲别针分别做成 1、2、3、4、5、6、7、8、9、0，再做成＋－×÷的符号，用来进行四则运算，运算出数量，就有 1 千万、1 万万。曲别针可做成英、俄、希腊等外文字母，用来进行拼读。曲别针可以与硫酸反应生成氢气，可以用曲别针做指南针，串起来导电。曲别针是铁元素，分别化合生成的化合物则是成千上万种。实际上，曲别针的用途近乎无穷！他在台上讲着，台下一片寂静。与会的人们被思维"魔球"深深地吸引着。

这种发散型思维能够打破原有的思维格局，特别是对创造者可提供一种全新的思考方式。

【案例 2】

美国有一间生产牙膏的公司，产品优良，包装精美，深受广大消费者的喜爱，每年营业额蒸蒸日上。记录显示，前十年每年的营业增长率为 10%～20%，令人开心雀跃。不过，业绩进入第十一年、第十二年及第十三年时，则停滞了下来，每个月都维持同样的数字。

董事部对此三年业绩表现感到不满，便召开全国经理级高层会议以商讨对策。会议中，有名年轻经理站起来，扬了扬手中的一张纸对董事部说："我有个建议，不过若您要使用我的建议，必须另付我 5 万元！"总裁听了很生气地说："我每个月都支付你薪水，另有红包奖励。现在叫你来开会讨论，你还另外要求 5 万元。是否过分？""总裁先生，请别误会。若我的建议行不通，您可以将它丢弃，一毛钱也不必付。"年轻的经理解释道。"好！"总裁接过那张纸后，阅毕马上签了一张 5 万元支票给那位年轻的经理。那张纸上只写了一句话：将现有的牙膏开口扩大 1mm。于是，总裁马上下令更换新的包装。

试想，每天早上，每个消费者多用 1mm 的牙膏，每天牙膏的消费量将多出多少倍呢？这个决定，使该公司第十四年的营业额增加了 32%。

【案例 3】

美国一家制糖公司，每次向南美洲运方糖时都因方糖受潮而遭受巨大的损失。公司里的一位工人，受到轮船上有通风洞的启发，用小针戳了一个小孔使之通风。经实验，果然取得了意想不到的效果，他申请了专利。据媒体报道，该专利的转让费高达 100 万美元。

日本一位 K 先生，听说戳小孔也算发明，于是也用针东戳西戳埋头研究，希望也能戳出个发明来。结果，他发现在火机的火芯盖上钻个小孔，可以使打火机灌一次油由原来的使用 10 天变成 50 天。于是，发明终于被他"戳"出来了。

美国的一家飞机制造公司也尝试着在飞机的机翼上钻了无数微孔，结果发现微孔可以吸附周围的空气，消除紊流，从而大大减小空气的阻力。他们据此做出样机后，发明了可节油 40% 的飞机。

一个小小的改变，往往会产生意料不到的效果。当我们面对新知识、新事物或新创意时，千万别将脑袋封闭置之于后，而应该将脑袋打开 1 毫米，接受新知识、新事物。也许一个新的创见，就能让我们从中获得不少启示，从而改进业绩、改善生活。

我们也不妨试试：

① 中央电视台《交换空间》节目中有一个环节——旧物改造，旧物改造的过程就是创新的过程。针对自己或他人学习、生活中的种种旧物，展开你的奇思妙想，生活会由此变得丰富多彩起来。

② 玻璃球只不过是小孩子弹着玩的玩具，根据"他用法"，你还能找出其他用途吗？

③ 你注意过哪些物品带有环形结构吗？如果把它扩展到生活中的各个领域，还能对你产生哪些启发？激发你哪些灵感呢？

✎ 小测试　邓克尔蜡烛问题

给你一根蜡烛、半纸盒图钉、一张说明书，要求你在尽量短的时间内，把这根蜡烛安放在垂直的木板墙上。这就是著名的"邓克尔蜡烛"问题，经常用作智力测验题。现在请你好好思考一下问题的解决方法。

可以把说明书折成一个小袋子，然后用图钉固定在木板上，再把蜡烛放进袋子里；或者不用折，直接把说明书的三条边用图钉固定在木板上，就像我们的上衣口袋一样，然后把蜡烛放进去，如此等等都是不错的方法。还有一个最简单的方法：首先把图钉盒钉在木板上，然后把蜡烛安放在图钉盒上。如果要比赛谁的速度最快，这无疑是最快最有创意的方法。

第九章

创业能力

近几年，关于大学生自主创业的问题成了社会的热门话题。有人认为，大学生创业只是为了解决就业问题。其实，进行创业教育、鼓励大学生创业，不是应对就业难的"无奈之举"，而是一种必然。现在不少大学生只是在找不到满意的工作后，才考虑去创业，以致形成了"无业才创业"的错误认识。这是对大学生自主创业的误解，因而不利于创业成功。很多有创业梦想的大学生，不了解什么是创业、不知道创业成功需要具备哪些条件，大多数人只是被某些企业家的人格魅力所折服，只是看到了创业成功者光彩夺目的一面，只是把创业精神狭隘地理解成一种成功哲学，才幻想着要去创业。

事实上，当今中国已经是一片不折不扣的创业热土，有无数怀揣创业梦想的年轻人为了实现自己的人生理想和体现自己的价值而毅然决然地走上了创业的道路。创业精神是当代中国大学生所应当具备的，树立创业精神、实行自主创业，是价值观念的重大转变，是深刻的思想革命和观念更新，也是市场经济的必然要求。大学生要克服传统观念的羁绊，变"找饭碗"为"造饭碗"，变"打工经济"为"老板经济"，从而真正推动社会形成自主创业、全民创业的热潮。

第一节　创业你准备好了吗

一、创业素质包括哪些方面

完成一项较复杂的工作，常常会要求一种综合性的素质。创业，更是如此。创业素质是个综合性很强的概念，其内涵深刻、丰富且具有广泛的外延。对创业素质的界定，国内外众说纷纭。简言之，创业素质就是创业行动和创业任务所需要的全部主体要素的总和。

宏观而言，创业素质大致可以包括创业意识、创业知识结构、创业技能或行动、创业个性或人格特征几个主要方面。

1. 创业意识

创业意识是在对创业意义有深刻认识基础上形成的主动创业、支持创业、以创业为己任的观念和意识。思想是行动的先导。有了创业意识，就能激发人们进行创业实践的欲望，这是心理上的内在驱动力。

要想取得创业成功，创业者就必须具备自我实现、追求成功的强烈的创业意识。强烈的创业意识，会帮助创业者克服创业道路上的各种艰难险阻，将创业目标作为自己人生的奋斗目标。创业的成功是思想上长期准备的结果，而事业的成功总是属于有思想准备的人，也属于有创业意识的人。

2. 创业知识结构

创业知识结构是说创业者需要更广博的知识。作为创业的基本素质之一的创业知识，大致有三类：一是创业成功所需要的专业技术知识；二是创业之后持续发展所需要的经营管理知识；三是与社会各方面交往所需要的知识。实践证明，一种有利于创业的知识结构，不仅需要具备必要的专业知识、经营管理知识，而且还必须具备综合性知识，如有关政策、法规等知识，以及更广的人文社会科学知识。前两类知识往往是实用性的，一般容易被创业者注意到；而后一类知识则是一项能保证事业可持续性发展的底蕴，应该得到越来越多的关注。

3. 创业技能或行动能力

技能是人们在自己的知识经验的基础上，按一定方式进行反复练习而形成的心理与生理系统。根据其性质和特征，可分为心智技能和动作技能两大类。

能力是人们成功地完成某种活动所必需的个性心理特征，包括实际能力和潜在能力两个部分。实际能力是指已经达到某种熟练程度和已经表现出来的能力；潜在能力是指尚未表现出来的心理能量，但通过学习或训练之后可能发展起来的能力以及可能达到某种熟练程度的能力。

4. 创业个性或人格特征

个性或人格是一个人具有一定倾向性的心理特征的总和。创业人格是一个人创业素质中的调节系统。个性结构是多层次、多侧面的，由复杂的心理特征所构成的整体，主要包括潜能、气质、性格、动机、兴趣、理想、信念等。这些特征是相互联系，有机地结合在一起的，能对人的行动进行调节和控制。在创业人格中，这些素质方面是一种综合性的整体，共同影响着人的实际行动的成效。

二、创业者应具备哪些品质

不同的创业者在其艰难的创业过程中，会表现出不同的个性品质。因而，对于创业者应具备的品质也始终是仁者见仁、智者见智。我国学者陈德智借鉴古代圣贤的思想精髓，提出创业者应具备的品质为"五德"，即"智、信、仁、勇、严"；陈冠任、肖万春则提出如下品质应为创业者所具备：时时刻刻在寻求机会，来不断进取；不安于现状，并常常试图靠自己的努力来塑造将来；不强调自己的偏好，常想市场所想、急顾客所急；通晓人情，善于团结，能激励部署，能重用能人；耐烦、执着、不轻言放弃。

作为成功的创业者共同的品质有十项，诚信位于之首，其次分别是：把握机遇、创新、务实、终身学习、勤奋、领导才能、执着、直觉和冒险。

1. 诚信

诚信当仁不让地成为中国企业家的"立业之本"，也是企业家最看重的财富。

调查结果表明，几乎所有的榜上企业家都认为诚信非常重要，而对这个品质的认可，在年龄、行业等方面都无任何差异。

市场经济已进入诚信时代，作为一种特殊的资本形态，诚信日益成为企业的发展源泉。创业者的品质决定着企业的市场声誉和发展空间。不守"诚信"或可"赢一时之利"，但必然"失长久之利"。

诚信是基础，如果没有了诚信，法律同样苍白无力。而市场经济实质上是一种契约经济，由于合同的不完全性，诚信则是契约得以签订和履行的前提。尽管目前一些不具备诚信素质的企业家仍然存在并得到一定的发展，这主要是因为市场经济仍不完善，但这些不诚信的企业家已经感到生存的空间越来越窄。

【案例】
施恩假洋品牌"误会"的诚信代价

身陷"洋奶源门"和"洋身份门"的施恩在媒体愈演愈烈的声讨中终于承认自己"假洋鬼子"的身份。2009年6月17日，施恩官方网站挂出的施恩（广州）婴幼儿营养品有限公司董事会声明表示，"施恩公司，包括施恩品牌完全由华人拥有""以往，我们从未向公众详细介绍公司的背景，因为我们觉得向消费者提供一流的产品才是最重要的。对由此引起的误解……施恩公司董事会在此向大家诚恳地道歉"。

要知道，在消费者和媒体一次又一次的质疑声中，太多人会为上当"记恨在心"。而企业针对质疑声发出一次又一次辩驳声的行为，无疑扮演着那个高喊"狼来了"的孩子的角色。这是要付出惨重代价的。6月16日，国家质检总局表示，将建立质量信用"黑名单"制度，食品等涉及群众生命财产安全的产品将是重点监督的对象，一旦进入"黑名单"就对外发布。

对于企业或一种产品而言，真正遭遇灭顶之灾的，恐怕还是被消费者列入意识层面的"黑名单"系统。毕竟食品这些东西事关人的生命健康安全，开不得半点玩笑。一旦有消费者发现自己上当受骗或逮住食品厂家有某些欺诈或质量问题，将这个企业及其产品永远打入其购买计划的"十八层地狱"必然是无疑的。而一个企业、一个品牌，哪怕是百年老店，一旦遭遇了这样的"意识封杀"，要想翻身则必定是一场极其艰辛而成本高昂的长途跋涉。

诚信对于企业发展的正向促进作用是慢热的，其显性利益或许永远没有五花八门的包装宣传来得吸引眼球。但是，诚信是一个企业的基石，一旦基石动摇，企业的未来发展便会陷入生死门。而一个诚信的企业，即便是遭遇危机，其诚信的积累与诚信的作风也能够帮助企业渡过难关。施恩是否陷入生死之门，还要看消费者如何选择。但一个说谎的企业，对那些初为人父母的消费者来说，有谁还会拿自己宝宝的健康来验证这家企业产品的好坏呢？

2. 把握机遇

"如果缺少诚信的品质，你的一切都将化为乌有；如果缺少把握机遇的能力，机遇在你面前你却抓不住，你将是一个傻瓜。"福布斯富豪榜排名第 71 位的天津家世界集团董事长杜厦如是说。

对商机的把握来自创业者长远的预见力。对当前和未来市场的敏锐洞察力，对自身所处产业、客户以及竞争者的熟知，使他们能够抓住转瞬即逝的商机，甚或制造机会最终走上创业和持续发展之路。

【案例 1】

这是《史记》中记载的一个故事。

秦国派兵攻打赵国，一直打到了赵国的都城邯郸城下，并将其围了起来。赵国国君派遣平原君去楚国求援。平原君想要在自己的门客中挑选二十个人一同前往楚国。但是选来选去一直差一个人，这时，在门客中有一个叫作毛遂的人站了出来，向平原君推荐自己，希望能成为前往楚国的使节。

毛遂自信地向平原君表示："平原君，我愿意去楚国求援。虽然我在您的门下时间不长，但我也学到了一些游说的技巧。我相信我能够说服楚王出兵援助赵国。"

平原君看着毛遂，问道："你在我门下多久了？"

毛遂回答："三年了。"

平原君有些疑惑："一个真正有才能的人，就好像一把放在袋子里的锥子一样，立刻就会显露出锋利的锥尖。而你在我门下三年了，我却没听说过你有什么表现。你还是留下吧。"

听到这个，毛遂并没有气馁，反而显得更加坚定："我现在自我推荐，就是请求你把我放进袋子里。如果早点有这样的机会，那我就不只是露出锥尖而已，而是早就显露出才能，锋芒毕露了。"

平原君被毛遂的自信打动，他决定带上毛遂一起去楚国。在楚国，平原君与楚王展开了激烈的游说。但楚王一直以来都对抗秦的事含糊其词，未能明确表态。毛遂手握剑柄，坚定地走近楚王，清晰地陈述利害关系。

毛遂首先指出，楚国地域辽阔，士卒众多，具有强大的实力，天下无敌。他以白起为例，说明白起曾率领几万人与楚国交战，轻而易举地拿下了鄢、郢两地，烧毁了夷陵，极大地侮辱了楚王的祖先。这场战争，是百代的仇恨，让楚国蒙受了耻辱。不仅如此，这场战争也让赵国感到了羞辱，因为这是关系到两国荣誉的问题。

接着，毛遂强调，赵国与楚国签订盟约，共同抵抗秦国，实际上是为了楚国的利益，而非仅仅为了赵国。他提醒楚王，这是一个关乎国家存亡的问题，楚国不能置身事外，更不能无动于衷。

毛遂的这番陈词，既表达了对楚国的尊重，又明确指出了楚国在抗秦问题上的责任和使命。他以身作则，以剑逼楚王，显示出赵国抗秦的决心，同时也警示楚王，面对国家危机，不能坐视不管。

在这个关键时刻，毛遂的勇敢举动和明智建议，使得楚王不得不正视抗秦问题。最终，楚王答应与赵国共同抗秦，为保卫国家尊严而战。毛遂的这次表现，不仅让平原君刮目相看，也让楚王对他赞叹不已。毛遂用自己的勇敢和才智，为赵国的存亡立下了赫赫战功，成为一名青史留名的人物。

【案例 2】

蒋瑞颖，一位很普通的南京市民。很长一段时间里，创业无门苦苦寻觅，没想到一碗汤让她名声远扬，当上了创业明星，被大家亲切地称为"蒋嫂"。靠熬汤创业并不新奇，但蒋嫂的思路特别明确而且有针对性，即专门给自己家对面南京妇幼保健医院的产妇熬营养汤。产妇是一个极大的消费群体，她们最集中的消费就是营养。绝大多数产妇家属为了产妇的身体和未来的宝宝，也为了产妇生产时能够更顺利、产后恢复更快，通常会不计金钱，只认好的、有营养的食品。蒋嫂这一新招数恰好抓住了产妇及其家属的这一心理，开门红自然手到擒来，精心熬制的营养汤大受欢迎。后来经中央台半边天栏目报道，其创业模式受到了极大关注。现在很多地市以加盟形式生产销售"蒋嫂汤"，从而给蒋嫂带来了名气和效益。

3. 创新

有人说，创新是创业成功的维生素。只有具备创新精神，才能让创业者发挥自己的潜能，打破各种条条框框，开创新的局面。中国电器龙头企业浙江正泰集团董事长南存辉在总结企业发展时说："一个优秀企业的发展，是一个不断战胜对手和超越自我的结果。创新与卓越同在，创新是企业的生存之本。"在竞争激烈的市场中，缺乏创新的企业很难站稳脚跟；而改革和创新，永远是企业活力与竞争力的源泉。

【案例】

让消费者决定创新

不创新就难以生存，这是一个商业常识，然而大多数创新又都会以失败告终。宝洁公司成功化解了这个两难命题，其要害所在就是对研发模式的创新。

宝洁公司负责研发的副总裁拉里·休斯敦曾断言，大多数公司采取的研发模式已经失灵。他的同事、宝洁首席技术官吉尔·克劳伊德分析了旧有创新模式失灵的原因，认为在消费用品领域，品牌的增多大大拓宽了消费者的选择余地；在激烈的竞争下，创新产品的生命周期大大缩短，结果导致创新速度加快。当然，创新速度加快也意味着失败概率的增加。"在这种情况下，公司必须重新构建一个更为高效的创新体制。"克劳伊德说。德布·亨莱塔是宝洁婴儿护理产品部总裁，她办公室楼下的大厅里经常会有一些年轻妈妈光顾。原来，亨莱塔在这里设立了一个尿布测试中心，让母亲们试用宝洁开发的婴儿纸尿裤，从中了解消费者对产品的反映，更重要的是了解她们的新需求，以开发出针对性更强的新产品。该公司推出的系列"帮宝适"高级纸尿裤，就是根据在此类试验中了解到的消费者需求开发出来的。

克劳伊德指出，若要成功，宝洁就必须关注顾客体验的方方面面。事实上，宝洁提出了"360 度创新"的概念，即围绕它所说的顾客体验进行全方位创新，包括达到所需性能的产品技术、能够以合适价格生产出该产品的生产技术、产品性能外观和包装的概念性以及审美性因素等。以前，宝洁往往把内部研发工作的评估重点放在技术产品的性能、专利数量和其他指标上；现在，它更加强调可以感知的顾客价值。

这首先意味着对消费者需求的精准把握。为此，自上任以来，雷富礼要求公司上下都要从消费者的角度而不是从科学家的角度来考虑创新问题。宝洁首席营销官吉姆·施腾格尔要求营销人员大幅增加与消费者沟通的时间。2000 年宝洁平均每名营销员每月与消费者沟通的时间不足 4 小时，现在已超过 12 小时。营销员还被要求深入消费者的实际生活，到消费者家中观察他们洗衣服、擦地板、给婴儿换尿布等，从中了解其生活方式和希望解决的麻烦。

"我们正通过'反向设计'对低价'帮宝适'Basico 产品线进行创新。"宝洁在拉美的婴儿护理产品营销主管吉列尔摩·里维拉里摩说。所谓的"反向设计"，就是先了解消费者需要什么、可承受的价位是多少，然后据此确定、设计产品的功能，并除去可能会使产品价格上升的不必要的功能。

宝洁收购了美国第 5 大宠物食品公司爱慕思公司，现在爱慕思已跃居宠物食品行业的老大。积极创新是这起当初不被人看好的收购得以成功的内在原因。针对宠物主人希望宠物能长寿的心理，爱慕思推出了一系列旨在延长宠物寿命的新产品，如减肥配方食品、抗氧化剂及防止牙垢的宠物护齿产品等，并计划研发宠物用的核磁共振成像仪。这些新产品的推出，使爱慕思的销售收入显著上升。

全方位创新理念也使宝洁更加重视创新中的成本因素，宝洁称之为"成本创新"。它提出要为世界上大多数消费者服务，这意味着要加大发展中国家市场及发达国家中低端市场的开发力度。要在这些市场盈利，就必须更加重视控制产品的成本。宝洁一名负责人说："我们分配了更多的研发和工程设计资源，用来为世界上更多的消费者服务。我们的目标是通过创新满足较低收入消费者的需求。"

自雷富礼上任以来，宝洁推出了众多的新产品，从速易杰拖布到佳洁士电动牙刷再到Whitestrip 美白牙贴等，其市场份额因此得到不同程度的提高。

4. 务实

创业是一种需全身心投入的事业，具备积极的态度和务实的精神才能使创业成功。在创业过程中，没有什么是事先安排好的，也没有什么人会给创业者部署安排、决策计划。面临困难、问题、危机，创业者只有积极努力，脚踏实地地奋斗，才有可能取得较好业绩。某些创业者热衷于投机取巧、钻空子，以牟取暴利。的确，在社会转型期，尽管存在某些漏洞，但也提供了某些机会。在某种情况下，抓住偶然的机会，通过灵活的手段，则可以在短时期内取得较高利润，甚至有可能是一本万利、一夜暴富。但人间正道是沧桑，只有抱着务实的态度才有可能在创业的路上走得更远。

5. 终身学习

人类正进入知识经济时代，终身学习将越来越成为人们生存和发展的第一需要。学习将无处不在、无时不有，成为一种重要的生存方式和生活方式；同时，也必将成为人们追求生活幸福与财富品质的主要诱发因子及原动力。

年轻的创业者通常直接经验很少或没有任何直接经验，这就要求他们善于学习、善于总结，不断从他人的经验与教训中学习实践，同时从书本中学习理论知识。实际上，创业者从开始创业的第一天起，就不停地面对自己不熟悉的东西，因此学习已成为十分必要的事情。

6. 勤奋

勤奋几乎是所有创业者的共同特征。创业者在巨大热情和美好愿景的鼓舞下，身先士卒、勤奋不懈地努力。这恰如为你的事业引擎源源不断地加满了汽油，无论雨雪风霜，都将赋予你不断前进的无穷能量。看一看那些具有勤奋品质的人，面对任何工作总是全力以赴、追求卓越，不断以高标准激励自己，力求每次都交出一份最佳成绩单。这种持之以恒的不断努力，必将带领他们走向成功的彼岸。

7. 领导才能

一个成功的创业者应该具备决策能力、理财能力、预见能力、经营能力、创新能力、交际能力和聚合能力等领导才能，并注意塑造自己的领袖精神，使自己拥有一批坚定的追随者和拥护者，使组织群体取得良好绩效。这是凝聚员工的一笔"不可复制"的财富，更是创业生存和发展的关键。如今领导才能已日益成为衡量创业成功的重要标识，是企业赢得未来的无形资本。正直、公正、信念、恒心、毅力、进取精神等优秀的人格品质无疑会飙升领导者的影响力和个人魅力，从而扩大其追随者队伍；领导者的个人价值观会吸引具有同类价值取向的人聚集于组织，增强对组织的认同感和归属感；具有优秀价值观和人格的领导者，使组织成员对其产生敬佩、认同和服从等心态，其影响力、凝聚力无疑都会提高。

8. 执着

执着的创业者个性坚定，做任何事情都非常有毅力、坚忍不拔、有无比的耐性和持久性。创业的道路充满坎坷，无论是面对成功还是失败，创业者都必须有执着和坚忍不拔的品格。综观每个成功企业的创业史，都是在创业者的领导下经历了一次次的失败后建立起来的。

9. 直觉

直觉是运用已有的经验和知识，对问题从总体上直接加以认识和把握，以一种高度简练、浓缩的方式洞察问题的实质，并迅速解答问题或对问题做出某种猜测的思维形式。直觉在寻求商机和科学发现等创新行为中具有极为重要的作用。直觉是一种内在本能，但本能不是天生的，而是来自于经验和积累。

10. 冒险

创业具有模糊与不确定性，通常伴随着很高的风险，且常常是事业的范围和规模越大，则能够取得的成就就越大，而伴随的风险就越大，需要承受风险的心理负担也就越大。美国福特公司总裁凯德威说过：冒风险是人类发展臻于成功境界的首要推动力，假如前人缺乏冒险精神，今天就不会有电源、激光光束、飞机、人造卫星，也不会有青霉素和汽车，成千上万的成果将不能存在。同样，对于个人，尤其是从事创业活动的人来说，假如没有第一个人吃螃蟹的冒险精神，那是什么也干不成的。创业者必须善于发现新生事物，并对新生事物有强烈的探求欲，即使没有十足把握，也要果断地尝试。因此，成功的创业家都愿意承担风险、会做任何事以增加他们成功的机会。

敢于冒险就是不惧怕失败。失败的结果或许令人难堪，却是取之不尽的活教材。在失败过程中所累积的努力与经验，都是缔造下一次成功的宝贵基础。成功需要经验积累，创业的过程就是在不断的失败中跌打滚爬。只有在失败中不断积累经验财富、不断前行，才有可能到达成功彼岸。

【案例】

《福布斯》中国富豪孙广信在没有发迹前，只是在乌鲁木齐做一些拼缝之类的小生意。而这样的小生意人在商业传统悠久的乌鲁木齐多的是。孙广信起家于做酒楼。1989 年秋季的一天，孙广信听到有一家专做粤菜的广东酒楼的负责人因为欠债跑掉了。孙广信跑到那里一看，嗯，这个酒楼不错，地理位置好，门面也不赖，行，可以做，是个机会。当时他就借了 67 万元把这个广东酒楼盘了下来，又从广东请来好厨子，进了活海鲜，鱼、虾、鳖、蟹，还有活蛇。此前孙广信从来没有做过餐饮业，新疆人又吃惯了牛羊肉，对生猛海鲜不感兴趣，感兴趣的人也不敢轻易下箸。头 4 个月亏了 17 万元，但他坚持了下来，通过猛打广告猛优惠，将客源提了上来。于是，孙广信从酒店里赚到了钱。中国的酒楼多的是，赚钱的不少，为什么现在只有孙广信出名呢？因为孙广信没事就在酒楼里观察他的顾客，琢磨他的顾客。有一回，一个客人一下定了一桌 5000 元的酒席，把孙广信吓了一跳。在当时，5000 元可不是一个小数。他一琢磨，什么人这样有钱，出手这样阔绰？一打听，原来是做石油的。再一打听，乖乖，了不得，原来做石油这么肥，这么来钱呢！孙广信就开始转行做石油，后来成了《福布斯》中国富豪。

在中国几十年的计划经济体制下，冒险、敢于创新、创业、尝试新鲜事物等都是很难与当时的时代背景相符的。而今天，市场经济则呼唤具有冒险精神和创新精神的企业家或创业者。

第二节　培养你的创业能力

创业能力是一种特殊能力，这种特殊能力往往影响着创业活动的效率和创业能否成功。创业能力主要由决策能力、经营管理能力、专业技术能力与交往协调能力组成。

一、决策能力

决策能力是创业者根据主客观条件，因地制宜，正确地确定创业的发展方向、目标、战略以及具体选择实施方案的能力。决策是一个人综合能力的表现，因而一个创业者首先要成为一个决策者。创业者的决策能力通常包括：分析、判断和创新能力。创业，首先要从众多的创业目标以及方向中进行分析比较，选择最适合发挥自己特长与优势的创业方向和途径、方法。在创业的过程中，需要创业者从错综复杂的现象中发现事物的本质，找出存在的真正问题并分析原因，从而正确加以处理，这就要求创业者具有良好的分析能力。所谓判断能力，就是能从客观事物的发展变化中找出因果关系，并善于从中把握事物的发展方向。分析是判断的前提，判断是分析的目的，良好的决策能力是良好的分析能力与果断的判断能力的有机结合。

【参考资料】

培养决策能力

处在瞬息万变的现代社会，你是否计算过身为一位专业经理人，每天要下多个决策？无论你必须独立判断，还是经众人讨论之后决定，"培养决策力"都已经是经理人必须具备的基本能力。

为了帮助经理人培养决策能力，某企业内部发展出一套"最佳决策第五步骤"，让经理人可以循序渐进地制定成功的决策。在此提供他们的经验，希望能供更多企业人士参考。

步骤一：建立需求和目标。

在制定任何决策前，可以先想想制定决策原先的目标和需求究竟为何。在做了决策之后，可以得到最好的结果是什么？唯有找出促成决策后最原始的需求，才能拥有清楚的决策方向。

步骤二：判断是否寻求员工选择及想法。

制定决策可以由经理人独立完成，亦可邀请员工脑力激荡，得到更多样的选择及想法。不过，在此想强调的是"如何适时地让员工参与决策"。一般可以依照下列五项标准，来判断让员工参与决策的必要性。

- 你是否有充足的资讯制定决策？
- 员工是否有足够的能力与必备的知识参与制定决策？
- 员工是否有意愿参与决策过程？
- 让员工参与是否会增加决策的接受度？
- 速度是否很重要？

步骤三：比较各项选择方案。

在许多情况下，我们容易受限于过去的经验，以至于无法思考更多的选择。因此，当决策不易判断时，我们会建议经理人再回头思考基本需求，以刺激自己更多的想法，进而拟定最佳的决策。

究竟什么是基本的需求？如何创造更多的想法，以拟定最佳决策？举例来说，半夜一点，突然发现自己"肚子饿"。于是，你想到晚餐时剩下的三明治。打开冰箱一看，这些三明治竟然不见了，只剩下苹果派！此时的你，该如何做决策？

如果回到基本需求，是"肚子饿"而非"三明治"。因此，在面对基本需求时，可行的解决方案不应只有"三明治"，还应有其他的食物。所以，"苹果派"就成了新的解决方案。此时，你就可以考虑"苹果派"是否为最佳决策。如果回到需求面来看，其实"苹果派"不失为一个好的决策，你当然可以采取行动。

步骤四：评估负面情境。

就算是符合需求的最佳决策，也会因为一些因素而产生非预期的麻烦。因此，你必须随时思考负面情境发生的可能性，以备不时之需。特别是在向高阶主管提案时，高阶主管通常会询问：若过程不如预期地进行，该如何应变？决策执行过程会有哪些不利的影响因素？是否有其他的可行备案？因此，最好是先针对可能的负面情境设想应对措施。

针对可能的负面情境，经理人可以就下列问题进行较全面的思考。

你所拥有的信息正确吗？信息来源是什么？无论从短期或是长期来看，你都会下这个决策吗？

此一决策结果对于其他正在进行的事项有何影响？这个决策对组织其他部门是否会造成麻烦，或产生不良反应？

哪些因素可能改变？这些改变有何影响？目前或未来组织高层、管理、技术的改变，对决策者有何冲击？

步骤五：选择最佳决策方案。

在审慎进行前面的四个步骤，而且经理人已能清楚掌握需求、目标、必须做的事、想要做的事，并确定评估负面情境后，通常已不难选出最佳的决策方案。不过，我们仍须提醒经理人要小心，别落入"分析的瘫痪"陷阱。因为犹豫不决，或认为所想的方案都不符合理想中的最佳方案，结果将是到最后一个决策也没下！

无论决策是正确或是错误，我们都期望经理人快速做决策！倘若你的决策错误，问题会再度浮现，强迫你继续面对，直到做了正确决策为止！因此，与其什么都不做，还不如勇往前行！

二、经营管理能力

经营管理能力是指创业者对人、财、物的管理能力。它涉及人员的选择、使用、组合和优化；也涉及资金聚集、核算、分配、使用、流动。经营管理能力是一种较高层次的综合能力，是运筹性能力。经营管理能力的形成要从学会经营、学会管理、学会用人、学会理财几个方面去努力。

（1）学会经营

创业者一旦确定了创业目标，就要组织实施。为了在激烈的市场竞争中取得优势，必须学会经营。

（2）学会管理

要学会质量管理，就要始终坚持质量第一的原则。质量不仅是生产物质产品的生命，也是从事服务业和其他工作的生命，因此创业者必须严格树立牢固的质量观。要学会效益管理，就要始终坚持效益最佳原则，效益最佳是创业的终极目标。可以说，无效益的管理是失败的管理，无效益的创业是失败的创业。做到效益最佳，要求在创业活动中人、物、资金、场地、时间的使用，都要选择最佳方案运作。做到不闲置人员和资金、不空设备和场地、不浪费原料和材料，使创业活动有条不紊地运转。学会管理还要敢于负责，创业者要对本企业、员工、消费者、顾客以及整个社会都抱有高度的责任感。

（3）学会用人

市场经济的竞争是人才的竞争，谁拥有人才，谁就拥有市场、拥有顾客。一个学校没有品学兼优的教师，这个学校必然办不好；一个企业没有优秀的管理人才、技术人才，这个企业就不会有好的经济效益和社会效益；一个创业者不吸纳德才兼备、志同道合的人共创事业，创业就难以成功。因此必须学会用人，要善于吸纳比自己强或有某种专长的人共同创业。

（4）学会理财

首先，要学会开源节流。开源就是培植财源，在创业过程中除了抓好主要项目创收外，还要注意广辟资金来源。节流就是节省不必要的开支，树立节约每一滴水、每一度电的思想。大凡百万富翁、亿万富翁都是从几百元、几千元起家的，都经历了聚少成多、勤俭节约的历程。其次，要学会管理资金。一是要把握好资金的预决算，做到心中有数；二是要把握好资金的进出和周转，对每笔资金的来源和支出都要记账，做到有账可查；三是要把握好资金投入的论证，每投入一笔资金都要进行可行性论证，有利可图才投入，大利大投入、小利小投入，保证使用好每一笔资金。总之，创业者心中要时刻装有一把算盘，每做一件事、每用一笔钱，都要掂量一下是否有利于事业的发展、有没有效益、会不会使资金增值，这样才能理好财。

三、专业技术能力

专业技术能力是创业者掌握和运用专业知识进行专业生产的能力。专业技术能力的形成具有很强的实践性。许多专业知识和专业技巧要在实践中摸索，并逐步提高发展、完善。创业者要重视创业过程中知识积累的专业技术方面的经验和职业技能的训练，对于书本上介绍过的知识和经验在加深理解的基础上予以提高、拓宽；对于书本上没有介绍过的知识和经验要探索，并在探索的过程中详细记录、认真分析，进行总结、归纳，上升为理论加以积累，形成自己的经验特色。只有这样，专业技术能力才会不断提高。

四、交往协调能力

交往协调能力是指能够妥善地处理与公众（政府部门、新闻媒体、客户等）之间的关系，以及能够协调下属各部门成员之间关系的能力。创业者应该做到妥当地处理与外界的关系，尤其要争取政府部门、工商以及税务部门的支持与理解；同时要善于团结一切可以团结的人，团结一切可以团结的力量，求同存异共同协调地发展，做到不失原则、灵活有度，善于巧妙地将原则性和灵活性结合起来。总之，创业者只有搞好内外团结、处理好人际关系，才能建立一个有利于自己创业的和谐环境，从而为成功创业打好基础。

协调交往能力在书本上是学不到的。它实际上是一种社会实践能力，需要在实践活动中学习，不断积累总结经验。这种能力的形成：一是要敢于与不熟悉的人和事打交道，敢于冒险和接受挑战，敢于承担责任和压力，对自己的决定和想法要充满信心、充满希望。二是养成观察与思考的习惯。社会上存在着许多复杂的人和事，在这些人和事面前要多观察多思考。观察的过程实质上就是调查的过程，是获取信息的过程，是掌握第一手材料的过程。观察得越仔细，掌握的信息就越准确。观察是为思考做准备，观察之后必须进行思考，做到三思而后行。三是处理好各种关系。可以说，社会活动是靠各种关系来维持的，处理好关系要善于应酬。应酬是职业上的"道具"，是处事待人接物的表现。心理学家称：应酬的最高境界是在毫无强迫的气氛里，把诚意传达给别人，使别人受到感应，并产生共识，自愿接受自己的观点。搞好应酬要宽以待人、严于律己，尽量做到既了解对方的立场又让对方了解自己的立场。协调交往能力并不是天生的，也不是在学校里就形成的，而是走向社会后慢慢积累社会经验，逐步学习社会知识才形成的。

五、创新能力

创新是知识经济的主旋律，是企业化解外界风险和取得竞争优势的有效途径。创新能力是创业能力素质的重要组成部分，包括两方面的含义：一是大脑活动的能力，即创造性思维、创造性想象、独立性思维和捕捉灵感的能力；二是创新实践的能力，即人在创新活动中完成创新任务的具体工作的能力。创新能力是一种综合能力，与人们的知识、技能、经验、心态等有着密切的关系。具有广博的知识、扎实的专业基础知识、熟练的专业技能、丰富的实践经验、良好的心态的人容易形成创新能力，并取决于创新意识、智力、创造性思维和创造性想象等。

上述五个方面的能力，每一种均有其独特的地位与功能，都会影响其他能力的形成和发展，影响其他能力的功能和作用的发挥，乃至影响创业的成功。因此一个未来的创业者，不仅要注意在环境和教育的双重影响下培养自己的创业能力，而且要重视其整体结构的优化，在创业实践中不断提高自我的创业能力和水平。

第三节　塑造良好的创业心理

创业心理品质是指创业者所表现出的创业心态特征。随着知识经济的到来，人类科学化、知识化、技术化程度越来越高，对人的心理品质要求也就越来越高。在同等条件下的竞争，就看谁的心理品质好。就个人创业而言，创业的成功在很大程度上取决于人的心理品质。创业除了需要强烈的创业意识、创业能力外，更需要良好的心理素质。

创业之路，是充满艰险与曲折的。自主创业就等于是一个人去面对变幻莫测的激烈竞争以及随时出现的需要迅速正确解决的问题和矛盾，这需要创业者具有非常强的心理调控能力，能够持续保持一种积极、沉稳的心态，即有良好的创业心理品质。它是对创业者在创业实践过程中的心理和行为起调节作用的个性心理特征，与人固有的气质、性格有密切的关系，主要体现在人的能动性、独立性、敢为性、坚韧性、克制性、适应性、合作性等方面，反映了创业者的意志和情感。创业的成功在很大程度上取决于创业者的创业心理品质。正因为创业之路不会一帆风顺，所以如果不具备良好的心理素质、坚韧的意志，一遇挫折就垂头丧气、一蹶不振，那么在创业的道路上是走不远的。只有具备处变不惊的良好心理素质和越挫越强的顽强意志，才能在创业的道路上自强不息、竞争进取、顽强拼搏，才能从小到大、从无到有，闯出属于自己的一番事业。

一、独立性

先从一个大学生的创业故事开始。

【案例】

人物档案：吴立杰，2004 年毕业于浙江理工大学服装设计专业。

创业项目：服装创造财富——1000 万元。

吴立杰的创业是从一张借条开始的。

吴立杰出生在浙江省泰顺县埠下村。2000 年，从小就喜欢画画的吴立杰以优异的成绩考取浙江理工大学。然而和不少农村孩子的遭遇一样，吴立杰的父母想尽办法也凑不齐他上大学的第一笔学费。

"学费，还有一些自己的费用，总共加起来，一年要 1.8 万元钱，这对我们这种家庭可能就是一个天文数字了。"眼看就要开学了，可学费还没着落，最后吴立杰的姐姐，东挪西凑了一万元钱才解了燃眉之急。吴立杰郑重许诺，一定要早日还上姐姐的钱。姐姐告诉他不用还了，吴立杰却表示：如果不让我还的话，我情愿不上大学，并坚决写下了借条。

2000 年 9 月吴立杰如期跨入大学的校门。一张沉甸甸的借条变成了吴立杰创业的动力，也预示着他的大学生活从此与众不同。

吴立杰学的专业是服装设计，日常功课就是画服装图、设计面料和服装款式。每个学期，学校都要把学生设计的好作品张贴出来。吴立杰的作品多次被展出，有几次还在国家级的服装设计大赛中获奖。

吴立杰在校是一个普通学生，不同的是他没有纸上谈兵。从大一后半学期开始，吴立杰一边把画图作业交给老师评判，一边悄悄地走出校园，拿自己画的图去和商场里的服装对照。他谋划着要用学到的东西赚自己的学费，还姐姐的钱。

杭州是一个时尚而休闲的城市，时装店琳琅满目，服装公司比比皆是。凭几张服装图去赚钱谈何容易！吴立杰上大学的第一个暑假几乎是在杭州的街头度过的，带着一包画好的服装图跑了不下几百个厂家，逢人就说自己可以设计服装，想利用节假日打工。然而，一个月下来毫无所获。

之后，吴立杰改变了策略，由漫天撒网变成主攻一家。他选择了一家在杭州比较有影响力的服装公司。

第一次去，被保安拒之门外；

第二次去，负责人出差不在；

第三次去，负责人有事太忙；

直到第八次去的时候，负责人终于发话：在门庭等候。

最后一等，等到下午 6 点钟。这家服装公司的负责人，到晚上下班的时候，看到他还在等，就在他带去的图纸中左挑右拣选用了 8 张。服装公司负责人说："他跑了几趟也很辛苦的，给他一点报酬嘛，50 元一张图，付了 400 元钱给他。"

吴立杰"感觉一下子好像自己的口袋装了好几万元钱一样，感觉这个钱沉甸甸的，心里在想，花了这么多时间画这个稿子，我今天晚上好好大睡一觉，但是怎么也睡不着，心里还是美滋滋地想这个钱"。

就在吴立杰兴奋不已的同时，对方也觉得花 400 元买了 8 张图是捡了个大便宜。原来，当时在杭州请一个服装设计师，一年少说也得五六十万元的酬劳。所以，公司痛快地答应了吴立杰每月工资 600 元的打工要求。

之后，吴立杰用同样的办法，在 3 家公司做起了兼职。大二学生吴立杰月收入达到了2000 元。当然，打工赚钱并不容易。这是一家国外品牌服装在杭州的代理公司，当吴立杰去这家公司打工时，第一次见面负责人就给他出了一道难题：法国的一个品牌在国内市场怎么开拓？

这道题难住了吴立杰，他只好返回学校，与同学一起商量对策，并向几位老师请教。

一周以后，吴立杰带着两个建议再一次来到公司。一个建议是：欧式服装在中国卖，要根据中国人的体型适度缩小。

接着，吴立杰又抛出了第二个建议：找专业模特给改版后的服装照相，制成形象画册，向消费者发放。公司欣然同意，并委托他全权操作。

吴立杰做这些纯粹是义务的，"实际上我当初做这本画册不是为了赚钱，是为了把我做画册的牌子做出来，因为下次我拿了这本资料，到任何一家公司，都将是我谈判的一个筹码"。

接下来发生的事，证明了吴立杰的判断。当他拿着做好的画册去其他公司揽生意时，效果立竿见影。吴立杰打工的第一家公司也愿意做一本，并一口答应了吴立杰 4 万元的开价。服装公司经理能一口答应这个开价，是因为这个便宜。市场经济嘛，肯定是外边再加个 4 万元都不够。

那么，市场上两个 4 万元都做不出来的东西，吴立杰为什么用一个 4 万元就能做呢？"第一，我亲自去找模特，这样模特上可以省掉一半成本；第二，我自己会设计，设计这一块在这本书上是最重要的。这一块，等于我净赚了。"

吴立杰用低价做出了对方满意的画册，而且还从中赚了整整两万元。那天晚上，吴立杰回学校的脚步格外轻松，因为不仅一学期的学费有了着落，而且姐姐的那一万元欠款也终于能还上了。

后来吴立杰一边上学一边赚钱，过得忙碌而快乐。但有一天，他突然改变了思路，好好的工作居然不干了！

那时候在杭州的服装企业最起码有 4000 家，但真正为服装品牌服务的公司实在太少了，他感觉这里有一个很大的商机，以前经常是跑来跑去，这家兼职、那家兼职，倒不如自己成立一个品牌公司专门为他们服务。

2002 年初，吴立杰注册了一家服装品牌策划公司，核心工作就是设计服装、布置店面、为服装公司做形象画册。课堂上的知识和打工得来的经验，让吴立杰干这一行如鱼得水。大二后半年，他一共为 50 多家服装企业做了形象画册，源源不断的生意让吴立杰迅速身价百万。做了两年策划，赚了将近 300 万元。

这个故事中的吴立杰就是因为具有独立性的特质，才具备了创业的良好基础。独立性的实质是能独立思考，善于独立地处理问题，并从具体情况的决断和信念出发，规定自己的行为。创业者首先要走出依附于他人的生活圈子，走上独立的生活道路。因此，独立性是创业者最基本的个性品质。这种品质主要体现在：一是自主抉择，即在选择人生道路、创业目标时，有自己的见解和主张；二是自主行为，即在行动上很少受他人影响和支配，能按自己的主张将决策贯彻到底；三是行为独创，即能够开拓创新，不因循守旧、步人后尘。

二、合作性

出色的创业者不仅要拥有独立的人格，还要乐于与人合作、善于与人交往，建立和谐的人际关系。

我们继续前面的故事。

2004 年 7 月，吴立杰大学毕业。就在多数同学发愁何去何从的时候，他却开始大量招工。身价百万的吴立杰觉得搞设计做画册只不过是小打小闹，他要直接办厂生产服装和皮具。

吴立杰把做画册赚的 300 万元全部投入办厂。然而令他始料未及的是，做画册轻车熟路的他办起厂来却一头雾水。因为管理不当，短短三个月就严重亏损，这让吴立杰进退维谷。"搞那么大一个厂，力不从心，绝对是力不从心。"

吴立杰兼职时的朋友知道情况后，建议他悬崖勒马立即停产："你不适合搞工厂，为什么？因为你主要是对内部的管理这一块，比方说对下面的怎么考核一个机制、怎么建立一个奖励机制把握不了。"在朋友的建议下，吴立杰把厂子承包给别人，还算保住了本钱。最后双方商定，由吴立杰负责设计和推销，对方负责按要求生产服装。脱开生产环节后，吴立杰集中精力搞销售，2005 年一年销售服装 10 万件，纯利润 350 万元。

2006 年，吴立杰有了更大的想法。他找到当初大学打工时的第一家公司，提出联合经营的思路，由自己出技术，对方出资金，共同开拓全国市场。那个公司的经理说："他看中我们的，关键是营销。我们搞了这么多年，有营销方面的网络。另外一个，就是我们的社会关系。"

吴立杰借助于对方的销售网络，把服装和皮具卖到了十五个省市，赢得了更多的利润。吴立杰白手起家自主创业，就在还姐姐一万元欠款之后的短短四年里，已经赚了足足 1000 万元。

从吴立杰的故事中，我们明白了在创业过程中为什么要有合作性。

创业活动尽管是个体的实践活动，但其本质是社会性的活动，是在人与人之间的交往、配合、协调中发生、发展并且取得成效的。因此，创业者在具有独立性品质的同时还应具有善于交流、合作的心理品质。

也就是说，创业需要的是一个系统，而非某一两个单点。作为单独的一个人，不可能是十项全能，不可能具备创业所需的所有技能和资源；并且在对市场的思维方式方面必定会存在一定的局限性，其个人必定有欠缺的地方，尤其有些涉及专业领域的方面更是如此。只有让专业的人做专业的事，创业者才更能得心应手。所以，创业者需要从事业整体规划出发，明确哪些方面的技能和资源是自己所欠缺的，再据此来寻找具备此类技能和资源的相关合作者，使大家的资源和技能实现整合，从而共同发展。

三、敢为性

【案例】

1993 年，从西安电子科技大学毕业后，丁磊回到家乡，在宁波市电信局工作。电信局旱涝保收，待遇很不错，但丁磊感到有一种难尽其才的苦恼。1995 年，他从电信局辞职。虽遭到家人的强烈反对，但他去意已定，一心想出去闯一闯。他这样描述自己的行为："这是我第一次开除自己。人的一生总会面临很多机遇，但机遇是有代价的。有没有勇气迈出第一步，往往是人生的分水岭。"

他选择了广州。初到广州，走在陌生的城市，最现实的是，一日三餐总得花钱吧？也不可能睡在大街上成为盲流吧？那时，丁磊身上带的钱不多，得省着花。因为他当初执意要打破"铁饭碗"，现在根本不容许自己混到走投无路的时候还要靠父母接济。那时，他最大的愿望就是能找到一份工作，哪怕钱少一点，也总比漂泊着强。不知道去过多少公司面试，不知道费过多少口舌，凭着自己的耐心和实力，丁磊终于在广州安定下来。1995 年 5 月，他进入一家美国数据库软件公司赛贝斯（中国）公司（Sebyse）工作，担任技术支持工程师。

在 Sebyse 广州分公司工作一年后，丁磊又一次萌发离开那里和别人一起创立一家与 Internet 相关的公司的念头。当时他可以熟练地使用 Internet，而且成为国内最早的一批上网用户。

1997 年 5 月，丁磊决定创办网易公司。但 1997 年的中国，互联网还是个新兴事物，没有人能够弄清楚这东西究竟该怎么赚钱。丁磊以自己对互联网的激情和技术，将网易从一个十几个员工的私企发展到今天拥有近 300 员工在美国公开上市的知名互联网技术企业。2000 年 3 月，丁磊辞去首席执行官，出任网易公司联合首席技术执行官。2001 年 3 月，他担任首席架构设计师，专注于公司远景战略的设计与规划。

此后，在中国 IT 业，丁磊成了足以浓墨重彩的一笔。

丁磊一次次放弃优越的工作环境的过程，是寻找机会的过程，也是伴随着风险的过程。在人们还没弄清楚互联网是什么东西的时候就投入大笔资金进入互联网，更是一个寻找机会和伴随风险的过程。

在市场经济大潮中，机会与风险共存。只要从事创业活动，就必然会有某种风险伴随；且事业的范围和规模越大，取得成就越大，伴随的风险就越大，需要承受风险的心理负担也就越大。立志创业，必须敢闯敢干、有胆有识，才能变理想为现实。只要瞄准目标，判断有据，方法得当，就应敢于实践、敢冒风险。

对瞄准的目标敢于起步，选定的事业敢冒风险的心理品质又称敢为性。敢为性的人对事业总是表现出一种积极的心理状态，不断地寻找新的起点并及时付诸行动，表现出自信、果断、大胆和一定的冒险精神；当机会出现的时候，往往能积极争取，勇往直前地付诸行动。

四、克制性

一位哲人说：不善于克制的勇士是莽夫。敢为不是盲目冲动、任意妄为，更不是鲁莽，不能凭感觉冲动冒进。在艰苦创业的过程中，你会遇到无理的刁难、无端的揣测、无聊的攻击，压力和风险甚至会使你精神崩溃，各种人际关系会像一张巨网让你无法动弹，这一切都需要你克制。须知，凡事取得重大成功的人，大多是善于克制的人。克制是理性的自控，不是压抑、不是屈服，也不是无原则的迁就。

真正的敢为是有智慧相伴的，是建立在对主客观条件科学分析的基础上的。成功的创业者总是事先对成功的可能性和失败的风险性进行分析比较，做到胆大心细。因此，创业者应保持清醒的头脑，善于克制自己的情绪，对盲目冲动和消极情绪高度克制。克制是一种积极有益的心理品质，可使人积极有效地控制和调节自己的情绪，使自己的活动始终在正确的轨道上进行，而不会因一时的冲动引起缺乏理智的行为。

创业者在创业过程中要自觉接受法律的约束，合法创业、合法经营、依法行事；自觉接受社会公德和职业道德的约束，文明经商、诚实经营、互助互利。当个人利益与法律和社会公德相冲突时，要能克制个人的欲望、约束自己的行为。

【案例】

中国新闻网 2010 年 4 月 22 日报道：国美集团董事局前主席黄光裕案 22 日在北京市二中院历经 12 小时开庭审理，于晚间 9 时许结束。庭审中，法院起诉黄光裕通过内幕交易股票，获取账面收益超过 3 亿元人民币。

北京二中院一审公开开庭审理国美电器有限公司（以下简称国美公司）、北京鹏润房地产开发有限责任公司（以下简称鹏房公司）单位行贿和被告人黄光裕非法经营、内幕交易、单位行贿案。

北京市人民检察院第二分院起诉指控国美公司、鹏房公司、黄光裕的犯罪事实为：2007 年 9 月至 11 月，黄光裕违反国家有关规定，非法买卖港币 8.22 亿余元；2007 年 4 月至 9 月，黄光裕作为北京中关村科技发展（控股）股份有限公司的实际控制人、董事，在决定该公司与其他公司资产重组、置换事项期间，指使他人使用其控制的 85 个股票账户购入该公司股票，成交额累计人民币 14.15 亿余元。至上述资产重组、置换信息公告日，上述股票账户的账面收益额为人民币 3.09 亿余元。

此外，2006 年至 2008 年，黄光裕作为国美公司和鹏房公司的法定代表人，为给两公司谋取不正当利益，直接或指使他人给予相怀珠等 5 名国家工作人员的款物折合人民币 456 万余元。

黄光裕于 2008 年 11 月 17 日被警方带走调查，历时 15 个月、数次补充侦查后，于 2009 年 2 月 12 日被北京市人民检察院第二分院诉至北京市二中院，指控三项罪名。

走上法庭的黄光裕，与那个曾经占据报刊封面的"中国首富"几乎判若两人。羁押 17 个月后，黄光裕脸庞明显清瘦了许多，看上去与 41 岁的年龄并不相称。当年那个揣着 4000 元钱来京闯荡的黄光裕不会想到，自己此后的财富人生会如此跌宕，最终如梦一场。眼下，他双手空空坐在被告席上，半生经营的百亿身家，此时此刻已成了身外之物。

随着案件开庭审理，笼罩在黄光裕身上的重重迷雾终于明朗。详解案情我们发现，黄光裕并非手眼通天、构筑灰暗政商网络的黑金人物，而只是一个草根出身、17岁离家打拼、不守规矩、不能克制自己欲望的商人。

五、坚韧性

【案例】

三起三落的陈曦：从少年班退学到创业

陈曦，畅网科技合伙人、CEO，1981年出生。

14岁考入天津大学少年班，曾经三入大学学习，四次创业；曾经身价千万，也曾经只有50元的全部身家。但这一切经历都没有影响他那颗执着的心，"因为我知道我想要的是什么"。2005年，他从1万多名竞争的创业者中脱颖而出，获得东方卫视《创智赢家》冠军。

在外人眼里，14岁就考入天津大学少年班的陈曦理所当然应该选择一条学术研究的道路而成为科学家。但外表沉静的他有着一颗"不安分的心"，虽然也渴望有一天能安静地坐在研究室里研究些理论，或是周末的下午给别人讲讲课；也喜欢经济理论以及哲学，崇拜尼采、萨特、叔本华和黑格尔。但他仍选择了退学，走上了通往企业家的道路。

陈曦的解释是："选择努力去成为一名企业家源于我自知天赋不够，不能成为一名科学家，很难用科学理论造福于这个社会。我希望能成为对社会、对别人有贡献、有价值的人，希望自己能为更多人承担责任。而企业家是个不错的角色，我想用商道改变社会。另外，我想我从小就对经济敏感，有成为创业者的特质。"

的确，他比一般人更早地展现了创业的天赋。在少年班上学期间，陈曦就开始做生意了。1997年初，当很多人对互联网还很陌生的时候，他已经利用B2C的模式赢利，"比马云的阿里巴巴要早几年"。一家香港的风险投资公司一下子投了400万美元，这在当时绝对是一个天文数字。陈曦毅然离开了学校，和伙伴们在天津、北京、杭州等地开设了自己的公司；他担任公司的CTO（首席技术官），身价也一下子涨到了几千万元。

上市失败 身价跌至50元

1999年，陈曦在北京创办了第二家公司，做行业管理软件开发。

年轻的陈曦上市的愿望异常强烈，于是并入了一个据称即将上市的公司，但最终该公司并没上市，公司股权却在并购后异常复杂，局面难以操控。买壳上市的失败让他遭遇了人生中第一次惨败，身价一下子从几千万元直落到50元。但他没有被失败击倒，"我没有很多成功的经验，但有很多失败的教训，我很幸运能在自己很小的年纪就经历失败。失败给了我更多思考的机会，真正伟大的斗士不是体现在把对手击倒，而是被失败击倒后再勇敢地站起来"。

第二次创业惨败后，22岁的陈曦又回到大学校园。这期间他经常到哲学系上课，得到了很多人生感悟。2001年，陈曦又和同伴创立了一家软件公司，其后又一次进入大学学习宏观经济学、微观经济学、财务管理等知识。

"今天我选择一件事会非常专注、有耐心，尽管周围的人都不相信我，我还是会坚持。"他也时常会想，或许今天所做的一切明天都没有了。"这个行业就是这么残酷地巡回往复，但我不怕。我是个乐观的悲观主义者，会悲观地思考一些问题，同时乐观地去面对。我相信人生终究是一场悲剧，但越能体会悲剧意义的人也越勇敢。面对悲剧的人生，我选择轰轰烈烈，即便落幕，也希望没有任何遗憾。"无论暂时的得意还是失意，在陈曦看来都仅仅是个过程。"人生的境界在于'止于至善'，总有更完美的下一次。"

或许是因为早早就经历了人生的起伏和事业的成功与失败，陈曦显得比同龄人更加成熟。

2004 年，陈曦和同伴联合投资 100 万元在上海创立畅网科技，他选择的项目是手机网络游戏。

在创办公司的过程中，陈曦声称"见过了中国所有的 VC"。2010 年年底，一旦获得第二轮融资，市值将达到 3000 万美元。但陈曦知道，公司的存亡也许就是朝夕之间。"只有第一名才能活下来并被记住，我们要形成竞争绝对优势，到那时每个手机上都有我们的游戏。"

相比于前几次的创业，陈曦说自己从一个小公司的隧道视野中不断提高自己。除去不断强调执行力，他更看重产品、团队、市场的运作方式和运作成果以及产品对于用户的价值、公司对行业的价值、公司对于投资人的价值。"我追求这些价值都能存在并有序巩固。"另外，他也练就了更好的创业心态。"创业一定是万米跑，而不是百米跑。我不太在乎一时的快慢得失，我知道自己的节奏，好的心态和好的节奏注定可以成功。做企业，我追求的是一种豁达通透的格局。"

苏轼说："古之成大事者，不惟有超世之才，亦必有坚韧不拔之志。"坚韧性是一种对困难和挫折巨大的心理承受力，这是创业者必须具备的极为可贵的个性品质。成功创业者的历史，大多是经过长期不懈的、百折不挠的努力和艰苦奋斗的心血和汗水写成的。困难和挫折是创业的门槛，也是创业者大浪淘沙的筛选器。创业的过程其实就是不断产生问题，不断解决问题的过程。这就要求创业者需要百折不挠，坚持不懈的毅力和意志。创业者坚韧持久的奋斗，来源于他们对事业目标的执着追求，对困境的出现及战胜困境的艰巨性有充分的思想准备，对持续的努力奋斗具有深刻的认识。三心二意，知难而退，或虎头蛇尾，见异思迁，终将一事无成。当然，坚韧性必须与成功的可能性结合在一起，否则就是盲目、呆板和固执己见。

六、适应性

随着对象和环境不断发生变化，创业者要主动适应环境，充分认识和灵活适应这种变化。个体的适应能力是走向生活极其重要的基本能力。"水因地而制流，兵因敌而制胜。故兵无常势，水无常形；能因敌变化而取胜者，谓之神。"面对市场的竞争激烈、变化多端，创业者能否因客观变化而"动"，灵活地适应变化，在外部环境和创业条件变化时能以变应变，成为创业成功的关键所在。因而，创业者必须以极强的信息意识和对市场走向的敏锐洞察力瞅准行情，并根据自己的具体条件迅速地做出反应、适时调整，使自己的行为更符合实际、更富有客观价值。

个体的适应能力不仅表现在对环境变化的适应，还表现为主动抓住机遇，不失时机地、灵活地、积极地创造机会的能动性。人们面对机会的时候有不同的反应和态度。懦弱者逃避机会，平庸者等待机会，勇敢者抓住机会，智慧者创造机会。在机遇与竞争并存的市场经济条件下，创业者既是市场经济变化冲击的承受者，又是市场经济的直接推动者。因此，作为一名独立自主的社会成员，要积极投身到社会活动中，在广泛的社会实践中不断获取信息、赢取机会，以实现自己的愿望。

思考与训练

1. 你有过创业的想法吗？是什么让你退缩了？

2. 你还能列出许多创业需要的能力吗？这样的品质你拥有多少？那些能力对你今后从事其他工作也是有益的，你准备怎么做以使自己的能力越来越强？

3. 在创业的心理品质中，你认为哪一个是最重要的？你缺少或不足的是哪一项？

4. 课后阅读。

李开复：给创新工场求职者的一封信

创办创新工场的两个月里，我每天都在不同场合感受到国内创业者及有志于创业的大学生的热情与朝气。我们发出了大约三十封邀请，大多数也决定加入创新工场。这多多少少证明了我当初的想法：中国有着足够多的和我们志同道合的、人品好、有创业精神、扎实的计算机基础和团队合作精神的青年人。

不过，在我和很多青年朋友交谈时，我也看到很多人的疑惑——特别是那些尚未毕业但怀揣梦想的大学生。一些非常聪明的学生朋友也会有一些极为朴素的好奇：如果我可以加入一家已经成功的公司，直接过上很舒适的生活，为什么要创业？大学毕业后，是不是只有大公司才能帮助我成为一个卓越的技术人员？如果创业失败了，而我在这几年里又做出了很大的个人收入及私人时间的牺牲，是不是很亏？

其实，我一直这样告诉青年朋友们：毕业后第一份工作最重要的是你是否能够学习到最多，而不是其他。虽然很多人在学校里已经非常优秀，但第一份工作还是能给你带来很多震撼教育：它会潜移默化地影响你究竟想过上怎样的一种人生。毕竟，我们每个人都没有聪明到可以计算到未来的每一步起伏变化，那么你未来在面对那些重大而艰难的决策时，帮你做出决定的除了你个人的才智、经验外，还有你的世界观。这些观念除了从小养成的部分，还有很大部分来自于你刚刚进入社会那几年受到的身边人的影响、遇到的工作挑战。那么，如果你希望成为一个优秀、健康的人，你应该让自己在毕业时就能置身于一个由正直而聪明的人组成的、有挑战的环境中去。这正是我在创新工场所希望营造的。

很多年轻人愿意加入一些成熟的公司。无论中国过去三十年成长起来的优秀公司，还是外国那些财富 500 强，都很有吸引力：不错的薪酬、良好的福利、健全的体系以及大众熟悉的品牌……我当然知道这些东西都很好，但它并非适用于每一个人。有一些人，他们是天生的"创业者"，天生的"特殊的人"。

看看你自己是否属于这些"特殊的人"：你相信可以通过自己的努力来让这个世界变得更好；遇到各种现实生活中的问题与困难时，你更多思考的是解决问题的方法、积极地去让现状变好，而不是抱怨与忍耐；你更愿意将工作视为一次激动人心的旅途，而非日复一日的庸常无聊的糊口方式；你愿意用自己的方式去尝试、探索这个世界，而不是人云亦云，遵循常规……

如果你认为自己符合以上这些标准，那么进入一家成熟公司对于你很可能将成为漫长的消磨。毕竟，无论多么伟大的公司，当它的体系已经形成，初出茅庐的年轻人是不可能参与到最核心的创新工作中的，也更难突破既有的规范。就像你不能想象比尔·盖茨在 IBM 里开发出 Windows，如果拉里和谢尔盖从斯坦福毕业之后加入了雅虎，他们也就不可能创造出 Google。

还有一些人可能会问：开复你自己也曾经在苹果、微软、Google 这些大公司工作，为什么今天反过来说它们并不适合一些人？我非常乐于承认，我在这些了不起的公司学到了很多东西，但就像我加盟微软是开创其中国研究院、加盟 Google 是为了创建 Google 中国，这种经历已经很像创业，可并非每个人都能获得类似的机会。而且，我以前的太多同事已经证明：创业者就是创业者。我在每一家公司都有很多极为优秀的同事最终告别了令人羡慕的生活，去从零开始创建属于自己的天地。比如我在苹果的同事 Andy Rubin 后来去创办了 Danger 手机公司最后成为 Android，我在 SGI 的同事 Mike Ramsay 创立了 Tivo，我在微软的同事 Rob Glaser 创立了 RealNetworks，而今年热门的创业公司 FourSquare 和 RedBeacon 都是前 Google 员工创建的，还有谷歌中国的员工也创立了 Babytree、Light—in—the—box、浪淘金、欧酷、Papaya Mobile 等公司。那些不安于世的人总会去接受使命的召唤，只是早晚问题。

李开复是一位信息产业的执行官和计算机科学的研究者，现在手机上用到的语音拨号功能就是李博士在卡内基梅隆大学任教期间研发出来的。他曾任微软公司全球副总裁兼微软亚洲研究院（旧称微软中国研究院）院长、前任大中华区总裁兼 Google 公司全球副总裁。他因过去的雇主微软和 Google 在 2005 年的法律纠纷而成为公众的焦点。2009 年 9 月 4 日，从谷歌离职。2009 年 9 月，创办创新工场，旨在帮助中国青年成功创业。目前居住于北京。

霍兰德职业倾向测验量表

姓名：_____性别：_____年龄：_____学历：_____日期：_____

本测验量表能帮助您发现并确定自己的职业兴趣和能力特长，从而更好地帮助我们做出求职择业或专业选择的决策。

本测验共七个部分，每部分都没有时间限制，但仍请你尽快按要求完成。

第一部分　你心目中的理想职业（专业）

对于未来的职业（或升学进修的专业），你得早有考虑，它可能很抽象、很朦胧，也可能很具体、很清晰。不论是哪种情况，现在都请你把自己最想干的 3 种工作或最想读的 3 种专业，按顺序写下来，并说明理由。请在所填职业/专业的右侧按它在你心目中的清晰程度或具体程度，从很朦胧/抽象到很清晰/具体分别用 1、2、3、4、5 来表示，如是 5 分表示它在你心中的印象非常清晰。

一、职业/专业：_____清晰/具体程度：_____

理由：_____

_____

二、职业/专业：_____清晰/具体程度：_____

理由：_____

_____

三、职业/专业：_____清晰/具体程度：_____

理由：_____

_____

以下第二、三、四部分每个类别下的每个小项皆为是否选择题，请选出比较适合你的、与你的情况相符的项目，并按有一项适合的计1分的规则统计分值，将相应分值填写在第六部分的统计项目中。

第二部分　你所感兴趣的活动

下面列举了若干种活动，请就这些活动判断你的好恶，喜欢的计1分，不喜欢的不计分。

R：实际型活动	A：艺术型活动
1. 装配修理电器或玩具	1. 素描/制图或绘画
2. 修理自行车	2. 参加话剧/戏剧
3. 用木头做东西	3. 设计家具/布置室内
4. 驾驶汽车或摩托车	4. 练习乐器/参加乐队
5. 用机器做东西	5. 欣赏音乐或戏剧
6. 参加木工技术学习班	6. 看小说/读剧本
7. 参加制图描图学习班	7. 从事摄影创作
8. 驾驶卡车或拖拉机	8. 写诗或吟诗
9. 参加机械和电气学习班	9. 参加艺术(美术/音乐)培训班
10. 装配修理机器	10. 练习书法

I：调查型活动	S：社会型活动
1. 读科技图书或杂志	1. 参加单位组织的正式活动
2. 在实验室工作	2. 参加某个社会团体或俱乐部活动
3. 改良水果品种,培育新的水果	3. 帮助别人解决困难
4. 调查了解土和金属等物质的成分	4. 照顾儿童
5. 研究自己选择的特殊问题	5. 出席晚会、联欢会、茶话会
6. 解算术或数学游戏	6. 和大家一起出去郊游
7. 物理课	7. 想获得关于心理方面的知识
8. 化学课	8. 参加讲座会或辩论会
9. 几何课	9. 观看或参加体育比赛和运动会
10. 生物课	10. 结交新朋友

E：事业型活动	C：常规型(传统型)活动
1. 鼓动他人	1. 整理好桌面与房间
2. 卖东西	2. 抄写文件和信件
3. 谈论政治	3. 为领导写报告或公务信函
4. 制订计划、参加会议	4. 检查个人收支情况
5. 以自己的意志影响别人的行为	5. 参加打字培训班
6. 在社会团体中担任职务	6. 参加算盘、文秘等实务培训
7. 检查与评价别人的工作	7. 参加商业会计培训班
8. 结交名流	8. 参加情报处理培训班
9. 指导某种目标的团体	9. 整理信件、报告、记录等
10. 参与政治活动	10. 写商业贸易信

第三部分　你所擅长或容易获胜的活动

下面列举了若干种活动，请选择你能做或大概能做的事。

R：实际型能力	A：艺术型能力
1. 能使用电锯、电钻和锉刀等木工工具	1. 能演奏乐器
2. 知道万用电表的使用方法	2. 能参加二部或四部合唱
3. 能够修理自行车或其他机械	3. 独唱或独奏
4. 能够使用电钻床、磨床或缝纫机	4. 扮演剧中角色
5. 能给家具和木制品刷漆	5. 能创作简单的乐曲
6. 能看建筑设计图	6. 会跳舞
7. 能够修理简单的电气用品	7. 能绘画、素描或书法
8. 能修理家具	8. 能雕刻、剪纸或泥塑
9. 能修理收录机	9. 能设计板报、服装或家具
10. 能简单地修理水管	10. 能写一手好文章

I：调研型能力	S：社会型能力
1. 懂得真空管或晶体管的作用	1. 有向各种人说明解释的能力
2. 能够列举三种蛋白质多的食品	2. 常参加社会福利活动
3. 能理解铀的裂变	3. 能和大家友好相处并进行工作
4. 能用计算尺、计算器、对数表	4. 善于与年长者相处
5. 会使用显微镜	5. 会邀请人、招待人
6. 能找到三个星座	6. 能简单地教育儿童
7. 能独立进行调查研究	7. 能安排会议等活动顺序
8. 能解释简单的化学	8. 善于体察人心和帮助他人
9. 能理解人造卫星为什么不落地	9. 帮助护理病人和伤员
10. 经常参加学术会议	10. 安排社团组织的各种事务

E：事业型能力	C：常规型能力
1. 担任过学生干部并且干得不错	1. 会熟练地打印中文
2. 工作上能指导和监督他人	2. 会用外文打字机或复印机
3. 做事充满活力和热情	3. 能快速记笔记和抄写文章
4. 有效利用自身的做法调动他人	4. 善于整理保管文件和资料
5. 销售能力强	5. 善于从事事务性的工作
6. 曾作为俱乐部或社团的负责人	6. 会用算盘
7. 向领导提出建议或反映意见	7. 能在短时间内分类和处理大量文件
8. 有开创事业的能力	8. 能使用计算机
9. 知道怎样做能成为一个优秀的领导者	9. 能搜集数据
10. 健谈善辩	10. 善于为自己或集体做财务预算表

第四部分 你所喜欢的职业

下面列举了多种职业，请认真地看并选择你有兴趣的职业，有一项计1分，不太喜欢或不关心的不计分。

R：实际型职业	S：社会型职业
1. 飞机机械师	1. 街道、工会或妇联干部
2. 野生动物专家	2. 小学、中学教师
3. 汽车维修工	3. 内科医生
4. 木匠	4. 婚姻介绍所工作人员
5. 测量工程师	5. 体育教练
6. 无线电报务员	6. 福利机构负责人
7. 园艺师	7. 心理咨询员
8. 长途公共汽车司机	8. 共青团干部
9. 电工	9. 导游
10. 火车司机	10. 国家机关工作人员
I：调研型职业	**E：事业型职业**
1. 气象学或天文学者	1. 厂长
2. 生物学者	2. 电视片编制人
3. 医学实验室的技术人员	3. 公司经理
4. 人类学者	4. 销售员
5. 动物学者	5. 不动产推销员
6. 化学者	6. 广告部长
7. 教学者	7. 体育活动主办者
8. 科学杂志的编辑或作家	8. 销售部长
9. 地质学者	9. 个体工商业者
10. 物理学者	10. 企业管理咨询人员
A：艺术型职业	**C：常规型职业**
1. 乐队指挥	1. 会计师
2. 演奏家	2. 银行出纳员
3. 作家	3. 税收管理员
4. 摄影家	4. 计算机操作员
5. 记者	5. 簿记人员
6. 画家、书法家	6. 成本核算员
7. 歌唱家	7. 文书档案管理员
8. 作曲家	8. 打字员
9. 电影电视演员	9. 法庭书记员
10. 电视节目主持人	10. 人员普查登记员

第五部分　你的能力类型简评

　　下面两张表是你在 6 个职业能力方面的自我评定表。你可先与同龄人比较出自己在每一方面的能力，斟酌后对自己的能力作出评估。请在表中适当的数字上画圈，数值越大表明你的能力越强。注意，请勿画同样的数字，因为人的每项能力不会是完全一样的。

表 A

R 型	I 型	A 型	S 型	E 型	C 型
机械操作能力	科学研究能力	艺术创作能力	解释表达能力	商业洽谈能力	事务执行能力
7	7	7	7	7	7
6	6	6	6	6	6
5	5	5	5	5	5
4	4	4	4	4	4
3	3	3	3	3	3
2	2	2	2	2	2
1	1	1	1	1	1

表 B

R 型	I 型	A 型	S 型	E 型	C 型
体育技能	数学技能	音乐技能	交际技能	领导技能	办公技能
7	7	7	7	7	7
6	6	6	6	6	6
5	5	5	5	5	5
4	4	4	4	4	4
3	3	3	3	3	3
2	2	2	2	2	2
1	1	1	1	1	1

第六部分　测验统计

测试内容		R 型 实际型	I 型 调查型	A 型 艺术型	S 型 社会型	E 型 事业型	C 型 常规型
第二部分	兴趣						
第三部分	擅长						
第四部分	喜欢						
第五部分 A	能力						
第五部分 B	技能						
总分							

第七部分 你所看重的东西——职业价值观

这一部分测验列出了人们在选择工作时通常会考虑的 9 项因素，即附工作价值标准：

1. 工资高、福利好；

2. 工作环境（物质方面）舒适；

3. 人际关系良好；

4. 工作稳定有保障；

5. 能提供较好的受教育机会；

6. 有较高的社会地位；

7. 工作不太紧张、外部压力小；

8. 能充分发挥自己的能力特长；

9. 社会需要与社会贡献大。

现在请你在其中选出最重要的两项因素，并填入下面相应的空格上。

最重要：_____次重要：_____最不重要：_____次不重要：_____

以上全部测验完毕。现在，将你测验得分居第一位的职业类型找出来，对照下表判断一下自己适合的职业类型。

职业兴趣代号与其相应的职业对照表

代号	类型	职 业
R	实际型	木匠、农民、操作 X 光的技师、工程师、飞机机械师、鱼类和野生动物专家、自动化技师、机械工（车工、钳工等）、电工、无线电报务员、火车司机、长途公共汽车司机、机械制图员、修理机器、电器师
I	调查型	气象学者、生物学者、天文学家、药剂师、动物学者、化学家、科学报刊编辑、地质学者、植物学者、物理学者、数学家、实验员、科研人员、科技工作者
A	艺术型	室内装饰专家、图书管理专家、摄影师、音乐教师、作家、演员、记者、诗人、作曲家、编剧、雕刻家、漫画家
S	社会型	社会学者、导游、福利机构工作者、咨询人员、社会工作者、社会科学教师、学校领导、公共保健护士
E	事业型	推销员、进货员、商品批发员、旅馆经理、饭店经理、广告宣传员、调度员、律师、政治家、零售商
C	常规型	记账员、会计、银行出纳、法庭速记员、成本估算员、税务员、核算员、打字员、办公室职员、统计员、计算机操作员、秘书

参 考 文 献

[1] 金正昆. 职场礼仪 [M]. 北京：北京联合出版公司，2019.

[2] 金正昆. 21世纪实用礼仪系列教材 [M]. 北京：中国人民大学出版社，2013.

[3] 余世维. 沟通：余世维说如何有效沟通 [M]. 北京：北京联合出版公司，2023.

[4] 苏文平. 职业生涯规划与就业创业指导 [M]. 北京：中国人民大学出版社，2016.

[5] 周兆龙. 大学生职业生涯与发展规划 [M]. 北京：人民邮电出版社，2015.

[6] 杨丽敏，等. 大学生职业生涯规划 [M]. 北京：高等教育出版社，2014.

[7] 李凯. 职业生涯发展与规划 [M]. 广州：华南理工大学出版社，2020.

[8] 戴晓丹. 礼仪实训教程 [M]. 北京：清华大学出版社，2013.

[9] 吴勇. 大学生心理健康教育 [M]. 北京：北京师范大学出版社，2013.

[10] 陈亮. 专心做到最好 [M]. 北京：化学工业出版社，2016.

[11] 曹顺妮. 工匠精神 [M]. 北京：机械工业出版社，2016.

[12] 郭峰民. 工匠精神 [M]. 北京：电子工业出版社，2016.

[13] 谢宝国，赵一君，杨光萍. 大学生涯规划与职业发展 [M]. 北京：教育科学出版社，2016.

[14] 河南省高校就业指导统编教材编写组. 大学生职业发展与就业指导 [M]. 开封：河南大学出版社，2016.

[15] 胡庭胜. 大学生职业生涯规划与管理 [M]. 广州：中山大学出版社，2015.

[16] 胡楠，郭勇. 大学生创新创业指导 [M]. 北京：人民邮电出版社，2017.

[17] 罗共和，黄元文. 赢在校园 [M]. 重庆：重庆大学出版社，2018.

[18] 付守永. 新工匠精神 [M]. 北京：机械工业出版社，2018.

[19] 何应林. 高职学生职业技能与职业精神融合培养研究 [M]. 杭州：浙江大学出版社，2019.

[20] 张子睿，樊凯. 工匠精神与工匠精神养成引论 [M]. 北京：民主与建设出版社，2017.

[21] 庄明科，谢伟. 大学生职业素养提升 [M]. 北京：高等教育出版社，2015.

[22] 张晓明. 聚焦式课程变革 [M]. 上海：华东师范大学出版社，2019.

[23] 张晶京. 入职准备攻略 [M]. 北京：电子工业出版社，2013.

[24] 应菊英. 职业素质拓展训练 [M]. 北京：高等教育出版社，2009.

[25] 缪龙飞. 做企业永远需要的核心员工 [M]. 北京：中国财富出版社，2012.

[26] 赵沛，宇文宏，杨克林. 大学生职业指导实用教程 [M]. 保定：河北大学出版社，2012.

[27] 黄波. 职业生涯与发展规划 [M]. 沈阳：东北大学出版社，2022.

[28] 廖美玲. 职业生涯与发展规划 [M]. 厦门：厦门大学出版社，2015

[29] 李亚慧. 大学生职业生涯发展规划 [M]. 北京：中国劳动社会保障出版社，2020.

[30] 侯士兵，杨薛雯. 职业生涯发展与规划 [M]. 上海：上海交通大学出版社，2018.

[31] 肖尚军，张丹. 职业生涯规划与发展 [M]. 南京：南京大学出版社，2017.

[32] 文军，王勇. 大学生职业生涯与发展规划 [M]. 北京：社会科学文献出版社，2023

[33] 钟谷兰，杨开. 大学生职业生涯发展与规划 [M]. 上海：华东师范大学出版社，2016.

[34] 罗淼. 大学生职业生涯发展与规划 [M]. 北京：科学出版社，2016.